U0106418

JPC
HK

讀懂中國式現代化

科學內涵與發展路徑

林毅夫 等——著
王賢青——主編

責任編輯　李　斌
書籍設計　道　轍
書籍排版　何秋雲

書　　名　**讀懂中國式現代化 —— 科學內涵與發展路徑**
著　　者　林毅夫　等
主　　編　王賢青
出　　版　三聯書店（香港）有限公司
香港北角英皇道 499 號北角工業大廈 20 樓
Joint Publishing (H.K.) Co., Ltd.
20/F., North Point Industrial Building,
499 King's Road, North Point, Hong Kong
香港發行　香港聯合書刊物流有限公司
香港新界荃灣德士古道 220-248 號 16 樓
印　　刷　美雅印刷製本有限公司
香港九龍觀塘榮業街 6 號 4 樓 A 室
版　　次　2023 年 5 月香港第一版第一次印刷
規　　格　16 開（170 mm × 240 mm）288 面
國際書號　ISBN 978-962-04-5001-3

目　錄

第四章　中國式現代化與高水平市場經濟體制

第五章　中國式現代化與金融改革

第六章　中國式現代化與企業治理

第七章　中國式現代化與人口趨勢

第八章　中國式現代化與城鄉發展

第九章　中國式現代化與生態文明

序 言

為什麼要讀懂中國式現代化

對於中國人來說，“中國式現代化”並非石破天驚的概念，多少有點似曾相識。“中國式”一詞在媒體和影視劇中時有出現，至少內地如此。比如“中國式相親”。“現代化”一詞更不用說，從報刊、網絡文章到百姓日常交談，隨處可見。

將“中國式”和“現代化”組合在一起，也並非 2022 年才有的新概念。早在 1983 年，鄧小平在接見外賓談話時就曾提到：“我們搞的現代化，是中國式的現代化。我們建設的社會主義，是有中國特色的社會主義。”[1] 之後多年，“中國特色社會主義”成為討論的主流，“中國式現代化”並沒有形成很高的熱度，也沒有人再深度闡釋過其內涵所在。

“中國式現代化”一詞的劃時代變化毫無疑問源於 2022 年 10 月，習近平總書記代表第十九屆中央委員會向黨的二十大作報告時宣告：“從現在起，中國共產黨的中心任務就是團結帶領全國各族人民全面建成社會主義現代化強國、實現第二個百年奮鬥目標，以中國式現代化全面推進中華民族偉大復興。”[2] 二十大報

---

[1] http://cpc.people.com.cn/n1/2017/0125/c69113-29048472.html

[2] http://cpc.people.com.cn/20th/gb/n1/2022/1023/c448334-32549788.html

告中還緊接著對中國式現代化做了五條詳細的闡釋。

至此，中國式現代化不僅成為新時代的明確目標，也成為中國發展模式的新代稱。

為什麼稱為中國式現代化

要理解中國式現代化，首先要回答一個常見的問題：為什麼稱之為“中國式現代化”，而不是“中國特色現代化”。改革開放幾十年來，後面這一提法似乎用得更多。“中國式”與“中國特色”有何區別？

這正是我們編輯本書的初衷之一，對於中國式現代化最令人關切的諸多問題，我們代大家向最優秀的學者請教。

姚洋老師在文章中寫道：“要理解中國式現代化，首先要理解為什麼是中國式現代化，而不是中國特色現代化。可以對比的是 20 世紀 80 年代初，我們提出了中國特色社會主義。這一提法的背景是當時存在一個蘇聯式的社會主義。我們要搞農村改革、城市改革，與蘇聯模式不同，所以稱之為中國特色社會主義。”“但這次不太一樣，我們沒有稱之為中國特色現代化，而是稱之為中國式現代化。這意味著現代化沒有可以清晰對比的模式，中國的現代化道路本身就是一個模式。”

為什麼現代化沒有可以清晰對比的模式？為什麼西方式現代化不能稱為標準答案？林毅夫和付才輝老師合著的文章對此有一個回答：“西方發達國家雖然率先完成工業革命，走出了馬爾薩斯陷阱，建立了一套與之相適應的上層建築，引領了世界的現代化，但最初採取的主要手段卻是對外發動戰爭、殖民掠奪，對內採取資本主義剝削制度，是非文明型現代化道路。”

理解中國式現代化還有一個背景，就是當今正處於“百年未有之大變局”。產生變局的主因之一就是中國的崛起改變了全球既有格局。中國作為領先後幾名一大截的全球第二大經濟體，勢必引起關注，成為世界的焦點。突出強調中國式現代化，比強調中國特色社會主義更容易與國際社會溝通。我們始終要記得，中國不僅是中國人的中國，還是全世界的中國。對全世界而言，現代化是美好生活的重要標誌，但"主義"往往代表著制度安排。各國文化傳統、歷史積澱、資源稟賦不同，制度安排難以千篇一律。但走向現代化，讓國家富強，讓人民過上美好生活的願望是相通的。因此，中國式現代化對於闡述中國道路與目標也是一種敘事語言上的拓展和進步。

中國式現代化值得我們思考的問題還有很多，本書收錄的每一篇文章幾乎都對應著很多問題。當然，這些文章也並非標準答案，因為中國式現代化本身就是在世界百年大變局中開放作答的過程。學者的不同在於通過對歷史數據的梳理和對理論模式的比較，幫助讀者從表層走向底層，並對底層問題展開解構，從而找出核心要點，探尋解決之道。因此，這樣一本書不僅對我們理解中國式現代化有幫助，對處理日常問題也有很好的思維引導作用。

為什麼要深刻理解中國式現代化的內涵

在黨的二十大報告中，對"中國式現代化"有五個維度的闡釋，分別是：人口規模巨大的現代化；全體人民共同富裕的現代化；物質文明和精神文明相協調的現代化；人與自然和諧共生的現代化；走和平發展道路的現代化。

中國式現代化的前兩條，即人口規模巨大的現代化和全體人民共同富裕的現代化，意味著中國要扎扎實實地實現 14 億人共同步入現代化。眾所周知，到目前為止，人類經過幾千年的探索，也僅有一些西方國家和少數幾個經濟體實現了現代化，總人口規模不過十多億。中國全體進入現代化意味著全世界進入現代化的總人口將翻一番。

老百姓對於現代化的認識曾經有一句順口溜："樓上樓下，電燈電話。"現代化顯然要涉及城市化、房地產、能源、通信、鄉村振興等諸多問題。本書的很多文章都與此有關。

僅僅這些還不夠，中國式現代化第三條，物質文明和精神文明相協調的現代化意味著大家光吃飽喝足、實現"樓上樓下，電燈電話"還不行，還要有豐富的、高品質的精神生活。這意味著我們在原來工業、農業、國防、科技四個現代化的基礎上，還要實現服務業現代化。因為精神需求的滿足往往離不開高端服務業，這意味著大量的資源要配置到文化復興、文藝演出、體育賽事、教育文旅等非生產性活動，也同時意味著生產性活動必須達到更高的效率和產出才能支撐得起服務業現代化。

不難理解，以上三條對應著龐大到驚人的生產力需求。這也是為什麼林毅夫老師始終強調，實現快速發展是解決一切問題的根本和關鍵。但怎麼實現快速發展？中國已經步入人口老齡化，城市化也已經走過最快速的發展階段，怎麼辦？共同富裕會不會因為公平而傷害效率？本書也有不少文章與此相關。

值得注意的是，前三條還不是實現中國式現代化的全部難題，後面還有兩條：人與自然和諧共生的現代化，走和平發展道路的現代化。

如果說前三條隱含著對未來、對生產力的巨大需求，那麼後兩條則隱含著對供給側的約束。

人與自然和諧共生的現代化意味著什麼？那就是不能再通過透支生態環境來實現經濟的快速增長。中國改革開放幾十年來，實現經濟高速增長的其中一個支撐就是環境透支。尤其是加入 WTO 之後，中國在成為世界工廠的同時，也成為全世界的“污染避難所”。如今氣候變暖，中國無法迴避全球碳減排的壓力。這也是我們在書中收錄多篇關於“雙碳”目標和轉型金融文章的原因。

走和平發展道路的現代化意味著什麼？那就是我們不可能像西方崛起時一樣通過拓展殖民地實現資本積累和市場銷售，只能在一個相對公平自由的貿易環境中，憑藉產品和服務本身的性價比和品牌號召力去拓展市場。不僅如此，熟悉經濟學的人都知道，大國與小國自由貿易的過程中，大國往往是“吃虧”的。同時作為大國，中國還將為很多國際組織和國際秩序承擔更高的責任。

綜上，中國式現代化既是一個令人振奮的目標，也面臨著重重約束，絕非易事，實屬人類歷史上前所未有的宏大工程。畢竟 14 億人的現代化需要海量的資源，這些資源既不能靠天，也不能靠外國。

那麼，資源從何而來？只能從技術升級中來，因為資源是由技術定義的。技術又從何而來？只能從市場化的企業中來。因為技術的需求是海量的，技術研發又有巨大的不確定性。舉國體制更適合基礎科學研究和極少數路綫明確的“卡脖子”技術研發，無法解決海量的市場化技術創新需求。那麼，企業和企業家為什麼願意持續地冒險，甚至拿出身家去投入技術研發？這就涉及能不能建設一個高水平的、法治化的市場問題。本書中也有多篇文章與這些問題有關。

因此，只有讀懂中國式現代化，理解這一層層的問題之後，我們才能更好地釐定自己和所在的組織在這個過程中該做什麼。以香港為例，作為中國最具優勢和潛力的國際金融中心，吸引什麼樣的企業來港上市？內地哪些產業即將崛起？這些產業需要什麼樣的金融、營銷、品牌和法律等相關服務？體育賽場上有一句話說：不要追著球跑，要跑向球落的方向。希望本書對大家有所幫助。

王賢青

北京大學國家發展研究院傳播中心主任

2023 年 5 月 4 日於北京大學承澤園

第一章

如何理解
中國式現代化

中國式現代化：藍圖、內涵與首要任務 ❶

林毅夫[1]　付才輝[2]

（1. 北京大學新結構經濟學研究院院長、
南南合作與發展學院院長、國家發展研究院名譽院長
2. 北京大學新結構經濟學研究院研究員、
課程教材與案例報告研發中心主任）

在全黨全國各族人民邁上全面建設社會主義現代化國家新征程、向第二個百年奮鬥目標進軍的關鍵時刻，中國共產黨第二十次全國代表大會勝利召開。黨的二十大報告是偉大復興的行動綱領，其主旨可以概括為：以馬克思主義中國化時代化的理論創新指導以中國式現代化全面推進中華民族偉大復興的中心任務和以高質量發展全面建設社會主義現代化國家的首要任務。我們將基於新結構經濟學視角和世界現代化歷史經驗教訓，批判西方式現代化及其理論，從中國式現代化藍圖、中國式現代化內涵、中國式現代化首要任務三個方面闡釋黨的二十大報告。

西方式現代化批判

在人類發展長河中，現代化還是非常短暫的局部現象。過去兩百多年以來僅

---

❶ 本文刊發於《經濟評論》2022 年第 6 期，原題為《中國式現代化：藍圖、內涵與首要任務 —— 新結構經濟學視角的闡釋》。

少數國家實現了現代化。從新結構經濟學基於稟賦結構的社會形態理論來看，人類文明的多樣性根源於世界各地稟賦結構的差異性，而現代化的本質是改變自身支配社會變遷的稟賦結構決定的生產結構，從而引發與之相適應的上層建築安排，而不是本末倒置地照搬照抄西方現代化之後的與之相適應的西方上層建築安排。西方發達國家雖然率先完成工業革命，走出了馬爾薩斯陷阱，建立了一套與之相適應的上層建築，引領了世界的現代化，但最初採取的主要手段卻是對外發動戰爭、殖民掠奪，對內採取資本主義剝削制度，是非文明型現代化道路。我國歷經百餘年浴血奮戰取得了民族獨立，在中國共產黨的領導下僅僅用了 70 餘年，通過對內採取社會主義制度和對外採取和平公平經貿交往，就在將近世界 1/5 人口的國家開創了人類文明新形態。

世界走出西方中心主義現代化的時代已經來臨

毋庸諱言，流行的現代化理論甚至更大眾化的現代化觀念其實都是西方中心主義主導的，即便是那些聲稱竭力避免西方中心主義的全球史家也把世界的現代化等同於歐洲三大革命（科學革命、工業革命和政治革命）向全球的傳播，並把西方實現現代化之後的上層建築作為現代化的標誌和實現現代化的手段。西方中心主義現代化世界觀的產生和全球性的流行主要有三方面的原因：工業革命之後西方長期擁有支配全世界的經濟與軍事實力，西方有意打造極具欺騙性和安撫性的講述“西方故事”的流行史觀，發展中國家（非西方世界）知識分子和社會大眾抱著“西天取經”的心態亦步亦趨。例如，歐美在世界製造業總產量中所佔的份額從 1750 年的不足 1/4 飆升到 1900 年的超過 4/5，但是西方世界在歷史敘事和理論構建中卻有意掩蓋了自身崛起的真實歷史，並傲慢地認為自己高人一等。在許多場合下，這種信念進一步強化了他們早就懷有的基督教優越性的觀點。而非西方世界對西方崛起的敘事信以為真，並且亦步亦趨，但效果甚微，堪比邯鄲學步。

儘管 20 世紀以湯因比和斯塔夫里阿諾斯等為代表的全球史家為打破西方中心主義史觀及梳理人類歷史上的文明多樣性做出了努力，但由於缺乏非西方文明的重新崛起，方家和大眾都難逃西方文明優越性的陋見，也無力客觀地審視人類文明多樣性的根源，當然也就無法跳出以西方發達國家作為參照系的現代化框架。具有中華文明根基的中國式現代化道路所創造的人類文明新形態將徹底打破西方中心主義世界觀，這正是習近平總書記在 2018 年提出“百年未有之大變局”論斷的理論意義所在。例如，20 世紀初，八國聯軍攻打北京。這八國是當時世界上的列強，是先進的工業化國家，它們的 GDP（國內生產總值）按照購買力平價來計算可佔到全世界的 50.4%。到 2000 年，對應地也有一個八國集團，也是當時世界上最先進的工業化國家，它們的 GDP 佔到全世界的 47%。但是到 2018 年時，這八國集團的經濟總量按照購買力平價計算降到只佔全世界的 34.7%。按照市場匯率計算，中國的經濟總量在 2000 年的時候只佔全世界的 3.6%，佔美國的 11.8%，中國的經濟總量在 2021 年佔到全世界的 18.5%，相當於美國經濟總量的 70% 還多。如果按照購買力平價計算，中國在 2014 年已經超過美國，成為世界第一大經濟體。這使得自從新文化運動以來，國人有自信心重新審視現代化的參照系首次成為可能。

現代化的本質並非西方化而是自身的結構轉型

事實上，在人類歷史長河中，西方國家的崛起也只不過是過去 200 年間發生的短暫現象。現代化的概念不應該以西方化範疇來定義。這種反思雖然日益深入人心，但是究竟該如何定義現代化卻眾說紛紜。傳統的發展經濟學與轉型經濟學、發展社會學與轉型社會學、發展政治學與轉型政治學等不同學科背景的學者都從不同側面與層面予以了探討。基於馬克思歷史唯物主義的新結構經濟學理論範式，我們主張不以發達國家作為參照系，而是從一個國家自身的經濟基礎（稟賦結構與生產結構，即產業與技術）以及與之相適應的上層建築（金融、教育、政治、文化等）的結構轉型來界定自身的現代化，並以相對於前現代社會的性質來識別現代社會的性質，即從人類發展史來看，其本質是走出前現代化社會的馬爾薩斯陷阱。

人類作為一個物種起源於舊石器時代中期，即大約 25 萬年前到 5 萬年前之間的某個時間。那時人類的生產生活方式主要是為了生存，從環境中收集食物和其他生活必需品，即採集活動。其後，人類在不同時期、不同地區發明了農業，這種由食物採集者到食物生產者的轉變，是人類歷史上劃時代的巨變。由於各個大陸自然環境的不同，也就是稟賦結構不同、物種的起源不同、對動植物的馴化難易程度不同，因此世界各地的農業產業結構變遷不同，從而塑造了多樣的古典文明。然而，由於支配農業的稟賦結構主要是存在上限的自然資源，前現代社會人們所有的努力，如尋找新的土地資源、開發新的農耕技術、掌握自然世界的新規律等，雖然能夠養活更多的人口，卻無法同時改善生活水平，這一支配前現代社會變遷的機制便是著名的"馬爾薩斯循環"。英國在工業革命之後率先走出了馬爾薩斯陷阱，開了人類現代化之先河。

西方非文明型（侵略式）現代化及其理論批判

西方老牌資本主義現代化國家通過血腥的殖民運動和殘酷的戰爭資本主義，積累原始資本並催化科學革命和工業革命，實現持續不斷的產業升級與技術進步，生產力水平不斷提高，上層建築各種"現代化"——社會、政治、文化也隨之不斷演進，不僅擺脫了馬爾薩斯陷阱，而且國家實力不斷增強，拉開了和亞非拉國家的差距，並將其置於殖民地、半殖民地的控制、掠奪之下。例如，歐洲人在 1800 年就佔領和控制了世界 35% 的陸地面積。到 1878 年，這一數字上升到 67%，1914 年更超過 84%。1800 年早期，美國人就通過在土耳其種植鴉片，參與鴉片貿易為其東海岸的著名大學和貝爾研製電話提供資金。雖然大量經濟史研究也表明，西方在工業革命之前並不領先於東方，甚至落後於東方，例如在 1750 年時，世界上的大多數製造業產品還是由中國（佔全世界總量的 33%）和印度次大陸（佔全世界總量的 25%）製造。然而，正如文一教授在其著作中所揭露的，西方經過上百年打造形成了一套極具欺騙性的講述"西方故事"的流行歷史觀："正是古希臘獨有的民主制度與理性思維傳統，以及古羅馬和日耳曼部落遺留的獨特法律制度，一同奠定了近代西方科學與工業文明賴以產生的制度基礎，從而在文藝復興以後演變成一種不同於'東方專制主義'的民主議會制度和法治社會。這種包容性議會政治制度和法治社會，決定了包容性資本主義經濟制度的產生，比如契約精神、人性解放、對私有產權的保護和對專制王權的限制，因而有效降低了各種市場交易成本（包括思想市場和商品市場的交易成本），激勵了國民財富的積累和科學技術的創新發明，促使了‘科學革命’和‘工業革命’這兩場革命的爆發。”

中國在極具特色的社會主義制度下實現的超常經濟增長使全世界吃驚和迷惑不解，以至於很多人至今仍然認為如果不盡快移植西方政治制度，這一增長奇跡將不可持續。事實上，正如張夏準所考證的，當今發達國家的“先進制度”，比如民主制度、官僚和司法制度、知識產權制度、公司治理制度、金融制度、福利與勞工制度等等，其實都是工業革命的直接產物，或者說是現代化的表面產物而非根本原因。然而，講述“西方故事”的西方理論（比如新制度經濟學）雖然在顛倒因果，但並不妨礙其日益成為主流理論敘事。與之相反，符合人類歷史發展事實的“經濟基礎決定上層建築，上層建築反作用於經濟基礎”的馬克思主義敘事反而在各種理論特別是經濟學主流理論中日漸式微。因此，迫切需要從中國式現代化實踐中加強社會科學特別是經濟學的馬克思主義化，來實現社會科學特別是經濟學的中國化，從而更有效地指導中國社會主義現代化建設，並供其他發展中國家現代化借鑒。

西方現代化理論殖民下鮮有其他現代化成功者

1826 年 1 月 23 日，西班牙國旗在秘魯的卡亞俄港黯然降下，宣告了西班牙對秘魯 300 多年殖民統治的終結，拉丁美洲整體上取得獨立。1922 年 12 月 30 日，蘇維埃社會主義共和國聯盟成立，成為當時世界上面積最大的國家。1944 年至 1985 年，共有 96 個國家獨立，人口數約佔世界總人口的 1/3。然而，到目前為止，在原來的近 200 個發展中經濟體裏，只有中國台灣地區和韓國從低收入經濟體進入中等收入經濟體，再進一步發展成為高收入經濟體，中國大陸很快將成為第三個，而且中國是唯一實現這一進程的大國。即便在 1960 年的 101 個中等收入經濟體中，87% 的經濟體在其後將近半個世紀裏無法成功跨越“中等收入陷阱”進入高收入階段。跨越過中等收入的 13 個經濟體中的 8 個是原本差距就不大的西歐周邊國家或石油生產國，另外 5 個是日本和“亞洲四小龍”。蘇聯在蘇共“二十四大”宣稱建成發達社會主義之後於 1991 年解體。根據世界銀行的數據，到 2017 年仍有佔世界總人口 9.3 % 的 6.99 億人生活在每日生活費 1.9 美元的國際貧困線之下，其中撒哈拉沙漠以南非洲國家生活在貧困線下的人口高達 4.33 億。後發國家充滿挫折的現代化歷程表明，不論是發達國家還是發展中國家，過去湧現的各種現代化理論大都無功而返。這說明迄今為止，非洲及南亞貧困陷阱、拉美中等收入陷阱和東歐轉型陷阱中的國家還沒有成功找到實現現代化的道路。

我國在全面建設社會主義現代化國家過程中需要堅持四個自信，需要總結出適合自身的現代化理論。正如黨的二十大報告中所指出的，十八大以來，我們黨勇於進行理論探索和創新，以全新的視野深化對共產黨執政規律、社會主義建設規律、人類社會發展規律的認識，取得重大理論創新成果，集中體現為新時代中國特色社會主義思想。實踐沒有止境，理論創新也沒有止境。繼續推進實踐基礎上的理論創新，首先要把握好新時代中國特色社會主義思想的世界觀和方法論，堅持好、運用好貫穿其中的立場觀點方法。必須堅持人民至上，堅持自信自立，堅持守正創新，堅持問題導向，堅持系統觀念，堅持胸懷天下，站穩人民立場、把握人民願望、尊重人民創造、集中人民智慧，堅持對馬克思主義的堅定信仰、對中國特色社會主義的堅定信念，堅定道路自信、理論自信、制度自信、文化自信，不斷提出真正解決問題的新理念新思路新辦法，為前瞻性思考、全局性謀劃、整體性推進黨和國家各項事業提供科學思想方法。

中國式現代化藍圖

中國式現代化求索

從鴉片戰爭到甲午戰爭，從抗日戰爭到抗美援朝，中國人民歷經百餘年浴血奮戰取得了民族獨立，建立並鞏固了新中國，在中國共產黨的領導下僅僅用了

70 餘年就讓將近世界 1/5 的人口全部擺脫貧困，特別是改革開放後僅用了幾十年時間就走出了馬爾薩斯陷阱，堅持和完善了中國特色社會主義制度，實現了中華文明五千年歷史長河中的現代化轉型。走出馬爾薩斯陷阱是中國與西方現代化的共性，也是現代化的共性，但與西方採取的主要手段是對外發動戰爭、殖民掠奪和對內採取資本主義剝削制度不同，中國通過對內採取社會主義制度和對外採取和平公平經貿交往實現了文明型現代化轉型。例如，中國在海外從未有過一寸殖民地和一個具有殖民地性質的軍事基地，是 120 多個國家和地區的第一大貿易夥伴，是 70 多個國家和地區的第二大貿易夥伴。對全世界 90% 以上的國家和地區而言，中國不是第一大貿易夥伴就是第二大貿易夥伴。因此，中西方現代化道路最根本的區別就是文明型現代化與非文明型現代化之分，中國創造了人類文明新形態。

中國能實現文明型現代化轉型，除了中華民族愛好和平的文化基因，在吸取經驗教訓之後，實事求是地採取符合國情的中國式現代化是根本原因。“中國式的現代化”是改革開放總設計師鄧小平同志首先提出的概念，其初衷是反對急躁冒進，確立適合中國國情的發展目標；反對照搬西方經驗，要走中國自己的發展道路。因此，“中國式現代化”成為中國特色社會主義理論的核心內容。中國從 1978 年開始的經濟轉型並沒有遵循“華盛頓共識”，而是在中國共產黨的領導下以解放思想、實事求是的方式推行漸進式改革。最初，很多經濟學家認為這種轉型方式是比計劃經濟更不理想的制度選擇，會導致貪污腐敗現象更為普遍，並影響經濟效率。實際上，通過推行這種轉型方式，對原有缺乏自生能力的企業提供保護補貼，維持了經濟穩定。同時，放開符合比較優勢、能夠形成競爭優勢的產業的准入，推動經濟快速發展，資本迅速積累。原來不符合比較優勢的資本密集型產業也逐漸符合比較優勢，為後續改革創造了條件。而那些根據“華盛頓共識”來推進經濟轉型的經濟體，絕大多數都出現了經濟崩潰、停滯、危機，而且腐敗、貧富差距等問題非常嚴重。現在看來，世界上轉型比較成功的國家，推行的都是這種被主流經濟學界認為是最不科學的轉型方式，即雙軌漸進式的改革。

新時代的偉大變革

黨的二十大報告指出，改革開放和社會主義現代化建設取得巨大成就，黨的建設新的偉大工程取得顯著成效，為我們繼續前進奠定了堅實基礎、創造了良好條件、提供了重要保障，同時一系列長期積累及新出現的突出矛盾和問題亟待解決。黨中央審時度勢、果敢抉擇，銳意進取、攻堅克難，採取一系列戰略性舉措，推進一系列變革性實踐，實現一系列突破性進展，取得一系列標誌性成果，經受住了來自政治、經濟、意識形態、自然界等方面的風險挑戰考驗，黨和國家事業取得歷史性成就、發生歷史性變革，推動我國邁上全面建設社會主義現代化國家新征程。特別是我們經歷了對黨和人民事業具有重大現實意義和深遠歷史意義的三件大事：一是迎來中國共產黨成立一百週年，二是中國特色社會主義進入新時代，三是完成脫貧攻堅、全面建成小康社會的歷史任務，實現第一個百年奮鬥目標。

新時代的偉大變革為以中國式現代化全面推進中華民族偉大復興積累了堅實的稟賦條件。10 年來，我國經濟實力實現歷史性躍升，人均國內生產總值從 3.98 萬元增加到 8.1 萬元，國內生產總值從 54 萬億元增長到 114 萬億元，我國經濟總量佔世界經濟的比重達 18.5%，提高 7.2 個百分點，穩居世界第二位；製造業增加值佔全球比重超過 28%，穩居世界首位；2021 年我國國際專利申請量達 6.95 萬項，連續 3 年居全球首位；貨物貿易總額居世界第一，吸引外資和對外投資居世界前列，2021 年進出口總額達到 6.1 萬億美元，實際利用外資規模達 1735 億美元。我國建成了世界上規模最大的教育體系、社會保障體系、醫療衛生體系，為現代化建設積累了豐裕的人力資本。2020 年我國普通高校畢業生達 870 萬人，其中 STEM 專業（科學、技術、工程和數學教育相關專業）畢業生佔比達 62%。此外，我國的生態稟賦與制度安排以及安全條件也得到巨大提升。正如黨的二十大報告所指出的，我們堅持綠水青山就是金山銀山的理念，堅持山水林田湖草沙一體化保護和系統治理，生態文明制度體系更加健全，生態環境保護發生歷史性、轉折性、全局性變化；我國以巨大的政治勇氣全面深化改革，許多領域實現歷史性變革、系統性重塑、整體性重構，中國特色社會主義制度更加成熟更加定型，國家治理體系和治理能力現代化水平明顯提高；我們貫徹總體國家安全觀，以堅定的意志品質維護國家主權、安全、發展利益，國家安全得到全面加強。

新時代的使命任務

黨的二十大報告莊嚴宣佈："從現在起，中國共產黨的中心任務就是團結帶領全國各族人民全面建成社會主義現代化強國、實現第二個百年奮鬥目標，以中國式現代化全面推進中華民族偉大復興。" 習近平總書記在黨的十九大報告中就指出："中國共產黨人的初心和使命，就是為中國人民謀幸福，為中華民族謀復興。這個初心和使命是激勵中國共產黨人不斷前進的根本動力。" ❶1921 年黨的一大通過的綱領規定，黨的奮鬥目標是最終實現中國人民和全人類的徹底解放，提出了共產主義的遠大理想。黨的二大通過了黨的最高綱領和最低綱領，最高綱領是實現共產主義，最低綱領是進行民主革命。1925 年，毛澤東同志在《政治週報》發刊詞中寫道："為什麼要革命？為了使中華民族得到解放，為了實現人民的統治，為了使人民得到經濟的幸福。" ❷ 黨的七大把 "全心全意為人民服務" 的宗旨寫入黨章，明確提出中國共產黨要為中華民族與中國人民的利益而努力奮鬥。中國共產黨帶領中國人民經過 28 年艱苦卓絕的奮鬥，徹底實現了民族獨立和人民解放，建立了新中國。新中國成立後，黨的八大修改的黨章規定，黨的一切工作的根本目的是最大限度地滿足人民的物質生活和文化生活的需要。

改革開放後召開的十二大明確提出建設有中國特色的社會主義的重大命題和 "小康" 戰略目標。1978—2021 年，我國國內生產總值年均增長 9.2%，高速增長期持續的時間和增長速度都超過了經濟起飛時期的所謂的 "東亞奇跡"，創造了人類歷史上不曾有過的奇跡。為了完成脫貧攻堅、全面建成小康社會的歷史任務，黨的十八大、十九大均以全面建成小康社會和決勝全面建成小康社會為主

---

❶《決勝全面建成小康社會 奪取新時代中國特色社會主義偉大勝利 —— 在中國共產黨第十九次全國代表大會上的報告》，參見：http://www.gov.cn/zhuanti/2017-10/27/content_5234876.htm。—— 編者注

❷ 參見：http://dangshi.people.cn/n1/2021/0715/c436975-32158396.html。—— 編者注

題。2021 年 7 月 1 日，習近平總書記在慶祝中國共產黨成立 100 週年大會上莊嚴宣告，我們在中華大地上全面建成了小康社會。[1] 新時代十年的偉大變革，在黨史、新中國史、改革開放史、社會主義發展史、中華民族發展史上具有里程碑意義。中國共產黨和中國人民正信心百倍推進中華民族從站起來、富起來到強起來的偉大飛躍。改革開放和社會主義現代化建設深入推進，實現中華民族偉大復興進入了不可逆轉的歷史進程。黨的二十大報告已將以中國式現代化全面推進中華民族偉大復興的使命任務繪製成了具體的建設藍圖。

現代化的建設藍圖

實現中華民族偉大復興是近代以來中華民族最偉大的夢想，黨的第二個百年奮鬥目標是在新中國成立百年時建成富強民主文明和諧美麗的社會主義現代化強國。到 2035 年我國將基本實現社會主義現代化，發展的總體目標是：經濟實力、科技實力、綜合國力大幅躍升，人均國內生產總值邁上新的大台階，達到中等發達國家水平；實現高水平科技自立自強，進入創新型國家前列；建成現代化經濟體系，形成新發展格局，基本實現新型工業化、信息化、城鎮化、農業現代化；基本實現國家治理體系和治理能力現代化，全過程人民民主制度更加健全，基本建成法治國家、法治政府、法治社會；建成教育強國、科技強國、人才強國、文化強國、體育強國、健康中國，國家文化軟實力顯著增強；人民生活更加幸福美好，居民人均可支配收入再上新台階，中等收入群體比重明顯提高，基本公共服務實現均等化，農村基本具備現代生活條件，社會保持長期穩定，人的全面發展、全體人民共同富裕取得更為明顯的實質性進展；廣泛形成綠色生產生活方式，碳排放達峰後穩中有降，生態環境根本好轉，美麗中國目標基本實現；國家安全體系和能力全面加強，基本實現國防和軍隊現代化。

習近平總書記在報告中指出，在新中國成立特別是改革開放以來長期探索和

---

[1] 《慶祝中國共產黨成立 100 週年大會隆重舉行 習近平發表重要講話》，參見：http://www.gov.cn/xinwen/2021-07/01/content_5621846.htm。——編者注

實踐基礎上，經過十八大以來在理論和實踐上的創新突破，我們黨成功推進和拓展了中國式現代化。黨的二十大報告的主旨可以概括為：以理論創新，即全面貫徹習近平新時代中國特色社會主義思想，指導完成兩大任務，即“黨的中心任務是以中國式現代化全面推進中華民族偉大復興”和“高質量發展是全面建設社會主義現代化國家的首要任務”。黨的二十大報告圍繞黨的中心任務，從十二個方面做了具體部署，包括：加快構建新發展格局，著力推動高質量發展；實施科教興國戰略，強化現代化建設人才支撐；發展全過程人民民主，保障人民當家作主；堅持全面依法治國，推進法治中國建設；推進文化自信自強，鑄就社會主義文化新輝煌；增進民生福祉，提高人民生活品質；推動綠色發展，促進人與自然和諧共生；推進國家安全體系和能力現代化，堅決維護國家安全和社會穩定；實現建軍一百年奮鬥目標，開創國防和軍隊現代化新局面；堅持和完善“一國兩制”，推進祖國統一；促進世界和平與發展，推動構建人類命運共同體；堅定不移全面從嚴治黨，深入推進新時代黨的建設新的偉大工程。

中國式現代化內涵

中國式現代化的鮮明特點

中國式現代化，是中國共產黨領導的社會主義現代化，既有各國現代化的共同特徵，更有基於自己國情的中國特色。黨的二十大報告主要概括了中國式現代化的五大鮮明特點：中國式現代化是人口規模巨大的現代化，是全體人民共同富裕的現代化，是物質文明和精神文明相協調的現代化，是人與自然和諧共生的現代化，是走和平發展道路的現代化。中國式現代化的這些特點實際上反映了中國現代化的歷史根基稟賦與目標價值取向及其對人類文明的偉大意義。我國歷史悠久、幅員遼闊、人口眾多，想要振興發展，最重要的就是秉持唯物辯證主義，實事求是、立足國情、走自己的路。現代化不能僅僅是少數人、少數地區、少數領域的現代化，必須堅持和發展中國特色社會主義，推動全體人民共同富裕，推動全國各地區協同現代化，推動物質文明、政治文明、精神文明、社會文明、生態文明一體發展。過去的老牌資本主義國家雖然實現了現代化，但走的是暴力掠奪殖民地、以帝國主義控制他國、掠奪自然的道路，是以其他國家落後為代價的現代化，是以破壞環境為代價的現代化，是一種非文明形態的現代化。與極力掩蓋其殖民掠奪一樣，西方也不遺餘力地渲染極端環保主義來掩蓋其對自然的掠奪，無端指責發展中國家由於所處發展階段不可避免地存在的污染問題。以碳排放為例，從 1900 年算起的人均累計排放來看，全球平均水平是 209 噸 / 人，中國僅 157 噸 / 人，而美國高達 1218 噸 / 人，其他主要發達國家也都比中國多得多。相反，中國式現代化是走和平發展道路的現代化，是人與自然和諧共生的現代化，是一種文明形態的現代化。《中共中央關於黨的百年奮鬥重大成就和歷史經驗的決議》指出，黨領導人民成功走出中國式現代化道路，創造了人類文明新形態，拓展了發展中國家走向現代化的途徑，給世界上那些既希望加快發展又希望保持自身獨立性的國家和民族提供了全新選擇。

以中國式現代化推進中華民族偉大復興將創造具有世界歷史意義的人類文明新形態亦是中國式現代化在世界現代化進程中不容忽視的鮮明特點和偉大意義。習近平總書記在十九屆五中全會第二次全體會議上的講話就指出，我國 14 億人口要整體邁入現代化社會，其規模超過現有發達國家的總和，將徹底改寫現代化的世界版圖，在人類歷史上是一件有深遠影響的大事。[1] 按照黨的二十大報告描繪的 2035 年基本實現現代化的前景，屆時我國人均國民總收入水平將明顯超過高收入門檻，鞏固地處於高收入國家行列。中國邁入高收入國家行列，意味著全球生活在高收入經濟體中的人口比重將由現在的 16% 倍增到 35% 左右。屆時，不僅 14 億中國人的生活水平將極大改善，而且將為其他 50 多億中低收入國家人民的發展提供更大的市場空間和更豐富的技術來源，也將提供更多的中國經驗用於幫助這些國家管理自己的發展進程，將極大地推動全世界的現代化。

---

[1] 《新發展階段貫徹新發展理念必然要求構建新發展格局》，參見：https://www.ccps.gov.cn/xtt/202208/t20220831_154802.shtml。——編者注

中國式現代化的本質要求

黨的二十大報告也明確了中國式現代化的本質要求：堅持中國共產黨領導，堅持中國特色社會主義，實現高質量發展，發展全過程人民民主，豐富人民精神世界，實現全體人民共同富裕，促進人與自然和諧共生，推動構建人類命運共同體，創造人類文明新形態。中國式現代化的本質要求實際上是根據中國式現代化的鮮明特點所確定的中國式現代化道路。堅持和發展中國特色社會主義是中國式現代化道路的核心，而中國特色社會主義最本質的特徵是堅持中國共產黨領導。《中共中央關於黨的百年奮鬥重大成就和歷史經驗的決議》在總結我們黨百年奮鬥的歷史經驗時，第一條就是“堅持黨的領導”，明確指出：“中國共產黨是領導我們事業的核心力量。中國人民和中華民族之所以能夠扭轉近代以後的歷史命運、取得今天的偉大成就，最根本的是有中國共產黨的堅強領導。”習近平總書記在報告中明確指出，全面建設社會主義現代化國家、全面推進中華民族偉大復興，關鍵在黨；並強調，我們黨作為世界上最大的馬克思主義執政黨，要始終贏得人民擁護、鞏固長期執政地位，必須時刻保持解決大黨獨有難題的清醒和堅定；並號召，全黨必須牢記，全面從嚴治黨永遠在路上，黨的自我革命永遠在路上，決不能有鬆勁歇腳、疲勞厭戰的情緒，必須持之以恆推進全面從嚴治黨，深入推進新時代黨的建設新的偉大工程，以黨的自我革命引領社會革命。

實現高質量發展，發展全過程人民民主，豐富人民精神世界，實現全體人民共同富裕，促進人與自然和諧共生，推動構建人類命運共同體，創造人類文明新形態，是中國式現代化道路的具體路徑。這是結合中國國情以馬克思歷史唯物主義和辯證唯物主義指導中國式現代化的偉大實踐。經濟基礎決定上層建築，上層建築反作用於經濟基礎。黨的二十大報告明確將高質量發展作為全面建設社會主義現代化國家的首要任務，並強調推動經濟實現質的有效提升和量的合理增長。我國在 1996 年以前屬於低收入國家，1999 年鞏固地進入下中等收入國家行列，2010 年進入上中等收入國家行列。1990 年、1995 年、2000 年、2005 年、2010 年和 2016 年，我國人均國民總收入分別相當於對應年份高收入門檻值的 4.3%、5.8%、10.1%、16.4%、35.4% 和 67.5%，這表明我國人均國民總收入向高收入門檻值的收斂速度幾乎是指數式的。要扎實推進第十四個五年規劃和 2035 年遠景目標綱要，到 2035 年實現我國人均收入水平和經濟總量在 2020 年的基礎上翻一番的第一步發展目標。

中國式現代化的戰略步驟

全面建成社會主義現代化強國，總的戰略安排是分兩步走：從 2020 年到 2035 年基本實現社會主義現代化；從 2035 年到本世紀中葉把我國建成富強民主文明和諧美麗的社會主義現代化強國。新時代“兩步走”的中國式現代化強國戰略步驟是綜合歷史經驗教訓與發展基礎形勢做出的既符合客觀發展規律又積極有為的戰略部署，將規定具體的方針政策。1981 年黨的十一屆六中全會通過《關於建國以來黨的若干歷史問題的決議》就指出經濟建設必須從我國國情出發，量力而行，積極奮鬥，有步驟分階段地實現現代化的目標。40 多年來，黨始終不渝堅持《關於建國以來黨的若干歷史問題的決議》確立的路線方針政策。十三大首次將“三步走”戰略目標明確為經濟建設目標：第一步是實現國民生產總值比 1980 年翻一番，解決人民的溫飽問題；第二步是到 20 世紀末，使國民生產總值再增長一倍，人民生活達到小康水平；第三步是到 21 世紀中葉，人均國民生產總值達到中等發達國家水平，人民生活比較富裕，基本實現現代化。2000 年我國國民生產總值是 1980 年的 21.86 倍，翻了四番多。十五大將第三步戰略目標進一步細分為三步，並提出了具體的時間表，尤其是“兩個一百年”奮鬥目標。十九大將第二個百年奮鬥目標細分為兩個階段來實現。黨的二十大報告再一次具體明確了 2035 年我國發展的總體目標，以及在基本實現現代化基礎上的社會主義現代化強國奮鬥目標。

我國國民經濟和社會發展第十四個五年規劃更是開創性地對接了 2035 年遠景目標。未來 5 年是全面建設社會主義現代化國家開局起步的關鍵時期，主要目標任務是：經濟高質量發展取得新突破，科技自立自強能力顯著提升，構建新發展格局和建設現代化經濟體系取得重大進展；改革開放邁出新步伐，國家治理體系和治理能力現代化深入推進，社會主義市場經濟體制更加完善，更高水平開放型經濟新體制基本形成；全過程人民民主制度化、規範化、程序化水平進一步提高，中國特色社會主義法治體系更加完善；人民精神文化生活更加豐富，中華民族凝聚力和中華文化影響力不斷增強；居民收入增長和經濟增長基本同步，勞動報酬提高與勞動生產率提高基本同步，基本公共服務均等化水平明顯提升，多層次社會保障體系更加健全；城鄉人居環境明顯改善，美麗中國建設成效顯著；國家安全更為鞏固，建軍一百年奮鬥目標如期實現，平安中國建設扎實推進；中國國際地位和影響進一步提高，在全球治理中發揮更大作用。

中國式現代化的理論內涵

馬克思主義是我們立黨立國、興黨興國的根本指導思想。黨的二十大報告將理論創新提高到了前所未有的地位，習近平總書記在報告的第二部分系統闡釋了開闢馬克思主義中國化時代化新境界，並強調推進馬克思主義中國化時代化是一個追求真理、揭示真理、篤行真理的過程，實踐沒有止境，理論創新也沒有止境。中國共產黨人深刻認識到，只有把馬克思主義基本原理同中國具體實際相結合、同中華優秀傳統文化相結合，堅持運用辯證唯物主義和歷史唯物主義，才能正確回答時代和實踐提出的重大問題，才能始終保持馬克思主義的蓬勃生機和旺盛活力。中國共產黨通過不斷的理論創新、實踐創新、制度創新，成功推進和拓展了中國式現代化，不斷豐富和發展習近平新時代中國特色社會主義思想。

中國式現代化也具有一般性的學理內涵，從新結構經濟學視角可以概括為"一個中心，三個基本點"："一個中心"是結合反映一個國家的具體國情和馬克思辯證唯物主義物質第一性原理的稟賦結構作為推進國家現代化的依據，即中國式現代化把馬克思主義基本原理同中國具體實際相結合、同中華優秀傳統文化相結合；"三個基本點"則是一個國家由其稟賦結構所客觀決定的國家發展、轉型與運行，其結合反映了"經濟基礎決定上層建築，上層建築反作用於經濟基礎"的歷史唯物主義基本原理和一個國家的具體社會形態，即十九大、十九屆六中全會就提出的"十個明確""十四個堅持""十三個方面成就"。反觀主流的現代化理論，來自西方發達國家，其理論總結於發達國家的經驗，把發達國家的經濟基礎與上層建築等作為理想的現代化目標。在其理論中，發達國家和發展中國家只有量的差異而沒有質的區別，把發展中國家和發達國家的差異都當作應該消除的扭曲。然而，發展中國家和發達國家既有量的差異也有質的區別，發達國家和發展中國家的不同，反映的既有馬克思歷史唯物主義所揭示的“經濟基礎”的不同，也有和不同經濟基礎所導致的與其相適應的“上層建築”的不同，不能簡單地把發展中國家和發達國家的差異都當作扭曲來對待。由於發展中國家和發達國家有由其稟賦結構所內生的產業、技術、硬的基礎設施、軟的制度安排的結構差異性，如何從一個較低的結構升級到一個較高的結構屬於“發展”的問題，如何從一個有扭曲的結構向沒有扭曲的結構轉變則屬於“轉型”或改革的問題。同時，不同發展程度的國家在不同的結構狀態下，經濟社會運行方式也會有所不同。

中國式現代化的首要任務

高質量發展是中國式現代化的首要任務

團結帶領全國各族人民全面建成社會主義現代化強國、實現第二個百年奮鬥目標，以中國式現代化全面推進中華民族偉大復興是中國共產黨的中心任務。高質量發展則是全面建設社會主義現代化國家的首要任務。我們黨歷來都強調發展是黨執政興國的第一要務，也清醒地認識到沒有堅實的物質技術基礎就不可能全面建成社會主義現代化強國。黨的二十大報告站在中國式現代化歷史進程中詳細地闡述了高質量發展的主要內容、關鍵環節與薄弱環節。高質量發展概括起來講就是在新發展階段完整、準確、全面貫徹新發展理念，堅持社會主義市場經濟改革方向，堅持高水平對外開放，加快構建以國內大循環為主體、國內國際雙循環相互促進的新發展格局。高質量發展成效如何直接關係現代化偉業能否如期實現。

黨的二十大報告也從五個方面側重闡述了高質量發展的重點內容。第一，公有制經濟和非公有制經濟共同發展，有效市場與有為政府有機結合，是構建高水平社會主義市場經濟體制的關鍵。我們要構建高水平社會主義市場經濟體制，堅持和完善社會主義基本經濟制度，毫不動搖鞏固和發展公有制經濟，毫不動搖鼓勵、支持、引導非公有制經濟發展，充分發揮市場在資源配置中的決定性作用，更好發揮政府作用。第二，持續發展生產力是社會主義現代化強國建設的根本。我們要建設現代化產業體系，堅持把發展經濟的著力點放在實體經濟上，推進新型工業化，加快建設製造強國、質量強國、航天強國、交通強國、網絡強國、數字中國。第三，農村現代化是全面建設社會主義現代化國家最艱巨最繁重的任務。我們要全面推進鄉村振興，堅持農業農村優先發展，鞏固拓展脫貧攻堅成果，加快建設農業強國，扎實推動鄉村產業、人才、文化、生態、組織振興，全方位夯實糧食安全根基，牢牢守住十八億畝耕地紅線，確保中國人的飯碗牢牢端在自己手中。第四，協調發展是同步實現社會主義現代化的保障。我們要促進區域協調發展，深入實施區域協調發展戰略、區域重大戰略、主體功能區戰略、新型城鎮化戰略，優化重大生產力佈局，構建優勢互補、高質量發展的區域經濟佈局和國土空間體系。第五，對外開放依然是社會主義現代化建設的不竭動力。我們要推進高水平對外開放，穩步擴大規則、規制、管理、標準等制度型開放，加快建設貿易強國，推動共建"一帶一路"高質量發展，維護多元穩定的國際經濟格局和經貿關係。

高質量發展內涵的新結構經濟學闡釋

黨的十九大已明確提出經濟高質量發展，但過往各界對高質量發展內涵的認識普遍存在兩個誤區：其一是把高質量發展與經濟合理增速對立起來，其二是把高質量發展狹隘化，沒有置於現代化進程之中。作為全面建設社會主義現代化國家的首要任務，高質量發展包含了新發展階段、新發展理念、新發展格局的內涵，並要求推動經濟實現質的有效提升和量的合理增長。為了如期從 2020 年到 2035 年基本實現社會主義現代化，合理增速意義重大。習近平總書記就《中共中央關於制定國民經濟和社會發展第十四個五年規劃和二〇三五年遠景目標的建議》起草情況做說明時就明確提出，"文件起草組經過認真研究和測算，認為從經濟發展能力和條件看，我國經濟有希望、有潛力保持長期平穩發展，到'十四五'末達到現行的高收入國家標準、到 2035 年實現經濟總量或人均收入翻一番，是完全有可能的"[1]。這要求 2021 年至 2035 年期間經濟增長速度要保持在 4.7% 左右，未來 15 年也具備這樣的增長潛力。

改革開放以來所積累的稟賦條件已經大幅度改變了我國的比較優勢，使得我國發展階段發生了顯著的提升。2013 年習近平主席在亞太經合組織工商領導人峰會上發表演講時就強調，中國經濟已經進入新的發展階段，正在進行深刻的方式轉變和結構調整。[2]2015 年，習近平總書記在黨的十八屆五中全會上首次提出了新發展理念，並成為國家"十三五"規劃的基本框架。[3]因此，隨著發展階段的變化，社會主要矛盾的變化，必須要有新發展理念與之適應。在我國完成全面建成小康社會的歷史任務之後，主要矛盾已經轉變為黨的十九大提出的"人民日益增長的美好生活需要和不平衡不充分的發展之間的矛盾"，以新發展理念引領發展方式轉變是必然的戰略抉擇。同時，我國在世界發展格局中的主要矛盾也隨之改變，隨著經濟體量增大（如我國經濟總量佔世界經濟的比重已達 18.5%）和經濟結構升級（如可貿易性低的服務業比重上升，2015 年就超過了 50%），市場和資源兩頭在外的國際大循環動能明顯減弱，經濟發展取決於國內經濟循環的特徵將日益明顯，把實施擴大內需戰略同深化供給側結構性改革有機結合起來，構建新發展格局是經濟發展規律在當前階段的體現，也是必然的戰略抉擇。因此，2020 年習近平總書記在中央財經委第七次會議上首次提出了構建新發展格局。[4]

發揮優勢，強化高質量發展的關鍵環節

隨著我國發展階段的提升、比較優勢的變化、產業結構的升級，教育、科技、人才將是全面建設社會主義現代化國家的基礎性、戰略性支撐。黨的二十大報告提出，必須堅持科技是第一生產力、人才是第一資源、創新是第一動力，深

---

[1] 《關於〈中共中央關於制定國民經濟和社會發展第十四個五年規劃和二〇三五年遠景目標的建議〉的說明》，參見：https://www.qinfeng.gov.cn/info/1022/135345.htm。——編者注

[2] 2013 年習近平主席在亞太經合組織工商領導人峰會上的演講，參見：http://www.xinhuanet.com//world/2013-10/08/c_125490697.htm。——編者注

[3] 參見：http://theory.people.com.cn/n1/2022/1010/c40531-32542078.html。——編者注

[4] 參見：http://theory.people.com.cn/n1/2022/1027/c40531-32553053.html。——編者注

入實施科教興國戰略、人才強國戰略、創新驅動發展戰略，開闢發展新領域新賽道，不斷塑造發展新動能新優勢。在 14 億多人口邁向共同富裕的新征程上，我國高質量發展的前景廣闊，潛力巨大，要充分發揮三大優勢（後來者優勢、換道超車優勢、新型舉國體制優勢）強化高質量發展的三個關鍵環節（縮小差距、領先突破、自立自強），要在社會主義現代化強國建設首要任務上率先取得突破。

在新發展階段要充分發揮後來者優勢，縮小與發達國家的差距。我國的收入水平已經非常接近高收入國家的門檻，但與歐美高收入國家還有相當大的差距，差距就代表著潛力，就有很多引進、消化、吸收、再創新的機會，即使存在引進障礙但追趕路線也是明確的，這種類型的創新成本相對低，風險相對小。這意味著我們在發展過程中可以利用後來者優勢實現迅速追趕，而且我國進入新發展階段的稟賦條件已經具備了高質量追趕的比較優勢。發揮後來者優勢的關鍵在於推進高水平對外開放。黨的二十大報告強調要依託我國超大規模市場優勢，以國內大循環吸引全球資源要素，增強國內國際兩個市場兩種資源聯動效應，提升貿易投資合作質量和水平，合理縮減外資准入負面清單，依法保護外商投資權益，營造市場化、法治化、國際化一流營商環境。在新發展階段要加快發揮換道超車優勢實現領先突破。在以人力資本投入為主和數據資源開發的新經濟方面，我國和發達國家站在同一條起跑線上，並且擁有人力資本多、國內市場大、全世界配套最齊全的產業、應用場景廣，具有其他國家沒有的優勢，我國獨角獸企業大量湧現與數字經濟異軍突起就是例證。按《中國數字經濟發展白皮書（2020 年）》的測算，截至 2020 年，我國數字經濟佔 GDP 比重已經達到了 38.6%。換道超車優勢的關鍵在於人才強國戰略。黨的二十大報告強調要加快建設教育強國、科技強國、人才強國，堅持為黨育人、為國育才，全面提高人才自主培養質量，著力造就拔尖創新人才，聚天下英才而用之。在新發展階段要加快發揮新型舉國體制優勢實現自立自強，解決重點領域的“卡脖子”問題，保障國家發展安全。黨的二十大報告強調要堅持面向世界科技前沿、面向經濟主戰場、面向國家重大需求、面向人民生命健康，加快實現高水平科技自立自強；以國家戰略需求為導向，集聚力量進行原創性引領性科技攻關，堅決打贏關鍵核心技術攻堅戰；要完善黨中央對科技工作統一領導的體制，健全新型舉國體制，強化國家戰略科技力量，優化配置創新資源。

優先解決高質量發展的薄弱環節

百年未有之大變局所引發的中美摩擦會持續很長時間，但面對美國“卡脖子”和戰略抑制的問題也不用太悲觀，關鍵還是要保持我們自身持續發展的戰略定力。我國在 2020 年至 2035 年還有年均約 8% 的增長潛力，如能實現年均 5%—6% 的增長，那麼到 2035 年就能基本實現社會主義現代化；在 2035 年至 2050 年，我國還有約 6% 的增長潛力，如果能夠實現 4% 的增長，那麼到 2049 年，我國人均 GDP 可以達到美國的一半，GDP 總規模為美國的兩倍，其中東部經濟發達地區“三市五省”的人均 GDP、經濟規模、產業、技術水平都與美國水平相當，美國不再有“卡中國脖子”的技術優勢，中美關係也會因此達到新的平衡。事實上，2020 年以長三角、大灣區和京津冀這三極引領的 7 個現代化水平最高的沿海省份合計的經濟體量已超過全國的 40%，以上海—北京—深圳廣州—重慶成都這四個高質量增長極引領的 35 座現代化水平最高的省會與副省級城市合計的經濟體量也超過了全國的 40%，目前的整體水平在事實上已經達到了中等發達國家的水平。

在我國全面建設社會主義現代化新征程上，真正的挑戰還在於自身的薄弱環節。現階段收入最低的 40% 家庭的月人均可支配收入尚不及 1000 元，這一群體大約有 6 億人。我國的低收入人群主要集中在中西部地區的農村、農民工群體和少部分城市裏的低收入家庭。現階段我國還有超過 5 億農村人口，農民工總量近 3 億人。就業人員中，小學及以下、初中受教育程度人員所佔比重合計超過 60%。河北、貴州、廣西、黑龍江、甘肅的人均地區生產總值尚不及北京的 30%。寧夏、新疆、河南、雲南、西藏、青海、吉林的人均地區生產總值尚不及北京的 35%。在 19 個城市群（含 40 個都市圈）之外的偏遠地區還有超過 3.5 億人口。鄉村振興、民生就業、區域協調發展是高質量發展的三個薄弱環節，也是全面現代化的潛力所在。要全面建設社會主義現代化國家，最艱巨最繁重的任務依然在農村。黨的二十大報告提出要全面推進鄉村振興，堅持農業農村優先發展，堅持城鄉融合發展；要實施就業優先戰略，促進高質量充分就業；要深入實施區域協調發展戰略、區域重大戰略、主體功能區戰略、新型城鎮化戰略，優化重大生產力佈局，構建優勢互補、高質量發展的區域經濟佈局和國土空間體系；要以城市群、都市圈為依託構建大中小城市協調發展格局，推進以縣城為重要載體的城鎮化建設。現階段也要充分發揮中央和地方的積極性，以高質量增長極率先實現現代化為牽引，協調推動各個地區的現代化，確保全國各地到 2035 年基本同步實現社會主義現代化。

以理論創新貢獻民族復興

習近平總書記《發展經濟學與發展中國家的經濟發展 —— 兼論發展社會主義市場經濟對發展經濟學的理論借鑒》一文 20 多年前就提出要探索中國式現代化理論："我們向以西方經濟學為基礎的發展經濟學尋求理論借鑒，並不僅僅是為了在指導社會主義市場經濟發展上得到一定啟示，受到某些幫助，更為重要的是通過這種學習、借鑒，能夠在我們已經具有的經濟、政治、文化、歷史、哲學等傳統的基礎上，創立一門社會主義的發展經濟學，這是歷史的呼喚、時代的期盼，我們期望著社會主義發展經濟學能夠'花開枝頭'、'紅杏出牆'！"[1] 新結構經濟學就旨在以馬克思主義為指導、應用現代經濟學的方法，總結中國式現代化經驗，通過自主理論創新建立一門關於國家發展、轉型與運行的一般化的現代化理論體系，是一個初步努力，已經得到其他一些發展中、轉型中國家的借鑒並取得成效，實現了"紅杏出牆"。我們要加快學習貫徹黨的二十大精神，以習近平新時代中國特色社會主義思想為指導，加快經濟學的自主理論創新，服務於中國式現代化和高質量發展兩大任務，貢獻於中華民族偉大復興。

---

[1] 習近平 . 發展經濟學與發展中國家的經濟發展 —— 兼論發展社會主義市場經濟對發展經濟學的理論借鑒 [J]. 學術評論 . 2001（9）：4-6。—— 編者注

中國式現代化與中國經濟新征程[1]

姚洋

（北京大學國家發展研究院院長、BiMBA 商學院院長、南南合作與發展學院執行院長）

為什麼叫中國式現代化

要理解中國式現代化，首先要理解為什麼是中國式現代化，而不是中國特色現代化。

可以對比的是 20 世紀 80 年代初，我們提出了中國特色社會主義。這一提法的背景是當時存在一個蘇聯式的社會主義。我們要搞農村改革、城市改革，與蘇聯模式不同，所以稱之為中國特色社會主義。到 1987 年，我們定位於社會主義初級階段，以便推進改革。

但這次不太一樣，我們沒有稱之為中國特色現代化，而是稱之為中國式現代化。這意味著現代化沒有可以清晰對比的模式，中國的現代化道路本身就是一個模式，說明我們的道路自信和理論自信又往前走一步。

中國式現代化不僅僅是一條歷史道路，而且是一種新理論，當然，這個理論是不是完備還可以再討論，也許還有不少值得完善之處，但這個提法本身已經是一個很好的引子，值得我們進一步討論和研究。

---

[1] 本文根據作者於 2022 年 11 月 17 日在北京大學國家發展研究院第 73 期 EMBA 論壇上的演講整理。

中國現代化的源起與早期進程

既然稱之為中國式現代化，我們就要回溯中國現代化的發展歷程。

第一階段我定義為 1860—1978 年。這 100 多年在歷史上稱為“西風東漸”，甚至還可以再往前推一點。有不少人把 1840 年當作中國現代化的起點，也就是第一次鴉片戰爭。儘管第一次鴉片戰爭割讓了香港島，但國民並沒有警醒。直到第二次鴉片戰爭火燒圓明園，精英階層才猛醒，開啟了 100 多年的西風東漸歷程。

第二階段是 1978 年到 2017 年，是思想解放、改革開放的 40 年。

從 2017 年開始，我們又進入新時代。

回顧歷史是有好處的，我們會追問一個問題：為什麼叫西風東漸？這背後是文明的衝突與融合。

關於文明的衝突與融合，我們可以把時間再往前拉到過去的 2000 年，基本上以北宋為節點。北宋於公元 960 年建立，剛好在中間。北宋之前的 1000 年，中國國力不斷上升，在全世界領跑。北宋以來的這 1000 年，中國出現停滯甚至倒退。

外來文化衝擊在北宋之前就已經存在，主要是佛教的引入。中華文明花了將近 1000 年的時間，直到南宋朱熹時，才把佛教相對和諧地吸納進來。最後能留在中國本土的佛教主要是禪宗，禪宗與中華文明中的老莊哲學很像，這很有意思。到了今天，我們幾乎已經忘記了佛教是外來之物，它與我們的傳統文化已經融為一體。

我們今天還處在西方文化衝擊的過程之中，中國文化還未能把西方文化完全吸收掉。

第二次鴉片戰爭之後，知識精英才真正覺醒。但他們的認知是中國文化沒有太大問題，制度也沒有太大問題，只不過是技術不如人家。因為第一次鴉片戰爭時，英國只派了一艘軍艦就把我們打得落花流水。到第二次鴉片戰爭，英法聯軍竟然打進北京，而且火燒圓明園。

當時，精英和朝廷共同的選擇是師夷長技以制夷，從此開始了長達 30 年的洋務運動。到甲午海戰之前，洋務運動的成就很大，清朝建立起了亞洲最大規模的海軍。但在日本人面前這支海軍不堪一擊。事實上，清朝海軍艦隊比日本艦隊強大，清廷在朝鮮的駐軍比日本侵略軍要強大很多。但 1895 年，北洋海軍在山東威海劉公島全軍覆沒，宣告了清廷洋務運動師夷長技以自強願望的破產。

精英們開始研究日本為什麼能突然強大起來，原因是明治維新 —— 制度的革新。於是精英們也想改變制度，就有了 1898 年的戊戌變法。但戊戌變法只有 100 天就宣告失敗，諸多變法之中唯一保留的就是京師大學堂，也就是今天北京大學的前身。

舊的制度反對變法，我們就要推翻這種制度。於是仁人志士們不斷成立政黨，聯合軍事力量鬧革命。最終在 1911 年，孫中山領導的辛亥革命成功，推翻了清政府，建立了亞洲第一個共和國。

從理論上說，中國應該由此進入穩定、繁榮的時代，但事實上並沒有。中國接下來不僅出現了袁世凱的復辟，還有接連不斷的軍閥混戰。這讓大家意識到中國僅僅改變制度還不夠，還需要改變底層的文化和思想，同時還要探索一條更穩定的新發展道路。

在這個時間段發生了第一次世界大戰，整個歐洲的意志非常消沉，歐洲的知識分子認為西方文明已經走到盡頭；中國一些人也感覺自己的文化走到盡頭，要深挖文化的根子，於是掀起了新文化運動和五四運動。新文化運動的核心就是否定封建舊文化，甚至還提出了"打倒孔家店"的口號。

在探索新出路的過程中，俄國在西方資本主義文明的邊緣地帶爆發了一場革命，好像一下子就把一個落後的國家變得欣欣向榮。俄國十月革命讓西方知識分子和中國的知識分子都看到了希望，好像西方文化有救了，東方的中國也看到了一條新路。

中國比較活躍的學者代表李大釗、陳獨秀等都認為十月革命和馬克思主義為中國帶來了一條新路，中國可以藉助這一思想徹底改造中國。

1921 年中國共產黨誕生。中國共產黨的誕生是中國革命發展的客觀需要，是馬克思主義同中國工人運動相結合的產物。中國共產黨最後之所以大獲成功，我認為一個非常重要的原因是它不僅適應了當時中國的狀況，也就是百年未有之大變局，而且不斷地自我革新。

中國共產黨從創立之日起就自覺地成為推動中國進步的政黨，帶領中國一步步繼續向現代化的方向前進。

因為距離充滿革命的 20 世紀太近，所以很多人不容易以歷史的時空觀來評估此事。但歐洲社會幾乎沒有一個國家沒有發生過大革命，英國革命、法國革命、俄國革命、西班牙革命，都是長時間的革命。英國革命持續至少半個世紀，法國和俄國大革命前後動盪時間更長。

因為要從古代社會跨入現代社會的難度很大，中國古代社會歷史很長，而且相對穩定，古代社會同現代社會之間的生活方式反差又太大，所以要打破舊的結構和思維方式很難，舊勢力不會乖乖舉手投降，一定會抵抗，最後只能藉助一場接一場的運動甚至革命。

1949 年，中國共產黨全面執掌政權之後要踐行自己的革命思想。因此，我們理解社會主義革命也一定要把它放在中國現代化的歷程裏。

新中國第一階段的現代化進程

革命不是請客吃飯，而是要把舊勢力請出歷史舞台，書寫新的歷史。

新中國成立以後，中國出現了很多革命性變化，我個人的觀察是主要表現為如下幾點。

第一，打破舊有的等級社會結構。歷史學家黃仁宇原來當過國民黨的軍官，後來才成為歷史學家。他知道國民黨想幹什麼。他的描述是國民黨總想著“自上而下”，但中國共產黨的想法和做法都是“自下而上”，從底層把整個社會翻個底朝天，推動土改，拉平整個社會，不再存在資本家、官員，變成人人平等。比如女性的解放就很典型。國發院的張丹丹老師做過很有意思的研究，她把 1958 年在北京出生的婦女和在台北出生的婦女做比較，再比較 1976 年出生的北京女性和同年出生的台北女性，同時也找同一時期的男性進行對比。結果她發現1958年出生的北京女性競爭意識最強，超過男性。這是那個時代提倡婦女解放造成的，婦女能頂半邊天的理念人盡皆知。

第二，推進國民認同。我們很多人喜歡說中華文化是一個集體主義的文化。有一個來自日本的留學生在北大學習社會學，他覺得中國人不那麼集體主義，反而特別個人主義。我們對他的觀點很吃驚。他說日本人踢足球，大家都互相傳球，中國人踢足球都喜歡帶球，直到射門，不怎麼傳球。一百多年前孫中山就曾說過，中國人有點像一盤散沙。怎麼建立國家認同？中國共產黨從政治層面入手，以一種強力來推進，深入社會的每一個角落，把我們拉入了一個基於普遍國家認同的現代社會。

第三，舉全國之力推進工業化。這一點非常重要，我自己深有體會。我在西安工作過兩年，單位是我父母和岳父母工作一輩子的工廠，建於1956年，是蘇聯援助的156個項目之一。這個工廠就是一個小而全的社會，生老病死都管，接生我的醫生後來還接生了我的兒子。今天這家公司仍在，只是總部搬到了上海，已經成為輸變電設備領域非常重要的戰略性國企。中國今天的工業化成就離不開我們在改革開放之前奠定的基礎，包括技術人員、工人隊伍等，非常重要。

第四，提高人類發展水平。阿馬蒂亞·森是印度裔的著名經濟學家，如今在哈佛大學教書，曾獲得諾貝爾經濟學獎。他提倡的人類發展指數由三個指標構成：人均收入、預期壽命、教育水平。中國的醫療和教育在新中國成立以後的初期做得比很多發展中國家都好。阿馬蒂亞·森說，中國改革開放以後比印度發展好得多，其中一個原因就是中國準備得好。比如，在1978年，中國人均GDP比印度還要低，中國人均GDP超過印度是在1992年。如今，中國的人均GDP已經是印度的5倍。1978年，中國雖然比印度窮，但中國的成人識字率是65%左右，印度只有40%左右。中國的預期壽命當時也已經達到67歲，印度不到60歲。嬰兒死亡率中國降到54‰，印度這一數字是中國的兩倍。印度也曾優先發展重工業，但沒有成功。直到現在，印度工業產值在GDP中的佔比僅20%多，中國曾經超過40%，現在下降是因為已經進入後工業化階段，是發展階段升級造成的自然下降。

新中國第一階段的 30 年也曾引進西方的東西。1977—1979 年，中國搞過一段“洋躍進”，引進發達國家的機器設備。現在我們知道的燕山石化、齊魯石化、寶鋼都是這一階段引進的。

有人說中國在 1979 年之後才改革開放，這沒有錯，但這是全面的、根本性的生產力解放。在 1978 年之前，中國已經推進了思想解放，這是生產力解放的前提和鋪墊。

新中國第二階段的現代化進程

1978 年的十一屆三中全會是中國改革開放的標誌性事件，也是新一階段現代化的起點。在我個人看來，1978—2017 年這一段時間可以總結為鄧小平“帶領中國共產黨回歸中國”。

鄧小平曾經表示，他是中國人民的兒子。[1] 這話頗有深意。鄧小平喜歡用常識思考，這一點非常重要。常識告訴他，貧窮不是社會主義。

我覺得未來的歷史學家如果寫鄧小平，其中一個豐功偉績就是讓中國共產黨在更高的層次上回歸了中國。

在我看來，鄧小平帶領中國共產黨和整個中國做了下面這些重要轉變。

第一，放棄激進主義路線，放棄階級鬥爭。因為黨的目標已經不再是通過革命再建立一個新中國，而是帶領全國人民實現中華民族的偉大復興。中華民族偉大復興這一提法始於 20 世紀 80 年代初。這一提法告訴所有人，中國的重點不再是階級鬥爭，而是全國人民團結一致走向現代化的繁榮富強。

第二，回歸中國的務實主義。中國人特別務實，活在當下，具體有幾個表現。首先是中國人不喜歡講永恆的真理，而是認為實踐出真知，這已經是中國人的諺語。實踐是檢驗真理的唯一標準，意味著你得不斷去實踐，不斷去發現真

---

[1] 出自鄧小平於 1981 年 2 月為英國培格曼出版公司的《鄧小平文集》英文版所寫序言。——編者注

理，然後證偽真理，再發現新的真理。其次是結果導向。中國人注重結果，比如在硅谷，中國人比較高的職務是總工程師，印度人更多的是經理人。工程就是看得見摸得著的工作，是務實主義的體現。在務實主義的原則下，我們很多改革才能推進，一點點突破和變化，否則面對形而上的制度，很難突破看不見的各種約束。

第三，回歸賢能主義。中國人在骨子裏特別相信賢與能，評價一個人是好是壞，能不能幹非常重要。比如共同富裕就是要提高老百姓獲得收入的能力，而不是直接發錢。中國政府非常排斥給老百姓發錢，覺得這樣容易養懶人。賢能主義最突出的體現是黨的幹部選拔制度。我和一起做研究的同事搜集了 1994—2017 年所有官員的數據，誰跟隨誰工作過，後來怎麼調動、升遷。我們研究梳理後發現，某位官員任期內所在城市的經濟表現好，升遷的概率就大。

第四，回歸市場經濟。中國人習慣於認為市場經濟是西方獨有的東西。但鄧小平早就提出，市場經濟不是資本主義的特權，社會主義也可以搞市場經濟。我還想加上一句，市場經濟根本就不是西方創造的，而是中國人創造的。讀一下北宋的歷史就會發現，現在我們沒有一家飯店能趕上北宋的水準。我們在宋朝時還發明了紙幣，是世界上第一個發明紙幣的國家，而且運轉得很好。我們還發明了有價證券，可以買賣，就是金融創造。

新時代的現代化要點

在進入新時代的現代化分析之前，我先介紹一本書，是兩位美國學者威廉·斯特勞斯（William Strauss）和尼爾·豪（Neil Howe）在 20 世紀 90 年代中期寫的。這是一本奇書，名字是《第四次轉折——世紀末的美國預言》。這本書上說美國有一個 80 年的大週期，從 18 世紀 70 年代的獨立戰爭到 19 世紀 60 年代的南北戰爭，再到 20 世紀 30—40 年代的第二次世界大戰，再到如今。美國基本上 80 年一個輪迴。在這 80 年裏，每 20 年又是一個小週期。

從二戰到肯尼迪遇刺，是美國最近 80 年大週期的第一個小週期。美國欣欣向榮，每個人信奉的理念都差不多。美國從 20 世紀 60 年代開始進入思想解放的 20 年。里根之後 20 年是展開時代，也就是威廉和尼爾這本書的寫作年代。他們預期到 2005 年，美國要進入最後一個 20 年，即危機時代，幾乎預言了 2008 年金融危機。書中還推測說，美國從 2005 年到 2025 年的這個小週期將以什麼方式結束？要麼是內戰，要麼是跟外敵打一仗，然後再創造一個新歷史。

這本書把我關於歷史線性進步，尤其是直線式進步的觀念徹底打破。歷史會循環，包括大循環和小循環。後來我想，這一理論用到中國也適合。

中國共產黨的四代領導人也可以分為開創、生長、展開（繁榮）、再生的一代。毛澤東代表開創的一代，鄧小平代表快速生長的一代，江澤民和胡錦濤代表展開的一代，中國經濟在全球上升到第二位，而且遙遙領先。從 2017 年開始，中國進入大週期的最後一個小週期：再生的一代，即新時代。

新時代要幹什麼？如果按照美國這兩位學者的理論，新時代對應的是兩件大事。

第一，糾偏。中國在上一個發展階段中思想解放、改革開放的成就很大，不可否認。但也產生很多問題，比如腐敗問題。腐敗在某些地方幾乎成為一種文化。十八大以來的反腐十分深入，但十九大之後仍然有人敢腐，這很奇怪，所以要以一種政治鬥爭的形式來反腐，讓他們不敢腐，建立一種新文化。

第二，強化黨組織的生命力。黨組織的生命力一旦衰退甚至渙散，容易導致政治和經濟結成不該有的聯盟，對經濟的長期可持續發展尤其是高質量發展不利。因為政商合流容易導致公權力的商業化，甚至導致利益集團綁架政府，形成不該有的市場壁壘，影響公平競爭和市場活力，最終使中國的國際競爭力下降。我在研究發展經濟學的過程中實地調研過很多發展中國家，也讀了很多發展中國家的歷史。我發現那些不發達的發展中國家最大的問題就在於知識精英、商業精英和政治之間形成了牢不可破的利益聯盟，無法讓整個社會形成良性的競爭。

還有一個要解決的問題是不平等。我們國發院有一個調研團隊每兩年做一次全國性調查，發現中國的基尼係數最高峰是 0.52，什麼概念？這是撒哈拉以南的非洲國家和南美國家的水平。眾所周知，那些地方貧富差距巨大。我們最窮的

10% 的人口只擁有全國總收入的 0.5%，資產為負，靠借錢生活，最富的 10% 的人口擁有全國總資產的 70%、總收入的 40%，這就是巨大的貧富差距。所以要糾偏。

經過多年的糾偏，反腐已經接近尾聲，黨組織的生命力也得到了提升。不平等問題還沒有完全解決，需要進一步努力。

面向未來，要實現中國式現代化，還有幾個重要的內容需要進一步建構。

第一，要重建黨的權威，包括黨的組織權威、黨的理論權威、黨在群眾心中的權威。這需要很長一段時間。

第二，重建理論。我們不能再搞階級鬥爭，但正統的政治經濟學仍然基於勞動價值論，認為只有勞動創造價值。勞動創造價值意味著只有工人創造價值，資本不創造價值。在現實中，工人往往只拿一部分收入，工人工資之外的收入都被歸為剩餘價值，也就是剝削。有剝削就有階級對立和階級鬥爭。基於此理論，中國共產黨仍然是一個工人階級政黨，只能是工人階級的先鋒隊，就不容易代表全國人民。如果工人階級先鋒隊這一點不更新，下一步的問題就是中國共產黨領導的國家還是不是存在階級屬性？因此，這一關鍵理論需要重建。為此，我們要認真重讀《資本論》。我們以前把《資本論》當作一本實證的著作來讀，但它開篇和定調的勞動價值論本質上是一種假設，不是事實觀察。所以《資本論》是一部典型的哲學著作，而不是典型的政治經濟學著作。有了這個認識，我們就可以在觀察的基礎上建設新理論。馬克思主義和《資本論》的底層就是從勞動價值論出發，認為存在階級和剝削，從而很好地論證了無產階級革命的正當性和必要性。但如果勞動價值論只是一個假設，尤其是如果這個假設不牢靠甚至有錯，怎麼辦？所以我們一定要重建理論。對於今天有很多討論的共同富裕，關鍵點一定是投資老百姓的收入能力，而不是既有財富的重新分配，否則共同富裕的內涵就與老百姓內在的價值觀不同，就意味著有些人可以不勞而獲。因此，二十大報告裏有一句話：“把馬克思主義思想精髓同中華優秀傳統文化精華貫通起來、同人民群眾日用而不覺的共同價值觀念融通起來，不斷賦予科學理論鮮明的中國特色。”把富人的錢直接分給窮人和老百姓日用而不覺的價值觀當然不符。

第三，最後要建構中國自己的創新體系，也就是新型舉國體制。為什麼要這麼做？首先是外部環境變化所致，這是非常重要的方面。其次是面向未來，世界格局充滿了不確定性，台海局勢也存在變數。萬一出現極端情況，中國被全面封鎖，沒有自己的創新體系，產業鏈不能實現自我循環就容易陷入被動。

中國式現代化已經走過了從“站起來”到“強起來”的路程。如今，我們要向第二個百年目標發起衝擊，過程中難免遇到新的變數和挑戰，因此全面理解中國現代化的歷程，尤其是正確理解中國式現代化的內涵十分重要。

解讀中國式現代化[1]

劉守英

（中國人民大學經濟學院院長）

二十大報告中的關鍵詞

二十大報告裏有幾個關鍵點，大家要高度重視。

第一個關鍵點是關於黨的中心任務。黨的中心任務裏非常明確地提出了第二個百年奮鬥目標，要建成社會主義現代化強國。

在第一個百年，黨已經實現了全面建成小康社會的目標。目前所有國家的現代化進程可以分為兩個階段。第一個階段是擺脫貧困陷阱。任何一個國家想要進入現代社會，最難的就是擺脫鄉土社會，而擺脫鄉土社會最重要的就是擺脫所謂的貧困陷阱，即核心是怎樣從農業社會進入工業社會，進入現代增長。

中國共產黨的第一個百年做了人類最偉大的一件事，就是帶領一個人口規模巨大、區域差異極大且鄉土黏度極強的國家從農業社會進到現代社會。

我認為第二個百年奮鬥目標是現代化建設的第二個階段，就是要建成現代化的強國。而人類史上迄今為止真正建成現代化的國家只有十幾個。現代化國家包含什麼呢？經濟的發展水平要達到強國的水平、富裕國家的水平，其他指標還包

[1] 本文根據作者在《經濟觀察報》社年度培訓項目“經觀講堂”第 23 期上的發言稿整理。

括法治、文明、政治制度、社會現代化、經濟現代化等。

第二個百年奮鬥目標是要成為一個現代化的強國。

我們難在哪兒呢？難在用社會主義制度來建現代化的強國。二戰以後，人類在謀求現代化的路徑上產生了重大的分野。一種是後發國家和地區模仿先發國家和地區實現現代化，即用資本主義制度來實現現代化，這些國家和地區現在很少有取得成功的，能夠數得上的就是東亞幾個經濟體，包括日本、韓國及中國台灣。另外一種是以蘇聯為代表，用社會主義制度來跨過所謂的"卡夫丁峽谷"，在一個完全沒有資本主義制度基礎的國家，通過社會主義制度來實現現代化，但這條路最後的結果是什麼呢？20 世紀八九十年代，東歐轉軌，蘇聯解體，現在我們就是最大的希望。所以建成社會主義現代化強國是一個征程，因為建設現代化強國本身就很難。用社會主義制度來建現代化強國，這是我們的第二個百年奮鬥目標。

第二個關鍵詞是被全球熱議的"中國式現代化"。"中國式現代化"本身不是一個新詞，因為小平同志在 20 世紀 80 年代就已經提出"中國式的現代化"了[1]。

第一，二十大報告提出的"中國式現代化"其實是我們未來一百年要建成現代化強國的道路。也就是說，全面建成社會主義現代化強國是第二個百年奮鬥目標，而中國式現代化就是方式。

第二，現代化國家建設分為兩個階段，第一階段是到 2035 年基本實現社會主義現代化，第二階段是到 2050 年建成社會主義現代化強國。這個表述跟中央以往的文件相比，把基本實現社會主義現代化的時間從原來的 2050 年提前到了 2035 年。

第三，中國式現代化非常明確地強調兩點。第一點就是中國共產黨領導。走向現代化是民族國家的開始，民族國家最重要的特徵就是政黨體制。政黨在領導

[1] 《鄧小平與"中國式的現代化"》，參見：http://cpc.people.com.cn/n1/2019/0228/c69113-30906462.html。——編者注

民族國家現代化的過程中扮演非常重要的角色。雖然任何一個國家在現代化的過程中都有政黨體制，但我們的差別是政黨體制本身的獨特性，我們的現代化是社會主義的現代化。它有各國現代化的共同特徵，更有基於自己國情的中國特色。所以很多人在解讀時只講特色不講共同特徵，是有問題的。

理解現代化

講中國式現代化，首先要理解現代化，才能理解中央文件講的我們具有各國現代化的共同特徵。我把現代化歸結為五個基本面。

一是現代化是人類歷史上最劇烈、最深遠、最徹底的一場社會變革。在現代之前，人類長期處於穩態的農業社會，面臨的主要是人和自然之間的關係，社會變化的基本力量相對穩定。但從現代開始，社會變革的基本力量發生變化，技術的進步、制度的變革，這兩種力量和這兩種關係的矛盾變動，帶來社會的劇烈變革。

二是現代化是一場人類全方位的革命性轉型。和現代之前的社會變化相比，現代化不是某一方面的變化。它有政治上的轉型，也有經濟的、社會的和心理的轉型。這種轉型不是漸進的變化，而是革命性的變化，是從一種形態轉型到另一種形態。

三是現代化是人類文明的一場轉換，是從農業文明向工業文明的轉換。

四是現代化是一個世界性的現象。它從西歐開始，蔓延到北美，再往拉美，再往非洲，再往亞洲，世界都離不開現代化。

五是現代化在各國、各地區顯示出巨大的差異性。人類現代化走到現在，沒有歸一的模式和道路。

現代化的共同特徵

世界的現代化有哪些共同特徵呢？

第一個共同特徵是發展的變革。現代化是因為有了科學和技術推動，從而有了結構的變革和發展的轉型。人類社會的現代化進程，就是技術進步不斷推動產業革命的過程。

同一時期，中國的江南甚至比英國更早處於工業化狀態，那為什麼江南沒有發生工業革命？因為技術變革是以動力為核心的。英國有煤，而江南的產品生產基本靠在鄉村社會的要素更密集的使用完成，難以產生巨大的、以動力為核心的技術變革。雖然工業化可以發生在沒有動力的地方，但是這些地方沒法產生由技術變革推動的產業革命。進入工業化社會後，英國的市場難以承受突然產生的大量供給，就出現了外溢，英國的專家、工業技術和資本潮水般湧向西歐和美國，把西歐和美國一起帶到了現代化的浪潮中。

第二次工業革命也是由技術進步推動的，將世界從蒸汽時代帶入電氣時代。20世紀下半葉開啟的第三次工業革命又將人類文明推進到信息時代、數字時代。

所以，一個社會只要技術進步停滯，這個社會的產業革命就會停滯，這個國家的現代化就會停滯。若干次的產業革命推動了經濟結構、技術結構、產業結構不斷升級，帶來社會經濟的複雜化和高度化。

經濟的複雜化是非常重要的。一個國家的產業升級、經濟升級和技術升級，最主要的表現就是經濟複雜化。傳統社會沒有分工，經濟極其簡單。而現代社會最重要的標誌是經濟的複雜化。麻省理工學院和哈佛大學兩組經濟學家組成了經濟複雜度實驗室，他們把全球出口的產品放到一個筐子裏，發現全球的產品就像一座森林。富國的產品都在這個森林的中間，而窮國的產品都在邊上。越往中間聚集的產品複雜度越高，生產這些產品的國家也越富；而產品簡單的國家在兩邊，複雜度也越低。其實，產品複雜和簡單的差異在於知識的差異。知識越密集，產品複雜度越高，比較優勢產品就越多，國家的經濟競爭力就越強。

中國改革開放以來最重大的進步就是產品複雜度提高。我們最初出口的產品是農產品，接下來是家具、布匹，20世紀90年代以後就是電器、日用品，到現在是機械等更高級的電子產品。經濟複雜度提高的背後是知識含量的提高、比較優勢產品的增加。中國參與全球化，在全球化過程中提高了經濟的複雜度，這是產業革命帶來的第一個結果。

而高度化，即產業、產品和企業處於國際競爭力的更高端，從低級狀態進入高級狀態。產業革命帶來的經濟複雜化和高度化促進了比較優勢能力的提高，最後帶來經濟發展水平的提高。

第二個共同特徵是制度創新。現代化的過程就是一個制度創新和制度變革的過程。沒有技術進步，人類進不到現代。同樣，沒有制度創新與不斷變革，人類也進不到現代。這背後就是馬克思所說的生產力和生產關係的矛盾，當生產力不斷進步，對原有的生產關係產生衝擊，必然帶來生產關係的變革，也就是制度變革。

我們先看第一場制度變革。中世紀的西歐莊園制度將農奴束縛在土地上，對其人身自由施加限制，結果是阻礙了社會的結構變革，勞動力沒法從農業向非農部門轉移。直到後來出現了黑死病。重大的疫情往往會帶來巨大的制度變革，從而重寫社會的歷史。黑死病導致大量人口死亡，人地關係發生變化，原來的莊園制度無法延續，使得封建土地制度這種不明晰的產權制度向現代土地產權制度變化，私有產權制度產生，農奴制度自然就瓦解了。而當土地制度、勞動力市場制度變化以後，農村市場不斷地興起和擴大、開始發展，資本主義也得到發展，現代化開始起步。

第二場制度變革是民族國家的形成。民族國家的形成改變了原來分崩離析的制度間的衝突，是人類統一的形態。從原來分散的、封建的政治形態轉向民族國家以後，開始出現專制王權。由專制王權制度建立的民族國家是一個限制性的權力秩序。

專制王權制度有既定一致的目標，比如統一國家。為了一致的目標，它們會形成政治和經濟的結盟，如為了避免暴力而進行結盟，這也能夠促進經濟發展。所以西歐的許多國家在這個時期建立起來的專制體制有利於在權力限制下發展經濟，這些國家也開始站上現代化的起跑線。

但專制王權制度本身會導致“諾斯悖論”。諾斯悖論的核心是什麼呢？即一個國家的現代經濟增長必須有國家制度，由國家來界定產權、保持秩序和維持公平。但在專制王權制度下建立起來的秩序是限制性的權力秩序，會使國家在保護產權、維護秩序和維護公平的過程中，只朝向對王權國家利益最大化的產權安排和秩序安排進行，如果這種限制性的權力秩序不向開放性權力秩序轉型，這些國家就沒法真正地實現現代化。

第三場制度變革就是從專制王權的限制性的權力秩序朝向開放性的權力秩序轉變。開放性就是開放組織的准入，開放政治權力和經濟權力。

英國率先克服了專制王權，開啟了政治現代化的過程，也成為世界上最自由、最寬鬆的國家，這為英國人追求思想的自由、技術的進步、財富的積累提供了條件。英國的光榮革命和後來的大西洋革命，促成了英國和西歐國家資本主義生產方式的確立。

第四場制度變革就是美國人的制度變革。英國人在建立起開放性權力秩序以後，還面臨著政治和經濟制度上的缺陷，最大的問題就是腐敗，沒有達成真正實現現代化國家的制度條件。當時英國的一批移民到美國，這批人在美國建立起來的制度拋棄了英國制度的缺陷，同時保留了英國制度好的地方，最後促進了資本主義制度的進一步變革，帶來美國經濟的繁榮，將美國的現代化推到世界頭號地位。

第三個共同特徵是價值引領。人類現代化從起步開始就是對傳統認識世界的一場反叛。比如文藝復興、宗教革命，是對現代世界的一種新的認識，形成了一種新的發展觀。這種發展觀來源於人們在價值理念上的理性化和世俗化，是人類走向現代化非常重要的一個價值變化。

文藝復興反對禁慾主義，主張個性解放，倡導科學文化精神，摒棄一切權威和傳統教條，主張理性主義；宗教改革主張擺脫天主教會的束縛，馬克斯·韋伯講的新教倫理就倡導進取性，追求物質富裕，助推企業家精神，為資本主義的現代化帶來精神動力；新航路的開闢引發了一場商業革命，商業功能發生變化，市場交易成為主要的形式，商業結構、組織方式改變，這一切使得商業精神在西歐最早確立，這些國家走上工業化道路。

第四個共同特徵是人和自然物質交換的自覺性。人類進入現代經濟增長之前，一直受到馬爾薩斯陷阱的束縛。

記得上學時老師講起馬爾薩斯就說這個資產階級經濟學家太壞了，人口增長以後資源滿足不了，他就採取戰爭、瘟疫這些方式把人口減少。但我去劍橋大學發現，那裏最受尊重的兩位經濟學家一位是馬歇爾，另一位就是馬爾薩斯，後者對人類進到現代經濟增長之前的人類傳統增長時期的苦難進行了理論總結。

進入現代之前，生產和生活方式由資源決定。當人口不斷增長以後，人和自然之間形成一種緊張關係。由於沒有技術推動，這種關係最後陷入所謂的"馬爾薩斯陷阱"，人口在不斷增長，但自然是有限的。

而工業革命帶來了一種新的生產和生活方式。進入現代後，人類從以資源為依託的發展方式轉向以人力資本、知識、技術進步為主的發展方式，開始以創新引領發展，從低水平的前現代增長進入高水平的現代經濟增長，生產力的進步超越了人口增長的速度。

第五個共同特徵是全球的開放性。沒有一個國家是可以關起門來搞現代化的。

中世紀的西歐跟同時期的各大文明相比，大部分時間是落後的。但 1500 年前後，西歐的一連串事件推動了區域的文明轉化，為新文明誕生開闢了道路。地理大發現讓世界成為一個整體，各國間開始互動。在這種互動中，西歐走向人類歷史舞台的前台。

再看工業化，它作為現代化的核心，經過三次浪潮席捲全球。第一次就是英國的工業革命向西歐擴散，這是早期工業化過程；第二次是工業化向歐洲和北美擴散，同時向非西歐世界產生強大的衝浪；第三次是發達工業世界向高度工業化升級，另外欠發達國家開始捲入工業化，所以工業化是一個向全球捲入的過程。

現代化成為一個世界性的現象，先在西歐，後來到中東歐、北美，再衝進西亞、北非，再到南亞、東亞和南美。20 世紀的時候，現代化已經成為一股不可阻擋的潮流。

中國的現代化尋路歷程

再來談中國的現代化進程。中國為什麼走了一條自己的路？這條路既不同於西方現代化的路，也不同於蘇聯所走的社會主義現代化的路。在 19 世紀下半葉到 20 世紀初的半個世紀，中國就是在尋路的過程中。

當內憂外患出現時，中國幾千年的傳統結構開始發生變化。最初尋求的變革中，朝廷希望通過改革來維持它舊有的體制，地方實權精英則希望在改革的體制下尋求他們的發展。朝廷和精英通過結盟的方式建立了官辦的軍工企業，興辦了官辦、官督商辦和民辦的資本主義企業。這和任何一個國家在現代化早期的路徑是一樣的。但它缺少了推動現代化的領導力量，即缺少了體制改革的力量。中國的第一輪自強運動是"中學為體，西學為用"，不想觸及原有的政治體制，所以現代化的啟動遭遇不幸。

甲午戰爭的失敗使中國人開始猛醒，維新變法開始思考制度上的變革。在軍事上效仿日本模式建立新軍，在政治上學習德國和日本搞立憲運動，但沒有學德國和日本走資本主義現代化的道路，因為當時還缺少走資本主義道路的基本因素。結果就是清王朝在第一輪和第二輪的變革中沒有實現從專制王權向現代君主立憲制的轉變，沒有建立起現代制度來推動國家的現代化，沒有實現從專制的、限制性的權力秩序向現代開放性權力秩序的轉變。

辛亥革命推翻了 2000 年的王朝循環的模式，基本上也宣告了王朝體制內自上而下現代化運動方式的結束。但辛亥革命中的中國資產階級沒有能力建立起現代政治制度，導致在傳統體制下，中央的權威沒有了，最後形成地方割據的加劇，社會陷入失序狀態。

辛亥革命以後 40 年的時間裏，中國一直在尋求現代體制下的體制秩序，即如何建立起一個現代的體制、一個統一的國家和一個政治結構來支撐中國現代化的過程。這個時期世界體系產生分野，其中一個就是世界經濟危機導致法西斯主義的興起，德、日、意轉向法西斯資本主義道路，另一個就是俄國創造的社會主義體制下的現代化模式。

從這時起一直到1949年之前，是中國內部兩條發展道路的抉擇。國民黨走向了德式，即德國的統制經濟和軍事集權的道路。它建立起新的軍事政權，但沒有形成支撐現代國家建構的國家能力，導致中央軍事政權跟地方之間難以形成政治和經濟的結盟，所以國民黨政權失敗。

中國共產黨最初走的是簡單模仿蘇聯，以俄為師的道路，也就是通過城市工人的革命，依託城市的力量來走現代化的體制建設，但很快發現這條路走不通。所以中國共產黨開始兩個結合：一個是馬克思主義基本原理跟中國具體實際的結合；另外一個是跟傳統結合，走向農村，以農村為根據地來建立社會主義的體制秩序，而後探索中國現代化秩序建構的道路。

解放戰爭，是中國兩條道路的一場大決戰。它結束了資本主義發展道路在中國的嘗試，開始建立起一種新的模式，使國家高度地政治統一，中國現代化運動進入一個新的歷史時期，我們開始謀求實現國家獨立自主發展的一條非資本主義的現代化道路。

中國式現代化的內涵

中國共產黨的現代化可以從兩個維度來觀察。第一，它一以貫之地以制度的變革來推動國家的現代化；第二，它一以貫之地推動國家從農業國向工業國轉變，這是中國式現代化非常重要的內涵，而且在不斷擴展。

在1945年中共七大和1949年的七屆二中全會上，中國共產黨所確立的現代化目標就是使中國穩步地由農業國轉變為工業國。這個目標的確定是跟歷朝歷代的王朝體制徹底的告別。中國傳統體制靠的是中央集權依託於小農的穩定性來實現一個國家的長期穩定，沒有將一個國家從農業國變成工業國的動力和機制。

中國共產黨確立了工業化作為現代化的目標，哪怕在最挫折、最困難的時期，都沒有忘掉現代化。1954年，中國還是非常困難的，那時就非常明確地提出要建設工業化的、具有高度現代文化程度的偉大國家。後來周恩來也明確提出，要“爭取在不太長的歷史時期內，把我國建成一個具有現代農業、現代工業、現代國防和現代科學技術的社會主義強國”[1]。“文革”期間，體制已經陷入一種困難狀態的時候，中國也沒有忘掉實現四個現代化的目標。它是一以貫之的，不管是誰，只要在領導國家時期都要把現代化作為目標。

改革開放以後，小平同志提出中國式的現代化，具有三個重要的特徵。第一，中國式的現代化必須是社會主義的現代化。第二，中國式的現代化是全面的現代化。那時他已經意識到現代化不能是只有物質的現代化，而是要有經濟、政治、文化的全面現代化。所以十三大報告裏就提出了要建設富強、民主、文明的社會主義現代化國家。第三，就是小康，現代化一定要使經濟的水平、人民的富裕程度提高。

另外，現代化的內涵隨著經濟發展水平的變化不斷在改變。中國改革開放 40 多年得以不斷持續，最重要的是社會主義初級階段基本路線確立。而其確立依託於兩點：第一就是我們物質文化的需要和落後的社會生產之間的矛盾，貫穿在社會主義初級階段的始終，要去解決社會的主要矛盾；第二就是提出發展生產力，發展是硬道理。在這個基本路線下，隨著經濟發展水平的不斷提高，現代化的內涵也在不斷發生變化。

到十六大時，中國提出全面協調和科學發展的現代化，我們將現代化的目標提得更加全面。為什麼這裏要提全面協調？因為這時諸如城鄉、區域和階層等的不協調已經開始出現。同時，也提出了更高水平的全面小康和“三步走”的戰略。到十七大時，就明確提出“以人為本，全面、協調、可持續的發展觀”，也就是科學發展觀。那時主要矛盾就是統籌協調問題，所以提出“五個統籌”。另外，還提出了實現全面建設小康社會奮鬥目標的新要求。到十八大以後就開始提全面建設社會主義現代化強國，而且明確兩步走的戰略：2020 年到 2035 年要基本實現社會主義現代化，2035 年到本世紀中葉建成社會主義現代化強國。

中國式現代化的進程是一個動態的過程。所謂的中國式，就是指從現代化起

---

[1] 《周恩來總理作政府工作報告》，參見：http://www.gov.cn/test/2008-03/10/content_915173.htm。——編者注

步到現代化進程中，制度選擇和變遷是同中國國情和發展階段相結合的，不是拍腦袋想出來的。

中國式現代化與全球現代化的共性

再談一下中國式現代化與全球現代化的共同特徵和其獨特性。

首先看中國式現代化跟全球現代化的共同特徵。

第一，它體現了發展性的共性。中國的現代化過程是一個不斷發展的過程，沒有發展就沒有現代化。幾千年間，中國一直沒有擺脫鄉土是因為沒有發展；改革開放以來恰恰是得益於發展，以經濟建設為中心；未來一百年，二十大非常明確地講，以高質量發展作為建設現代化強國的中心任務。中國的現代化過程就是一個從站起來、富起來到強起來的偉大飛躍，根本就在於發展。另外，中國實現從落後的農業國向現代化工業國的轉變，也是得益於發展，得益於中國的結構轉變。

第二，它體現了制度變革推進的共性。中國式現代化的基本推動力是制度變革。和西方現代化相比，中國制度變革推動現代化的動力更強，而且更加一以貫之。原因在於，中國作為一個落後國家，要實現趕超，實現壓縮的、快速的現代化過程，光靠技術的變革來不及。所以為了快速推進現代化過程，中國就進行了一以貫之的制度變革。

新民主主義制度是一場制度變革，為中國實現農業國的工業化奠定了基礎。社會主義改造完成以後，第二場制度變革就是建立起社會主義制度和計劃經濟體制，為中國的工業化奠定基礎。第三個階段是改革開放後，中國特色社會主義體制基本上已經定型，為中國未來的現代化強國奠定了制度基礎。

第三，它體現了價值引領的共性。中國共產黨之所以在跟國民黨做制度選擇、道路選擇的決戰中取得勝利，是由於其文化的先進性和發展性。早期中國的革命和道路的選擇並非簡單的農民革命，而是先進的知識分子在尋求中國未來的道路，所以具有文化的進步性。同時在中國現代化過程中，中國共產黨一直在尋求社會主義核心價值體系，謀求中國人民的福祉，不忘初心、牢記使命，尋求帶領國家走向現代化強國的精神力量。

第四，它體現了物質變換自覺性的共性。中國的現代化是超大人口規模國家的現代化，並且其過程是壓縮的，即要在很短的時期實現快速的工業化和城市化，這樣對資源和環境的破壞理論上會比任何一個國家都要嚴重。但現在中國的環境庫茲涅茨曲線快速收窄，和我們主動轉變已有的、過於依賴資源的發展模式有很大關係，比如實施創新驅動的發展戰略，主動向綠色發展方式轉型。

第五，它體現了開放與全球化的共性。中國改革開放的過程是一個以開放促改革的過程。如果沒有開放，中國不會有那麼大的改革動力。因為沒有開眼界，就不知道自己的落後。因為改革開放之初已經形成的體制動力開始減弱，所以我們加入 WTO，跟國際分工體系接上，運用全球的規則來抓住經濟全球化的機會。我們的開放體制、貿易體制、金融體制和國有企業的體制都是在那個時候推動的，這就是以開放促改革。現在處於百年未有之大變局，我們還是不斷地優化對外開放格局，提出構建人類命運共同體。中國式現代化一直是一個開放和全球化的過程。

中國式現代化的獨特性

中國式現代化的獨特性體現在中國共產黨的獨特特質和作用，通過體制建構和不斷的制度變革來實現一個後來者的現代化趕超。

第一點就是中國共產黨的獨特性。任何一個國家的現代化都有政黨體制，在中國共產黨領導的中國式現代化中，中國共產黨也有它的獨特特質。

首先是獨特的價值理念。中國共產黨能夠領導中國實現全面建成小康社會，其獨特的價值就在於其是一個使命型政黨，從建黨開始就確立了初心和使命。而且一代代共產黨人為了這個初心使命不斷努力。這表現為兩點：一是在面臨挫折的時候能夠從挫折中走出來；二是在謀求進步的過程中一以貫之地推進現代化的進程。

其次是獨特的組織力。共產黨本身的組織能力一是選人機制，將社會的優秀分子吸納到組織裏，二是獨特的培養機制，讓被選中的人進行各種鍛煉和歷練，使他們在領導社會進步的過程中，能夠承擔起使命。

最後，自我革命也是中國共產黨區別於其他政黨的顯著標誌。

第二點是通過體制的建構和不斷的制度變革，來實現後來者的現代化趕超。新民主主義制度促進了一個農業國的轉型，社會主義制度和計劃經濟體制推進了一個國家的工業化，社會主義市場經濟體制的改革推進了中國式的現代化，而現在要通過中國特色社會主義制度體系來建設社會主義現代化強國，是不斷地靠制度變革來推進現代化的過程。

中國式現代化回答的也是世界現代化問題

未來 100 年建設社會主義現代化強國而提出來的“五個現代化”，不僅是為了解決中國現代化的問題，更主要的是想要回答世界現代化過程中沒有解決的基本問題。

第一，中國式現代化是人口規模巨大的現代化。首先，要解決的是能不能使大多數人都共享成果的問題。雖然現代化將人類都捲了進去，但這不等於讓大家都分享到了現代化的成果。中國有 14 億人口，如果能夠在 2050 年建成現代化強國，那差不多就是把全世界 18% 的人口帶入了現代化，意味著中國能夠改變世界現代化的基本格局，就像我們解決貧困問題的意義是一樣的。中國貧困問題的解決，恰恰是解決了人類貧困版圖問題。其次，人口規模巨大的國情意味著有更大的消費市場，有利於實現巨大的人口規模的現代化路徑。再次，現代化不是一個局部的現代化，要覆蓋全體人口，是全面的現代化。最後，人口規模巨大的現代化要解決城鄉問題。最大的不平衡、不充分在農村、在農民，如果能解決農村和農業的現代化，也就能實現一個人口規模巨大的現代化。

第二，中國式現代化是全體人民共同富裕的現代化。這還是為了解決現代化的一般問題，人類到現在為止的現代化就算解決了貧困陷阱問題，也沒有解決貧富分化問題。貧富分化問題不解決，高收入階段的“中等收入陷阱”問題也解決不了。解決不了財富機制問題，就會衝擊橄欖型社會結構。這不光是貧和富的問題，也會對穩定的中間結構產生影響。

中國共產黨提出的中國式現代化是要實現共同富裕的現代化，它的條件在於現代化的中國式。這裏面有兩點，一是社會主義制度，二是共產黨領導。

要實現共同富裕，是要實現全體人民生活質量的全面提升，讓全體人民共享經濟發展成果，使不平等程度縮小，防止富人和窮人之間出現不可逾越的鴻溝。這些東西一是靠高質量發展，二是靠制度和政黨的特性。

第三，中國式現代化是物質文明和精神文明相協調的現代化。理性和世俗化將人類帶向現代化，實現了物質文明的現代化。但西方現代化的反思恰恰也在此，理性的結果是感性減少，最後導致馬爾庫塞所說的單向度的人，從而導致精神文明陷入掙扎。

中國式現代化試圖解決人類現代化中物質現代化和精神現代化不協調的問題。一方面要通過經濟現代化建成一個富強的現代化強國，同時要創造高度發達的社會主義文明。要使這兩者相協調，現代化的發展方式就要改變，我們就提到了“四化”的同步，即工業化、城市化、信息化和農業現代化的同步，還提到了要吸取先污染後治理的教訓，提出了新型工業化的道路。也就是說，不能在經濟現代化中只追求物質現代化的路徑。另一方面就是如何在追求物質文明的同時追求精神文明，怎樣實現中華優秀傳統文化的創造性轉化、創新性發展。

第四，中國式現代化是人與自然和諧共生的現代化。人類的現代化到現在為止沒有解決可持續發展的問題，即既要經濟發展，又要環境保護。人和自然和諧共生，不能只為了經濟發展，還要考慮環境，現在提出的綠水青山、節約資源和低碳發展等，都是為了破解人類第四個現代化的難題。

第五，中國式現代化是走和平發展道路的現代化。西方的現代化過程導致了零和博弈的結果。而我們的現代化要避開這個陷阱，所以我們提出合作共贏和平等，尋求對話和彌合分歧，實現全人類的共同發展，提出建立人類命運共同體來避免零和博弈的現代化。

我們未來要建設社會主義現代化強國，就要用這“五個現代化”來為世界解決現代化的一般難題，走出中國式現代化的道路。

第二章

中國式現代化與高質量發展

保持經濟增速，實現高質量發展是應對挑戰、駕馭大局的關鍵[1]

林毅夫

（北京大學新結構經濟學研究院院長、
南南合作與發展學院院長、國家發展研究院名譽院長）

百年未有之大變局和世紀疫情交織疊加，世界進入動盪變革期，中國經濟當前面臨重大新挑戰。保持經濟增速、實現高質量發展，是實現中華民族偉大復興、駕馭百年未有之大變局的關鍵。

如今，中國發展的國際環境中出現了新的重大挑戰。美國總統拜登延續了特朗普時代的對華貿易戰、科技戰，試圖在政治上孤立中國，進而在經濟上讓更多國家與中國脫鉤，並試圖說服部分國家把供應鏈搬離中國。除了美國對中國發動的遏制和孤立行動，俄烏衝突從 2022 年 2 月底爆發後，造成全球石油天然氣價格、糧食價格急劇上漲。我國不僅是石油的主要進口國，糧食也在一定程度上依靠進口。不僅油價、糧價，一些進口的礦產資源價格也在上漲。因此，俄烏衝突會導致我國進口成本增加，影響經濟增長。這在短期是不可避免的。從中長期來講，經過這次俄烏衝突，俄羅斯與歐盟之間的不信任和安全局勢的緊張一時難以消除。有些勢力試圖渾水摸魚，藉此挑撥中國和歐洲的政治關係，並以安全為由推動歐洲與我國在經濟、貿易上脫鉤。

---

[1] 本文發表於 2022 年 6 月 7 日《人民政協報》第 03 版。

從 2021 年第三季度開始，我國經濟受需求收縮、供給衝擊和預期轉弱等三重壓力影響出現下滑。進入 2022 年 3 月，國內經濟受高傳染性奧密克戎病毒暴發影響困難加重，深圳、廣州、上海、北京等超一線城市相繼出現比較嚴重的疫情，也在一定程度上制約了生產、投資、消費等各個方面，經濟增長全面放緩，為實現 5.5% 的增長目標帶來了更多困難。

面對國內外不斷出現的新困難、新挑戰，中國經濟如何保持快速發展、實現高質量發展，我認為要從以下兩個方面多努力。

保持增長和開放，應對國際挑戰

對來自國外的挑戰而言，美國冀圖各國跟中國脫鉤，讓中國經濟重回封閉。不過，面對美國的這種圖謀，我們也看到了對自己有利的條件：中國是世界第一大貿易國，按照購買力平價計算，也已經是世界第一大經濟體，擁有世界第一大市場。貿易是雙贏的，而且貿易當中的小經濟體從中受益超過大經濟體。美國也許為了維持其霸權地位，為了政治利益，寧可犧牲經濟利益，但是歐盟、東盟和其他經濟體如果跟隨美國和中國脫鉤，需要犧牲自身的經濟利益，在政治上只不過是為美國維持霸權做嫁衣裳，得不償失。

自 2008 年以來，中國每年對世界經濟的增長貢獻在 25%—30% 之間，如果能保持這一貢獻率，除美國之外，任何一個國家為了就業、社會穩定和發展不能沒有中國市場，也就不會輕易掉進美國的圈套，美國要其他國家和中國脫鉤的圖謀就難以實現，我國就有機會爭取有利於自身發展的國際環境。

總之，除了美國為了維持政治霸權寧可犧牲經濟利益，對其他國家而言，中國的增長、開放和發展是它們重要的發展機遇。所以，保持快速增長、擴大開放、倡導全球化既是實現第二個百年目標、實現民族復興的需要，也是破解美國圖謀和外部挑戰的最好辦法。

重樹信心、守住重心，化解國內經濟的挑戰

從國內的經濟挑戰來看，我們從 2021 年以來面臨三重壓力 —— 需求收縮、供給衝擊和預期轉弱。我認為最關鍵的是預期轉弱：預期轉弱以後，投資就沒有信心，供給就會減少，供應鏈就會受到衝擊，也失掉了克服困難的動力，進一步傳導就會帶來就業下降、收入不增長，最終消費需求也會收縮。

造成預期轉弱的原因，在相當程度上是政策執行層面的問題。2021 年的中央經濟工作會議指出了一些政策執行中的合成謬誤。比如平台治理、“雙碳”目標、房地產行業整治、共同富裕，每一項都是很重要和必要的改革、政策調控和發展方向。但在執行上，一些中長期的、全局性的政策被短期化、地方化、碎片化執行，形成了合成謬誤，打擊了大家對經濟發展的信心，尤其是企業家和投資者的信心。而我們都知道，信心比黃金更重要。比如共同富裕的目標提出來以後，相關部門要做好配套的解釋工作，避免產生誤讀影響企業家的投資和長期發展的信心。實現共同富裕需要先把蛋糕做大，由先富帶動後富，並設計合理的稅收政策，鼓勵一些富豪進行慈善捐贈。

和重樹信心同樣重要的是堅定經濟發展這一“重心”。“發展是解決一切問題的基礎和關鍵”，一定要把這個認識落實到位，在發展中解決各類問題。

就當前來講，最緊急的就是做好疫情防控與經濟社會發展的統籌。各地要爭取迅速恢復生產生活。積極的財政政策、貨幣政策要發力支持新基建，為結構轉型升級提供條件。要經過多方努力，控制好疫情帶來的不利影響，爭取實現經濟增長的既定目標。保持經濟增速、實現高質量發展，不但增強自身發展的信心，也要保持其他國家對我們的信心，這是實現中華民族偉大復興、駕馭百年未有之大變局的關鍵所在。

中國經濟的新發展階段與新發展理念[1]

余淼傑

（遼寧大學校長，北京大學國家發展研究院原副院長，教育部長江學者特聘教授）

關於中國經濟面臨的挑戰，目前有兩大熱詞："三重壓力"和"三期疊加"。

"三重壓力"主要指 2021 年底召開的中央經濟工作會議提到的"我國經濟發展面臨需求收縮、供給衝擊、預期轉弱三重壓力"。"三期疊加"指的是"我國經濟發展進入新常態，已由高速增長階段轉向高質量發展階段，面臨增長速度換擋期、結構調整陣痛期、前期刺激政策消化期'三期疊加'的複雜局面，傳統發展模式難以為繼"。

為什麼說中國經濟處在新發展階段？

中國經濟正處在新發展階段，這個新發展階段究竟"新"在何處？在我看來，最重要的一個特徵就是經濟的高質量發展，主要體現在六個方面。

第一，中國產品的附加值在不斷增加，特別是製造業產品的附加值在不斷提升。貿易主要分為一般貿易和加工貿易兩大類。加工貿易的特點主要是"大進大出，兩頭在外"，意思是我國從國外進口原材料等中間產品，然後經過生產和加

[1] 本文根據作者於 2022 年 4 月 7 日在線上講座的演講整理。

工包裝，最後出口到全球各地。相對一般貿易而言，加工貿易的生產率和附加值都比較低。在 1995 年到 2006 年的這段時間裏，加工貿易佔據了我國貿易的半壁江山。這一情況在近幾年發生改變，加工貿易的比重不斷下降，目前降至 1/3 左右，其產業結構也從生產衣服鞋帽這類勞動密集型產品為主，逐步轉變為生產機器和運輸設備這類高附加值產品為主。

第二，中國出口產品的質量不斷上升。如何衡量出口產品質量？一是看單價。比如同樣是礦泉水，有的賣三元錢，有的賣一元錢。價高的礦泉水質量可能會更好。二是看市場佔有率。比如售價相同的兩種礦泉水一起出口到美國，礦泉水 A 的市場佔有率比礦泉水 B 要高，這也能從一個側面反映出礦泉水 A 的質量較好。三是看企業生產率，也就是從產品供給的角度來看產品質量。根據企業抑制性理論，實力強的企業其生產率相對較高，在市場中也會有更多話語權，可以把價格壓低。企業壓低價格的目的是把競爭對手趕出市場，在這種情況下，低價格與產品質量無關。所以我們在衡量產品質量時，既要考慮需求面也要考慮供給面。

已有研究發現，縱觀中國入世以來的出口產品質量相關數據，假設 2001 年的質量標準為 1，2012 年的質量標準為 1.3，提升了 30% 左右。2020 年的質量標準又在 2012 年的基礎上提升了 25% 左右。儘管與德國、日本這樣的製造業強國相比，我國尚有差距，但近幾年中國出口產品的質量提升是有目共睹的，這也從一個側面反映出中國經濟在高質量發展。

第三，企業的全要素生產率不斷提升。全要素生產率主要指的是企業的技術和績效。諾貝爾經濟學獎獲得者克魯格曼曾有一句名言："生產率不是一切，但長期來看近乎一切。"所以看一家企業或一個國家的生產能力強不強，主要看全要素生產率是否得到提升。克魯格曼也曾研究過東亞國家的經濟發展，他認為"東亞神話"之所以終結，主要原因是這些國家的全要素生產率多年沒有提升，一直在進行粗放式發展而不是積累式發展，這樣的模式肯定難以持續。中國的情況如何？一位著名美國學者曾在一篇文章中提到，2001 年中國企業的全要素生產率約為美國的三成，到 2015 年已經升至 45%。從這一數據不難看出，中國的全要素生產率在不斷提升，從 2001 年到 2015 年增長了近 50%。

第四，中國具有獨特的、明顯的全產業鏈優勢。首先，中國是全球唯一擁有全產業鏈的國家。按照統計局的分類，我國有 41 個工業大類，666 個工業小類，每個行業的門類都比較齊全。其次，按照海關八位碼的標準來估算，中國出口的產品總共約有 10851 種；如果按照美國的標準進一步細分，中國出口的商品高達 15000 種。出口多少產品就意味著有能力生產多少產品，由此不難看出，中國有能力生產的產品種類也非常多，全產業鏈的優勢非常明顯。

第五，中國產業已呈現出非常鮮明的產業集聚特徵。中國每個工業城市都有自己亮麗的產業名片，比如深圳的電子產業、蘇州的 IT 業、河北邢台的羊絨業和廊坊的家具業等。通過產業集聚，企業可以抱團取暖，既節省了運輸成本，也便於實現規模經濟遞增。

第六，三大產業分佈。我國第一產業在 GDP 中的佔比與發達國家差不多，位於 7%—8% 這一區間。區別在於第二產業和第三產業：發達國家第三產業比較發達，我國第二產業比較發達。我認為這是一件好事，因為第二產業由製造業和建築業構成，如果第二產業佔比較低，意味著實體經濟不發達，那麼中國也無法成為"世界工廠"，更無法撐起大量的就業。正所謂"皮之不存，毛將焉附"，實體經濟不發達，金融這樣的虛體經濟也無法健康發展。換言之，只有實體經濟健康發展，虛體經濟才不會產生太多泡沫。因此，我國第二產業佔 GDP 37% 的現實情況，正是我國作為一個製造業強國的立國之本。

中國的經濟總量能否超過美國？對於這一點很多機構都有共識，中國的經濟總量一定會超過美國。這一點非常重要。在當今世界，GDP 總量仍然是衡量一國實力的重要標準。不過因為我國人口較多，人均 GDP 距離美國還有一定差距。

中國的經濟總量何時能趕上美國？這取決於兩點，一是經濟增速，二是人民幣兌美元的匯率，因為 GDP 主要以美元來計算。樂觀地看，我國的經濟總量大約在 2026 年能超過美國。為什麼這樣說？我們按照兩國經濟增長的基本情況，取一個相對穩健的數值，即按照美國經濟年均增速為 2.5%，中國經濟年均增速為 5.5% 來計算。與此同時，我預測未來幾年，人民幣兌美元的匯率會長期固定在 6 左右，由此不難得出 2026 年中國經濟總量超過美國這一預測。

在這一計算過程中，人民幣匯率這一變量值得我們特別關注。2019 年 12 月，在中美簽訂貿易協議後，我在一次公開演講上大膽預測，人民幣兑美元匯率會在三個月內升至 6.8，三年之內會升至 6.2。後來看，這兩個預測都應驗了。

這一預測背後的邏輯很簡單，人民幣匯率只是影響出口的一個因素，最重要的影響因素是外需。2019 年 12 月 15 日，中美兩國達成貿易協議，這對兩國來說無疑是好事。如果非要問對哪國好處更大，我認為這要看匯率。哪國匯率因中美簽訂貿易協議而上升，哪國得益就更多。當時中國的經濟體量雖然很大，但相對於美國而言，還是一個較小的經濟體。這就好比中秋節吃月餅，小朋友體型較小，吃一塊月餅就飽了，大人體型較大，一塊月餅根本吃不飽。因此同樣的利好消息，肯定是經濟總量相對較小的中國受益更大。

當然，影響匯率的因素很多，近些年唱衰人民幣的聲音也不絕於耳，但人民幣不僅沒有貶值，反而一直升值。實踐是檢驗真理的唯一標準。我仍然堅信，未來幾年人民幣兑美元的匯率會長期固定在 6 左右。

如何貫徹五大新發展理念？

新發展階段對應五個新的發展理念，分別是創新、協調、綠色、開放、共享。這些理念如何貫徹？

創新

創新是第一原動力，包含狹義和廣義兩個層面。狹義的創新指的是科技創新，主要分為兩個層面，一是工序的改進，二是產品從無到有的創造過程。現在國家提倡“大眾創業，萬眾創新”，這主要涉及工序的改進，從無到有的創造則需要大型科研機構和科學家的專門攻堅。

許多國家都在強調“研發強度”這個概念。所謂研發強度就是研發投入在 GDP 中的佔比。“十四五”時期，我國提出要提高研發經費，明確研發投入佔

GDP 比重要達到 3% 左右。這是一個比較高的水平，目前 OECD（經濟合作與發展組織）國家的平均研發強度也僅為 2.6%，而在深圳這樣的發達地區，研發強度已經高達 4.1%。

研發包括研究和發展，這兩者也不是一回事。中國在發展方面做得比較好，研究則相對落後。因此我國提出基礎研究的比重也要努力升至一個相對高的水平，設定了一個基礎研究佔研發比例上升到 7% 以上的目標。這一目標並不高，發達國家的這一比例已經達到 15%—20%。

到底哪一類產業、哪一類企業可能湧現出更多創新？一般而言，一個產業中居於末位水平的企業很難有所創新。創新需要大量資金，對於身處末位水平的企業而言，能否存活下去都成問題，哪有能力來組織大規模的研發投入？對於那些位居行業前列的企業而言，多少會有一些創新，但多數前沿企業很難像華為一樣獨具慧眼，創新那麼多、那麼快。事實上，創新最多的是那些居於中游水平的企業。這些企業需要通過創新從激烈的競爭中脫穎而出。

在我看來，廣義的創新更為重要。廣義的創新首先是社會規則的創新。比如做好自貿試驗區的創新，需要做好產、學、研、用的融合。目前，我國的研發投入主要集中在“科技創新 2030 項目”的相關領域，特別強調產、學、研、用的融合，各地都特別強調高校跟地方的融合。

2013 年以來，我們已經設立了 21 個自貿試驗區，概括來講主要做四件事：一是制定准入前的國民待遇和負面清單，總體原則是法無禁止即可為；二是通過標準的貿易自由化、投資便利化，比如通過一線放開、二線高效管住（自貿區監管規則）、零關稅等措施，推進貿易自由化和投資便利化；三是提高改善營商環境，做好“放管服”的工作；四是資本項目的改革或者資本項目的放開。

目前，這 21 個自貿試驗區基本位於“胡煥庸線”（地理學家胡煥庸提出的一條從北向南劃分我國人口密度的對比線，亦稱“黑河—騰衝”線，把中國分為東部和西部）以東。在“胡煥庸線”以東的省份中，只有吉林、山西、江西和貴州沒設自貿試驗區，估計未來一兩年之內這四個省都會實現突破。

關於自貿區的功能定位，我認為除了挖掘可複製、可推廣的經驗做法，還應當挖掘各地方的一些特色功能。比如北京的特色是服務貿易，其他自貿區則可以尋求差異化發展。

比自貿試驗區更進一步的是自由貿易港。

2020 年 6 月，《海南自由貿易港建設總體方案》正式公開發佈。方案基本分兩步走，先是在 2025 年實現早期收穫，然後到 2035 年全面開放。早期收穫主要包括土地、資金、數據等基本要素的開放，以及一線放開、二線管住，推進貿易自由化和投資便利化，實現要素自由流動等。

自由貿易港更重要的是一些規制方面的創新，比如稅率的創新。內地年收入 96 萬元以上的個人所得稅率可達 45%，而在海南只要每年待夠 183 天，就可以享受僅為 15% 的稅率，接近於我國香港地區以及新加坡的稅率水平。此外，金融防詐騙和衛生風險管控等方面也將成為海南的發力重點。

當然，自由貿易港的概念不只是河港、海港，也可能是內陸的空港。成都、鄭州和北京這樣擁有雙機場的城市，其實可以發展高附加值的服務貿易，這也是一種改革的思路。

綠色

綠色是現在非常熱門的詞。2020 年 9 月，習近平主席在第七十五屆聯合國大會一般性辯論上發表重要講話，提出我國將採取更加有力的政策和措施，二氧化碳排放力爭於 2030 年前達到峰值，努力爭取 2060 年前實現碳中和。[1]

如果要達到上述目標，核電、水電等非化石能源的佔比要在 2030 年前後達到 25%。目前，非化石能源佔比為 15%，距 25% 的目標還有一定的距離，時間非常緊迫。所以我們現在提出要從“能耗雙控”轉變為“碳排放雙控”。目前國內面臨較大的“雙碳”目標壓力，在 2022 年的政府工作報告中，李克強總理特別強調“雙碳”目標要統籌安排，但也要有一些彈性。我們在綠色方面任重道遠。

---

[1] 《習近平在第七十五屆聯合國大會一般性辯論上的講話》，參見：https://www.ccps.gov.cn/xxsxk/zyls/202009/t20200922_143558.shtml。——編者注

協調

協調也有三方面的含義，一是區域協調，二是城鄉協調，三是行業協調。在很多時候，行業協調是經濟自發的結果，因此我們談論比較多的是區域協調和城鄉協調。

在目前的發展階段，我們要走城市化、大國大城之路，目標是實現工業現代化、城鎮化、新型信息化、農業現代化的"新四化"融合，關鍵是新型工業化和新型城鎮化的協調融合。

首先，新型工業化和新型城鎮化這兩者並非緊密相連，有些國家就是因為沒有協同好這兩方面的工作而陷入落後。比如南非也有城鎮化，很多南非人願意去城市打工，但由於南非並未實現工業化，很多人進城後找不到工作，導致貧民窟的出現，社會也隨之動盪不安。與上述情況恰好相反，倘若一國實現了工業化而沒有實現城鎮化，可能其工業發展和企業發展都非常快，但沒有人來打工，導致工資成本很高，企業利潤隨之下降，最終難以維持。因此，城鎮化和工業化的協調匹配非常重要。

其次，工業信息化的主要目標是給工業化賦能，比如5G和AI（人工智能）。城鎮化的基本目標是五大城市群，包括長三角城市群、粵港澳大灣區、京津冀城市群、成渝城市群和長江中游城市群。五大城市群中有兩大板塊非常突出，即長三角城市群和粵港澳大灣區。這兩大板塊城鎮化和工業化匹配得比較好，因此發展得比較健康。

在京津冀城市群中，北京和天津發展得不錯，河北的北三縣（廊坊臨近北京的三個縣）相對較弱。成渝城市群以重慶和成都兩個城市為主，後期發展空間很大，特別是以成都為中心的一小時、兩小時城市圈正逐步形成。長江中游的武漢、長沙、南昌也顯得比較孤立，相信這兩個一線城市群還有相當大的發展空間。

一線城市群外還有四個二線城市群，主要包括山東半島城市群、河南鄭州和安徽亳州構成的中原城市群、哈爾濱與長春組成的哈長城市群，以及由泉州、福州、廈門三城組成的海峽西岸城市群。

在當前這個百舸爭流的時代，二線城市群的發展速度不見得比一線城市群慢。2022 年的政府工作報告提出，一方面要做好城市群、都市圈的建設，另一方面也要做城鎮化的建設，同時要嚴禁撤縣。對此，我個人的解讀是中央決心要做城市群，但同時也要城市群和城鎮群兩條腿走路。

共享

城鄉間如何協調？如何縮小城鄉差距？這些問題都與共享緊密相關。

脫貧攻堅戰有幾個關鍵詞：5575 萬農村貧困人口實現脫貧；832 個貧困縣全部脫貧摘帽；1 億農業轉移人口和其他常住人口在城鎮落戶目標順利實現。脫貧攻堅戰已經取得決定性勝利。中國脫貧線的標準介乎聯合國“絕對貧困線”和“相對貧困線”之間。因此，脫貧攻堅取得勝利後，接下來鄉村振興的任務仍然任重道遠。

下一步如何做好鄉村振興？我們的一個建議是通過加工貿易的梯度轉移來實現鄉村振興。正所謂“授人以魚，不如授人以漁”，隨著勞工成本上漲，一些加工貿易產業可以從沿海地區向西部內陸省份轉移，幫助中西部內陸省份的群眾實現就業，實現鄉村振興。藉此機會，廣東沿海地區也可以引進新的產業，實現產業升級。

不同地區的產業升級有不同的做法。勞動密集型產業應該轉移到海外，比如孟加拉國、柬埔寨、越南這樣的國家，這主要是出於比較優勢的考慮。正如歷史上的勞動密集型產業也是從美國轉移到歐洲，從歐洲轉移到日本，從日本轉移到“亞洲四小龍”，從“亞洲四小龍”再轉移到中國大陸，現在也要從中國大陸繼續轉移出去，這是一個歷史趨勢。

同樣是出於比較優勢的考慮，資本密集型產業應反向而行，向我國中西部內陸地區轉移，隨後慢慢帶動當地經濟發展起來。

近一段時間以來，共同富裕是很多企業家關注的熱詞。經過各界的數輪思辨後，我認為已經達成一些基本共識：一是共同富裕肯定是在效率、公平之間取一個平衡，效率是把蛋糕做大，公平是更好地分配；二是共同富裕不會一蹴而就，但肯定會實現；三是目前共同富裕還處於“把蛋糕繼續做大”的階段，在效率優先的同時一定要兼顧公平。

中央針對共同富裕的一些提法也傳遞出類似的信號。比如防止資本無序擴張，野蠻生長。我認為無序擴張說的是廣度，比如從自己的一畝三分地進入別人的領域。野蠻生長說的是深度，比如壟斷市場份額。因此，現階段我們還是要繼續做大蛋糕，強調效率，兼顧公平，鼓勵勤勞致富，進一步降低基尼係數，形成兩頭小中間大的正態橄欖形社會。

開放

中國 2021 年的出口總體表現不錯，貿易順差高達 4.4 萬億美元，外貿進出口總量破 6 萬億美元。這意味著在全球 200 多個經濟體中，中國一個經濟體的出口量佔了 20% 以上。這可以說是絕無僅有。在我看來，2022 年的出口不會比 2021 年差，仍有望實現出口額佔比 15% 的目標。

我們的主要貿易夥伴發生了哪些變化？幾年前，我們最大的貿易夥伴是美國，歐盟也是我們重要的貿易夥伴之一。隨著 2021 年 RCEP（區域全面經濟夥伴關係協定）的簽署，東盟成為我國最大的貿易夥伴。受俄烏衝突的影響，我國與美國和歐盟的貿易可能發生變化，因此我認為東盟 2022 年仍會是我國最大的貿易夥伴。

全球化作為一個基本趨勢有沒有變化？我的觀點是沒有發生根本性改變，但表現形式有了深刻變化。衡量全球化主要看兩個指標，即在生產和貿易中有沒有形成地區化和貿易多邊化的現象。比如智能手機的零部件由不同國家生產，最後在一個地方組裝，再賣遍全球。這一過程就體現了生產地區化和貿易多邊化。

特朗普的貿易保護主義令 WTO（世界貿易組織）多邊經貿合作舉步維艱，目前 WTO 的爭端解決功能幾近癱瘓。於是各國紛紛繞開 WTO，把目光轉向各類地區貿易協議。在中國入世之前，全球經貿格局是美國歐盟“兩翼並行”，當前已逐步呈現出地區貿易合作的三足鼎立之勢，即以美國為核心節點的北美經貿區、以德國為核心節點的歐盟經貿區，還有以中國為核心節點的亞太經貿區。

三足鼎立並非三足孤立，彼此間存在非常緊密的聯繫。北美的《美墨加三國協議》（USMCA）正與歐盟就跨大西洋貿易與投資夥伴協議（TTIP）展開談判；歐盟和中國之間有《中歐全面投資協議》；還有 RCEP 國際與美國、墨西哥、加拿大以及中國正就《全面與進步跨太平洋夥伴關係協定》（CPTPP）展開談判。

如何做好中國經濟“雙循環”？

“雙循環”這個詞最早出現在官方文件中，是 2020 年 5 月舉行的中共中央政治局常務委員會會議上提出的，即“要深化供給側結構性改革，充分發揮我國超大規模市場優勢和內需潛力，構建國內國際雙循環相互促進的新發展格局”。

中國早已告別了低價勞動力時代，中國經濟值得看好的主要原因在於：中國是擁有 14 億人口、4 億中等收入群體的統一的國內大市場。這既是中國的競爭優勢，也是保證中國經濟具有相對穩定增長潛力的核心源泉。

“雙循環”強調以國內大循環為主體，但並非不要外循環。儘管中國經濟的體量已佔到全球經濟的 18%，但其他國家還佔 82%，我們不能因為 18% 的市場而丟掉 82% 的市場。從這個角度講，我們要做的是雙循環，並不只是國內的單循環。

“雙循環”有沒有一個量化的標準？對外循環而言，中國外貿在全球外貿中的佔比是一個衡量標準。我認為，佔比超過 18% 可以算做得很好的。2021 年我國外貿的全球佔比超過 20%，這是非常亮眼的成績。內循環則可以參考美國的衡量標準，看內貿在 GDP 中的佔比是否大於 3/4，或者看外貿在 GDP 中的佔比是否小於 1/4。

如何做好國內大循環？我認為可以從幾個方面推進。

第一，建設“公平、公正、公開”的市場環境，推進要素市場化配置。要處理好國企和民企之間的關係。國企不是中國的特產，美國和法國也有很多國企。我們要毫不猶豫地做大做強國企，特別是保證國有企業在上游產業中的領導和主導作用。與此同時，我們也不能縱容國企“只准州官放火，不准百姓點燈”，要保持公平公正的市場競爭環境。

對於民營企業要加強指導，創造更加公平、公正、公開的環境，讓民營企業更好地生存發展。當前，民營企業已不再是國民經濟有力的補充，而是重要的組成部分。所謂“56789”，意思就是民營經濟為中國經濟貢獻了近 50% 的稅收、60% 的 GDP、70% 的創新、80% 的就業、90% 的企業數量。大企業中有 90% 都是民營企業，即 1.5 億個市場主體的 90% 是民營企業。

針對近些年民營經濟的發展，有一個詞叫“國進民退”。我個人非常不贊同這一說法。中國入世前，國有經濟佔比約為 2/3，現在國有經濟的佔比降到 1/2。毫無疑問民營經濟佔比越發重要，要大力發展。

在我看來，數字經濟也是中國經濟能否實現彎道超車的一個重要方面。同樣搞專精特新小企業，我國相對於德國而言，優勢不算明顯。數字經濟則有所不同，誰掌握了新技術和新價值，誰就掌握了明天。因此，數字經濟等知識密集的產業是我國發展的一個重要方向。

第二，以開放新格局推進貿易自由化，以新營商環境推進投資便利化。政府工作報告中特別提到“六穩”。“六穩”是循序漸進而非平行分散的。穩預期是起點，現在中國經濟面臨百年未有之大變局，面臨需求收縮、供給衝擊和預期減弱的“三重壓力”。“穩就業”是終極目標，就業不穩社會就不穩，就會出現問題。

該如何穩住就業？需要通過穩外資、穩投資、穩金融等方面的舉措才能實現。國辦提出的 15 項政策措施就集中在外貿、外資、投資、金融四個方面。

第三，以積極財政政策、穩健貨幣政策提升居民消費。首先要通過積極的財政政策和穩健的貨幣政策給中小企業紓困，先保住就業、穩住市場主體，才有可能拉動消費和內需。

如何為企業紓困？我不贊同直接發錢。比如 14 億人每人發 100 元錢，對富人而言這 100 元無關痛癢。對窮人而言，這 100 元肯定會存起來以備不時之需。所以拉動消費，直接發錢不如發消費券，與其補消費者不如補生產者。如果能保住中小企業，工人就不會失業，能熬過這段艱難時期，企業和經濟都會慢慢恢復活力。這兩年一直在強調穩健的貨幣政策，目標就是給企業紓困。

2020 年以來，央行報告曾多次提到："穩健的貨幣政策更加靈活適度、精準導向。"為保持貨幣供應鏈和社會融資規模合理增長，央行可能會增加一些貨幣供給，但總體不會太多。所謂"合理規模的增長"就是規模不大的增長。換言之，中國政府不會"放水"，而同時期美國在"放水"，其結果當然是美元貶值，人民幣升值。

貨幣政策要精準導向，意思就是不搞大水漫灌。發揮總量的功能和結構的功能，重點扶持薄弱環節和重點企業，比如受疫情影響嚴重的酒店、旅遊和餐飲等接觸性行業。以前我們是大銀行貸款給中小銀行，中小銀行再貸款給中小微企業。現在特別強調大銀行也要貸錢給中小微企業。

此外，積極的財政政策就是通過減稅降費、政府買單，不斷提升可支配收入比重。要拉動內需就必須保證居民可支配收入佔總收入的比重逐步提升。比如稅前工資 1 萬元，稅後 5000 元，消費者可支配收入不高，又如何能拉動內需？要讓消費者消費，必須先使其有錢。

財政政策關注三件事：錢從哪裏來？有多少錢可以用？用到什麼地方去？比如，2020 年我國的財政有 30 萬億元可用，資金的一個去向是要直達地方縣級基層。"直達縣級基層"這幾個字特別值得關注，說白了就是中央給的錢，省級、市級不能留存，直接到縣級。2021 年更是提出"地方直達"。具體來看，這些錢主要用在"兩新一重"，也就是新基建、新型城鎮化和重大的交通水利工程建設方面。

新基建"新"在何處？傳統基建是供給決定需求，新基建是需求決定供給。傳統基建是"要想富，先修路"，路修到村門口，東西才能賣出去，供給創造需求。新基建是反過來，在人口密集的地區搞特高壓、充電樁、5G 和 AI，這叫作需求決定供給。2021 年國家比較重視的產業是新能源汽車，2022 年則增加另外一個也代表未來趨勢的產業，即充電樁。目前政府的要求是車樁比實現 1:1。全國約有 6000 萬輛電動車，粗算下來充電樁是一個很大的市場。

要做好中國經濟外循環，可以從以下幾個方面推進。

第一，繼續做好出口。我認為，企業不能只盯著歐美這些成熟市場，更應當放眼多元化的出口目的地，特別是東南亞國家。

第二，擴大進口規模。從廣交會到進博會，不難看出擴大進口已經成為我們的一項國策。我國進口的商品主要有三類，既有能帶來幸福感的消費品，也有能倒逼行業自我革新的汽車產品，還有我國相對發展不足的服務貿易類產品。

什麼是服務貿易？假設我們購買美聯航的機票飛到美國，雖然只是一張小小的機票，但從國家的角度而言，這就是購買了美國的服務。在商品貿易方面，中國是大額順差，但在服務貿易方面，中國是逆差。因此，進口服務貿易有助於我國進行差異化改革。

服務貿易的發展方向是"擴總量、調結構、樹特色"。擴總量主要因為我國服務貿易總量太低。調結構是因為在教育、運輸、旅遊等產業，我國是逆向輸出。每年中國有許多學生前往英美留學，但是英美來中國留學的人數並不多，因此要調結構。樹特色則是要樹立我國服務貿易的獨有特色。比如韓國的整容產業很發達，我國是否可以發展中醫藥產業，在世界上打出自己獨特的名片。

第三，發展數字貿易。什麼是數字貿易？小到我國的工程師給外國公司寫代碼，大到發展阿里雲、華為雲等，這些都是數字貿易，其重要性也日益凸顯。

第四，中國企業不僅要"走出去"，還要"走進去"。目前中國企業"走出去"的情況排名全球第一。我建議中國企業不僅要"走出去"，還要"走進去"。中國企業"走出去"，有時會遇到妖魔化中國的論調。在我看來，中國企業做了很多好事，但也應該相應地承擔一些社會責任，以此扭轉當地主流輿論對中國的偏見。比如在毛里求斯投資宇通大巴，在當地出錢建了很多候車亭，因此獲得了很好的口碑。

第五，對"一帶一路"差異化發展。在我看來，我國應該優先發展海上絲綢之路，而不是平均用力。俄烏衝突已經清楚地暴露出陸上絲綢之路在地緣政治方面的複雜性、不確定性和高風險性。我國已經與海上絲綢之路沿線國家結下很好的經貿基礎，RCEP 簽署後更是如虎添翼。所以，更應優先發展海上絲綢之路。

第六，加強地區經貿合作。RCEP 已經簽署，這是一個非常好的平台。對我國而言，下一步應該邀請日本加入協議。

RCEP 完成之後，中國是優先發展《中歐全面投資協議》，還是優先發展《全面與進步跨太平洋夥伴關係協議》？我認為應該優先發展《中歐全面投資協議》。該協議內容是中國向歐盟開放海運、醫療以及國企所在的產業，歐盟向中方開放可再生能源投資。本來一切進展順利，但因為政治上的一些原因，《中歐全面投資協議》遭遇挫折。歐盟已經認清，美國是口惠而不實。對歐盟而言"打左燈向右轉"才是最優選擇，也就是說在政治上靠近美國，經濟上轉向中國市場。因為歐盟確實需要中國市場，這一點美國沒辦法幫它。如果《中歐全面投資協議》能夠簽署，中國會向歐盟開放製造業、海運、金融等市場，歐盟的新能源市場也是我國看重的。

CPTPP 跟 RCEP 有何區別？總體來看，CPTPP 比 RCEP 更難，因為 CPTPP 是"一刀切"，不論國家發展水平如何，都要達到比較高的標準。RCEP 則更具靈活性，根據國家的發展程度可以有例外情況。雖然中國已經積極表態要申請加入 CPTPP，但在目前的態勢下，我認為加入的難度較大。想要加入 CPTPP，需要 11 個成員國全部同意。目前，澳大利亞的反對傾向很明顯，日本的態度也比較騎牆。此外，中國在環境、勞工和國有企業這幾個方面與 CPTPP 國家也分歧較大。CPTPP 中最重要的國家是日本，我國不妨先簽署中日韓的自貿協議，跟日本和韓國先有一個自貿協議，接下來再去"攻克"其他國家，也不失為一種方法。

儘管中國面臨百年未有之大變局，也遭受百年一遇的疫情衝擊，但還是進入了經濟發展的新階段。我相信，只要我們貫徹創新、綠色、協調、共享、開放的五大新發展理念，用雙循環作為推手來構建我們的新發展格局，明天肯定會更好。

中國經濟的三個循環[1]

徐高

（中銀國際證券總裁助理兼首席經濟學家，北京大學國家發展研究院兼職教授）

除了現在熱議的內循環和外循環，我認為中國經濟還有第三個循環。我想用和市場主流不太一樣的視角講一下這個問題。

書本上的很多經濟學理論與現實之間有很大的落差，就像是插頭和插座不匹配。我發現，現實有落差實際上是因為理論有問題。後來，我慢慢形成了用理論和現實雙視角觀察中國經濟的習慣。

理解中國經濟的兩個視角："水"和"石頭"

我所謂的兩個視角可以比喻成"水"和"石頭"。"水"是指市場經濟，因為市場經濟像水一樣靈活，會根據形勢變化做調整。市場經濟的運行很大程度由市場經濟面臨的約束條件和邊界條件決定，而這種邊界條件往往是非市場因素，就像"石頭"。尤其在中國這樣一個轉型經濟體中，還有很多計劃經濟的"石頭"約束市場經濟的運行。

這種情況下，如果單單從市場經濟運行的邏輯去理解中國經濟就會有問題。

---

[1] 本文根據作者於 2021 年 9 月 19 日在北大國發院暨南南學院承澤園院區落成啟用慶典"新發展格局下的宏觀經濟與金融市場"分論壇的演講整理。

西方國家的市場經濟已經運行很多年，河裏原有的很多石頭都被沖走了，所以它們只需了解“流體動力學”，即西方經濟學就能基本上了解這條河的流向。但在中國市場經濟這條河裏還有很多石頭，僅僅懂得西方經濟學遠遠不夠。你如果看不到河裏的那些石頭，就不能理解為什麼水流到這裏會產生浪花甚至漩渦。因此，只有將“水”和“石頭”兩個視角結合起來，才能真正懂得中國經濟。

對比內循環和外循環，核心問題在前者。中國經濟首先是市場經濟自身的循環，從產出、收入到需求，但目前需求不足導致內循環運轉不暢。中國經濟運行在很大程度上要依靠外循環來帶動，如果外循環不好就會導致經濟比較差。外循環在過去 20 年決定了中國經濟的大週期。新冠肺炎疫情暴發後，中國經濟外循環在歐美國家的需求刺激下持續向好，但內需在國內失當的宏觀調控政策影響下出現了過度冷卻。

西方經濟學理論與中國現實大不相同

我們描述宏觀經濟通常有三個方程。

第一個是“Y=F（K，L）”生產函數，表示資本與勞動結合得到產出，同時也意味著產出會被資本和勞動瓜分。

第二個是資本的積累方程，意味著資本通過投資而來，投資就是資本扣除資本折舊之後的結果。

第三個是“Y=C+I+G+NX”產出的運用方程，如 GDP 等於“消費 + 投資 + 政府支出”。

三個方程中，前兩個是在講生產面（供給面）。其中第一個生產函數是個自然科學問題，第二個是簡單的動態方程，二者蘊含的經濟學理論都不多。最後一個方程講需求面，經濟學的理論也主要蘊含在這裏，它也是三個方程中真正重要的那個。

這第三個方程的等號包含了很多學問。等號連接的是會計恆等式，但同時也可被理解為市場均衡的結果。等號左邊是產出 Y；右邊是產出的運用方向，即需求（內需 + 外需）。當產出 Y 變成本國居民、企業和政府的收入（依據生產要素的所有情況，尤其是資本的所有情況），從等號左邊到右邊就是一個收入分配的過程，涉及一次分配和二次分配。當拿到收入後，各個經濟主體要進行決策，比如消費者要考慮分別將多少收入用於消費和儲蓄。所以，第三個方程的等號隱藏了收入分配與消費儲蓄決策的複雜過程。

進一步分析第三個方程，它包含了西方經濟學理論的兩個隱含假設：一是經濟的總產出都是居民的初次收入，即資本由居民所擁有；二是投資對資本回報率是敏感的，因為產出全部由居民所獲得，投資對居民來說有機會成本，只有利率比較高的時候投資才會增多，反之投資會減少。

然而，這兩個隱含假設在中國經濟現實中並不成立。

在中國經濟現實中，居民收入只佔全社會總收入的一部分，有相當大部分的收入流向了廣義的政府部門（包括國企），這些收入跟老百姓沒關係。同時，流向廣義政府部門的收入中又有相當大部分（扣除政府消費部分）剛性地變成了投資。由於政府投資沒有機會成本，對回報率或利率就缺乏彈性，會在投資回報率很低的情況下繼續投資。

西方經濟學中還有很多宏觀經濟學理論與中國經濟的現實不吻合，因此根據這些理論推導出的結論也就很難應用到中國經濟現實中。

中國第三次經濟普查顯示，國有企業佔據整個企業部門資產的 54%，外資、港澳台企業佔 10%，其他國內企業佔 36%。這意味著老百姓真正持有的企業財產只有 1/3 多。同時這些企業財產在居民內部的分配也極不平衡，比如一些大企業家持有的企業股份很多，而老百姓持有的卻非常少。這意味著在中國，企業部門和居民部門之間的財富聯繫被割裂。

再看一組國際比較數據。全球各國居民儲蓄與企業儲蓄普遍呈負相關，這在宏觀經濟學裏被描述為“刺穿企業帷幕”（pierce the corporate veil），意味著企業只是蒙在居民部門上的一層棉紗，收入在企業與居民部門之間的分配不影響居民對消費和儲蓄的決策。如果企業所有制是私有，企業獲得的收入最終也會通過居民持股反映在居民的財富中，那麼收入到底是流向居民還是流向企業並不重要，當企業儲蓄增加、利潤增加時，居民就會財富增加、消費增加、儲蓄減少。所以，全球各國居民儲蓄與企業儲蓄普遍是此消彼長的負相關關係。

中國的企業儲蓄和居民儲蓄都很高，二者之間負相關的關係並不明顯。國企的所有制結構導致企業和居民部門的財富聯繫被割裂，老百姓不會因為國企今年掙錢多就增加消費、減少儲蓄。這是中國經濟的特點。

中國的投資缺乏對利率的敏感性且投資數額較高。回到三個方程中的前面兩個，較高的投資會帶來較高的資本積累速度、較高的資本存量和較高的產出，導致產出與需求之間不平衡，最終需求不足成了一個長期問題。

按照西方主流的新古典經濟學假設，經濟應該是長期運行在潛在產出水平（生產能力）附近。儘管經濟運行也會因為一些衝擊偏離潛在產出水平，但這種偏離只是暫時的。當經濟運行低於潛在產出水平時，可以通過宏觀政策短期刺激一下，高於潛在產出水平時則通過宏觀政策來短期降溫。但宏觀政策的刺激不會長期化，因為經濟運行不可能長期低於潛在產出水平。這是西方經濟學的假設。

中國的經濟狀況是由儲蓄過剩和消費不足導致產能和生產過剩，因此中國經濟長期運行在潛在產出水平之下。哪怕出現波動，也都是低於潛在產出水平。

我認同中國 GDP 有長期實現 8% 增長潛力的說法，但能不能發揮出這個潛力則取決於有沒有足夠的市場需求。當中國經濟長期運行在需求不足的狀態下時，運行的邏輯就和西方主流經濟學講的道理不一樣。這種情況下，我覺得凱恩斯說得更合理，當需求不足時，只要創造需求就能讓經濟變得更好，此時外需及國內宏觀刺激政策就會表現出“乘數效應”。

事實上，中國經濟的動態特徵確實表現出了“乘數效應”。國內儲蓄有兩個用途，一是投資，二是借給外國人變成經常賬戶盈餘。東盟和歐盟國家的經常賬戶盈餘和投資之間存在明顯的負相關關係。這表明它們是儲蓄約束下的經濟運行狀態，即投資多了，經常賬戶盈餘就會減少甚至變成逆差。與東盟和歐盟不同，我國的經常賬戶盈餘與投資之間呈現正相關關係，體現出了我國經濟運行中的正反饋效應。即在中國是投資越高，儲蓄越高，經常賬戶的盈餘越高，可以理解為投資在中國成了儲蓄的應用方向，這也說明了中國經濟是在需求不足的狀況下運行的。

外需對中國經濟而言，不是出口 1 元錢就是 1 元錢的事，而是通過這 1 元錢在整個國內帶來更多的需求反饋，從而讓經濟變得更好、儲蓄變得更多、投資變得很高。由此可見，中國經濟運行的整體狀態與西方主流經濟學講的道理大不相同。

中國經濟走出困局還需要第三個循環

疫情之後，我提出了"再循環"概念。疫情促使中美之間形成了"互補式復甦"的格局——中國產出復甦快，美國需求復甦快。

美國為了應對疫情大搞財政刺激和貨幣刺激。疫情之後，中國因為防控得力，工業產出恢復明顯好於美國，但美國因為強刺激政策，其商品零售復甦遠遠好於中國。最後，美國通過消費刺激為中國提供了大量的外需，而中國自疫情前就積累的產能過剩在疫情後對美國出口大幅增加。中國的貿易順差和美國的貿易逆差同步擴張，這和次貸危機之前的情況類似。

從 2021 年初開始，中國出口進入增長平台期，原因是儘管中國出口集裝箱運價指數在高位進一步上揚，但海運運力成了中國出口面臨的瓶頸。疫情之後，得益於外需，中國經濟復甦處在一個更加有利的位置上。

那為什麼經濟又面臨很強的下行壓力呢？2021 年上半年，儘管國內貨幣政策轉彎還不算急，但財政緊縮力度極大，達到進入 21 世紀以來前所未有的強度，甚至超過 2008 年 4 萬億元救市之後的強度。此外，土地財政赤字、政府基金預算赤字、地方政府非正規融資、地方政府專項債都在明顯收縮，上半年財政收縮幅度佔到同期 GDP 的 7%—8%。

在國內宏觀政策的打壓下，國內三大投資均低位運行。製造業投資、基礎設施投資、房地產投資規模到 2021 年 7 月都呈斷崖式滑坡，加上社會消費品零售總額連續數月下滑，中國經濟面臨著較強的下行風險。

分析國內宏觀政策收緊的原因，國內的分析者包括決策者大都還在沿用西方的那套理論，覺得中國基建投資引領的經濟增長模式是不可持續的，但我覺得這是對中國經濟的誤判。

未來經濟向好的趨勢，我覺得還是很有希望。2021 年 7 月 30 日的政治局會議已經釋放了政策轉向的明確信號，包括“合理把握預算內投資和地方政府債券發行進度，推動今年底明年初形成實物工作量”“糾正運動式‘減碳’，先立後破”等內容，但後續政策的力度仍需觀察。

中國經濟的內循環和外循環都重要，只是當從收入到需求的內循環運行不暢時，中國經濟對外循環的依賴還會持續較長時間。如果從經濟長週期來看，中國經濟的好壞一方面受外需影響，另外一方面則受國內宏觀政策影響。

如果想走出現在的困局，關鍵在於通過改善第三個循環來擴大內需。具體而言，通過收入分配改革，實現企業與居民之間的收入循環，尤其是國有企業與居民之間的循環，進而增加居民收入和消費。

只有當更多的收入流向居民部門，變成消費者的收入和消費，中國經濟的內循環才能通暢起來，對於外需和國內刺激政策的依賴才會減少，中國經濟才能從此走上更具內生性、可持續性增長的模式。因此，三個循環都要做好才行。

第三章

中國式現代化與共同富裕

共同富裕的本質與著力點[1]

姚洋

（北京大學國家發展研究院院長、BiMBA 商學院院長、南南合作與發展學院執行院長）

如何界定共同富裕？

自 2021 年提出“共同富裕”之後，出現了很多說法。網上有一些極端言論，例如說應該重新回到 1956 年那種國有化。這樣的極端言論在社會上造成了比較大的思想混亂，特別是在企業家群體中。可以肯定地說，這樣的說法顯然不是我們黨和政府的想法。

另一種說法認為，共同富裕應該像以前一樣把蛋糕做大。改革開放 40 多年，我們不斷做大蛋糕，讓大家都獲益。但這次提出共同富裕，我認為不僅僅是做大蛋糕的問題，還有如何分蛋糕的問題。

還有一種說法，認為共同富裕就是要壯大中產階層隊伍。這個說法看似有很大合理性，也比較契合中產階層的想法。但問題在於，不管中產階層隊伍多麼壯大，總是會有一些人的收入增速趕不上經濟增速，而且這些人的數量很大。

在我看來，共同富裕的真正含義應該是讓所有民眾都以同等的方式享受經濟增長的成果。

---

[1] 本文根據 2022 年 5 月 25 日，作者在“慶祝香港特別行政區成立二十五週年營商座談會”上的主題演講整理。

什麼叫“同等的方式”？不同的政治哲學會給出不同的答案。我個人認為，要在民眾的收入能力和收入機會方面盡最大可能拉平。這與我們社會主義國家的特性高度相關，蘊含在馬克思和恩格斯當年提出的共產主義理想當中。如果我們能做到所有民眾以基本相同的方式享受經濟增長的成果，那結果就是民眾能夠以基本相同的增長速度來提高收入。我們不能一下子跳到結果，去把收入拉平，因為那會使民眾的積極性大幅降低。

中國收入與財富分佈的現狀

關注根本，著眼於根本，核心是要關注低收入階層，因為這部分人的收入增速跟不上全社會的平均收入增速。

圖 3-1 左側是中國收入和財富分配格局，數據來源於北京大學中國家庭追蹤調查，我是這個調查的發起人之一。調查每兩年做一次，這是 2016 年的情況。2018 年、2020 年的數字會有一些變化，但是分配格局沒有太大變化。數據顯示，收入最低的 10% 的家庭年收入只有 2217 元，近 50% 的家庭年收入低於 3.4 萬元。收入最低的 50% 的人群僅佔有全部收入的 17%，而收入最低的 10% 的人群只佔有全部收入的 0.5%。

從圖 3-1 還可以看出，財富分佈的差距更大，收入最高的 10% 的家庭的平均財富是約 333 萬元人民幣，收入最低的 10% 的家庭則是欠債，淨資產為負。

所以，中國的收入和財富分配格局很差，主要差在 50% 的人收入太低。這就是為什麼我說共同富裕的重點應當在低收入人群。

我們在 2021 年提出共同富裕目標，這並不是新事物，鄧小平同志 20 世紀 80 年代初提出讓一部分人先富裕起來，帶動大家共同富裕。他後半句話強調的正是共同富裕，而且少數人先富起來是手段，共同富裕才是目標。

現在我國人均 GDP 大約是 12000 美元，如果不出太大的意外，未來兩三年之內就能達到世界銀行制定的高收入國家的標準 12600 美元。在這種情況下，我們的收入差距不能再進一步拉大。

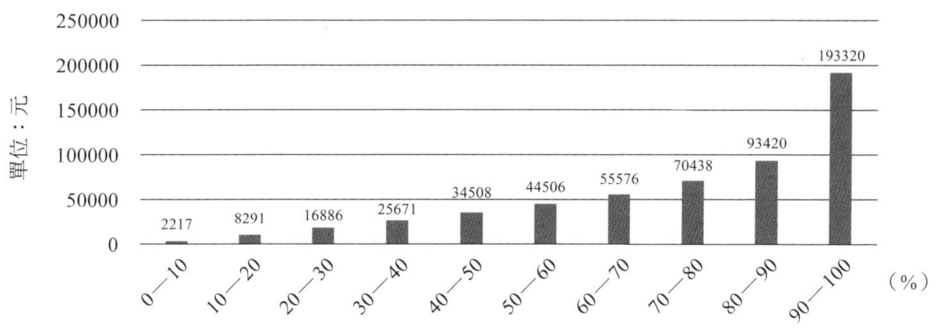

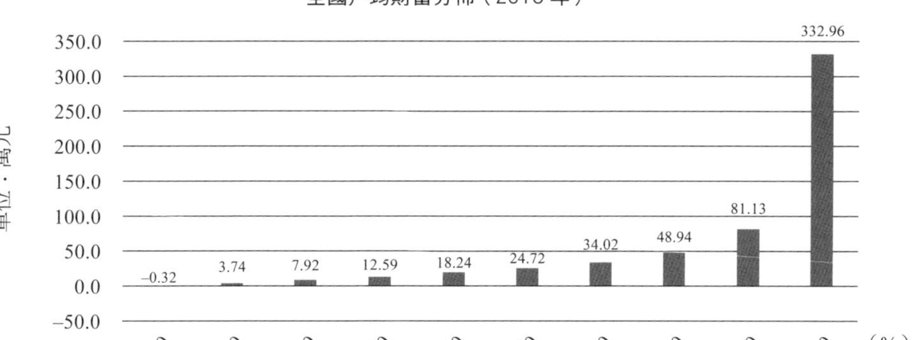

圖 3-1　中國收入和財富分配格局

數據來源：2016 年中國家庭追蹤調查（CFPS）

共同富裕是中國人一貫的理想

共同富裕是社會主義的一個目標，更是中國傳統文化中理想的預期目標之一。

社會主義的共同富裕目標怎麼定義呢？應該回到馬克思和恩格斯在《共產黨宣言》中對共產主義社會的憧憬——“每個人的自由發展是一切人的自由發展的條件”。也就是說，每個人的自由全面發展應該是社會主義追求的最根本目標。

“自由”是一個哲學問題，簡單說包含兩個方面，缺一不可。除了美國前總統羅斯福所提出的免於貧困、免於恐懼的自由等，還應加上“能夠”做什麼事。

社會主義和資本主義的核心差別之一是社會主義不僅強調“免於”，而且強調“能夠”做什麼事。

“全面”就是要充分發掘每個人的潛力。如馬克思和恩格斯在《共產黨宣言》裏所構想的社會，我們每個人清晨做漁夫、上午做農民、下午做工人、晚上做哲學家，人人得以全面發展。

我想這樣的信念，這樣的對未來社會的憧憬，沒有人會拒絕。

社會主義的目標與儒家、中華文化的根基是一致的。很多人認為儒家是毀滅人性的，我堅決不同意。儒家非常肯定個人價值，特別是先秦儒家。孟子認為“人有四端”，每個人生來具有同等潛力，都有成聖、成賢的潛力。孔孟儒學進一步強調，每個人最後達到的高度不一樣，取決於個人修行和社會環境。我們和其他有宗教國家一個最重要的不同之處在於，我們的文化肯定對個人修行的獎勵。個人修行好、貢獻大，就應該得到更多回報和獎勵。在這一點上，早期儒學和馬克思、恩格斯說的人的自由全面發展是一致的。

中國文化傳統有兩個看似矛盾但可以統一的方面。

在微觀層面，中國人特別相信賢能主義，認為聰明能幹、對社會貢獻大的人理應獲得財富。一個人獲得的社會回報與他對社會的貢獻成正比，這也符合亞里士多德的比例原則。因此，中國社會對個人努力獲得的財富持肯定態度，一些知名企業家可以成為年輕人心目中的英雄和榜樣。作為市場化發源地的歐洲，其年輕人都未必崇拜創業英雄。2021 年提出共同富裕之後，社會上一些人對“共同富裕走向重新國有化”的擔心和反對與此有關。

在宏觀層面，中國人又“患不均”。其實這是所有文化的特徵，並不僅限於中國人。曾獲諾貝爾經濟學獎的印度裔經濟學家、哲學家阿馬蒂亞·森說，所有文化都追求平等，只是追求的側面不同。

這樣就產生了矛盾張力，微觀層面希望獎勵賢能，宏觀層面則要求社會更加平均。怎麼辦？就需要投資每個人的能力，給予每個人同等的機會。每個人的能力都提高了，機會都相同了，就都可以發揮自己的特長，最後實現平等。這樣的社會才是良性運作的社會，同時也能夠實現共同富裕的理想。

如何提高每個人的能力？

那麼，怎麼提高每個人的能力呢？在當今社會，教育是第一要務。

以前，鄉鎮企業家沒有受過什麼教育照樣可以做成一個企業，但那樣的時代已經一去不復返。中國已經進入了“智本家”時代，教育變得極其重要。

目前，中國高等教育已經進入普及階段，高等教育初入學率為 55%，在校生人數佔 18—22 歲人口數的比例是 55%。我們做了計算，近幾年來，每年高考招生人數佔 18 歲人口數的比例都超過 70%，也就是 70% 的孩子都上了大學。

但是，我們注意到沒有讀大學的年輕人中很大部分是在農村地區，很多人甚至高中都不讀，最多上職高、技校。我們做過研究，發現上職高、技校的絕大多數孩子這一生都鎖定在低收入工種、低收入行業。事實上，職高教育已經成為鎖定階層的工具。我們調查發現，上職高、技校的孩子中 90% 是農村孩子。

圖 3-2 是 1930—1985 年出生人口的教育水平分佈圖。好消息是，大學生的比例從 1930 年的幾乎可以不計，到 1985 年出生的人 20% 有大學文憑。壞消息是，1985 年出生的人中 8% 沒有完成小學教育，70% 的人僅僅完成了初中教育。1985 年出生的人現在還不到 40 歲。情況在近些年有一些改進，但並不很明顯。

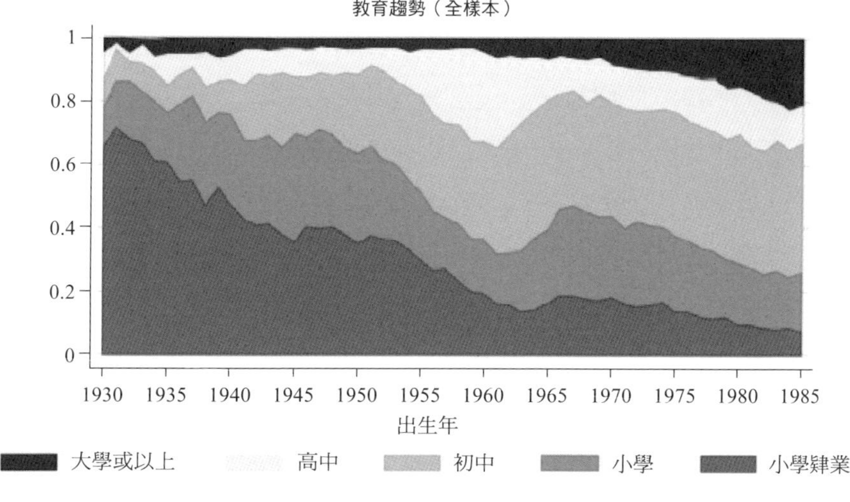

圖 3-2　中國教育構成的演進（1930—1985 年出生人口）

數據來源：中國家庭追蹤調查

當教育有這麼大差距的時候，想實現共同富裕的難度非常大。很多研究發現，教育回報率上升最快的階段是高中和大學，完成初中教育只能滿足低端就業需求，而且隨着技術的發展，這種就業機會越來越少，很快會被 AI、自動化替代。要想在中國未來社會立足，至少需要擁有高中或大學教育水平。

教育資源的均等化是當務之急。2022 年 5 月 1 日，國家正式實施了新的《職業教育法》，其中有一條是“職業教育是與普通教育具有同等重要地位的教育類型”。這意味着初中畢業將不再進行普高與職高的強制分流。這是非常大的進步，也是包括我在內的學者們這一年多來所呼籲的。

但是這仍不夠，我認為最佳狀態是十年一貫制義務教育。把九年義務教育改成從小學到高中的十年一貫制義務教育，“小升初”不用中考，大家平等地上十年學。7 歲開始上小學，到 17 歲畢業。7 歲以前可以上一年學前班，17 歲畢業後根據大學專業的不同，可以再上一年大學預科。17 歲畢業之後再分流，可以選擇讀本科、專科、技校（含中專）或就業。

現在的情況仍然是初中畢業就要對孩子們分流，孩子們還不懂事，家長們也不甘心。但 17 歲讀完高中，孩子就會更加成熟，會有能力意識到成為什麼樣的人是自己的責任。

這樣做的好處有三個。一是有利於提高農村地區的教育水平，確保所有人都接受完整的高中教育，而不是現在的初中畢業就進入社會；二是能讓基礎教育回歸培養人才的本源，而不是選拔人才，這一點非常重要；三是可以部分解除教育焦慮。現在高考焦慮影響了中考焦慮，由於普高畢業基本能上大學，家長就拚命要讓孩子上普高而不是職高。如果實行十年一貫制義務教育，可以在很大程度上緩解這種焦慮，對於我們民族的未來極有好處，否則孩子從小只學會做題，而沒有得到綜合培養。做經濟學研究需要綜合素質，但我發現很多學生不具備這種素質，他們也許可以解出一道題，但是沒有能力創新一個理論。如果孩子們從小在無憂無慮的環境裏學習，他們的綜合能力會大幅提高。

目前政府鼓勵企業和職業教育技術類大學合作，但是實踐效果一直不太理想。我考察過德國的技術大學，每所大學基本上都有兩三家大企業支持，大企業把實驗室直接建在技術大學裏面。這樣，企業和大學形成合力，企業節約了部分研發開支，學校裏的老師和學生可以在企業裏兼職、實習，大學則獲得了寶貴的技術、教師和設備資源。因此，政府應該在這方面給予企業一些稅收等優惠，鼓勵大企業和高職院校、技術大學合作。

優化基本經濟制度

在這個基礎上，我國的基本經濟制度應保障我們能建設一個效率與公平兼備的社會。

一次分配應該遵循按要素分配的市場原則，這是改革開放 40 多年的基本經驗之一。沒有按要素分配，就沒有今天的成就，因為會無法調動微觀主體的生產積極性。以前把按要素分配和按勞分配對立起來的看法是不對的。其實，按要素分配包含按勞分配。按照馬克思的勞動價值論，資本是勞動積累的成果，只不過因為積累得年長日久，表面上和勞動的距離有些遠。所以，資本獲得回報從根本上看也是勞動獲得的回報。這一點我們一定要堅持，因為這是提高效率，把餅做大的根本保證。

二次分配是再分配，要以社會主義目標為導向，投資每個人的能力建設，即教育、培訓、基本福利等。

2021 年提出的共同富裕最受關注的是“三次分配”的概念。這個概念是錯誤的，不應該有三次分配的說法。分配一定有主體，一次分配的主體是企業，二次分配的主體是政府，三次分配的主體是誰呢？顯然是錯誤的。所謂三次分配是企業捐贈，那就不是“分配”問題。企業家捐贈的目的是什麼？救助貧困、繁榮文化和藝術等，通過回饋社會實現個人抱負，這是企業家自願去做的事情，不是分配。

其實，中國企業家的捐贈已經非常多。美國的個人捐贈佔 60%，企業捐贈佔 40%，中國這一比例是倒過來的。所以，中國企業家實際上非常有社會責任感。溯本清源，我們可以從稅收、聲譽機制等各方面鼓勵企業家捐贈，但一定要讓公益和慈善捐贈回歸到人人自願的初心，而不是強制分配，這才是極其重要的，否則會嚴重打擊企業家創造財富的積極性，從根本上影響共同富裕的水平和節奏。

發展民營經濟是共同富裕的基礎[1]

張維迎

（北京大學國家發展研究院經濟學教授、市場與網絡經濟研究中心主任）

我們中國的地區差異更大程度上是農村之間的差距，而不是城市之間的差距，城市地區之間的收入差距比較小。這意味著，民營企業發展和市場化帶動的城市化本身就可以縮小地區之間的收入差距。我們前面看到的人均 GDP 差距的縮小在很大程度上與城市人口比例的增加有關，城市人口佔的比重越大，地區之間的差距越小，這當然也可以說與民營企業的貢獻有關。

民營企業的發展是共同富裕的基礎，民營企業不僅可以把蛋糕做大，而且可以使得分配更為公平。

首先看市場化指數。北京國民經濟研究所從 1997 年開始編制市場化指數，現在數據到 2019 年。通過圖 3-3 我們可以看得很清楚，中國的市場化程度在不斷提高，只有三個時間有所下降，分別是 1999 年、2010 年和 2019 年。我們可以看到，市場化指數與民營企業發展指數高度相關。事實上，市場化的一個分指數就來自民營企業，或者說非公有制經濟的發展。

---

[1] 本文根據作者與《財經》雜誌總編輯王波明在 2021 年 12 月 18 日"三亞·財經國際論壇"上就"民營經濟與共同富裕"這一主題的演講整理。

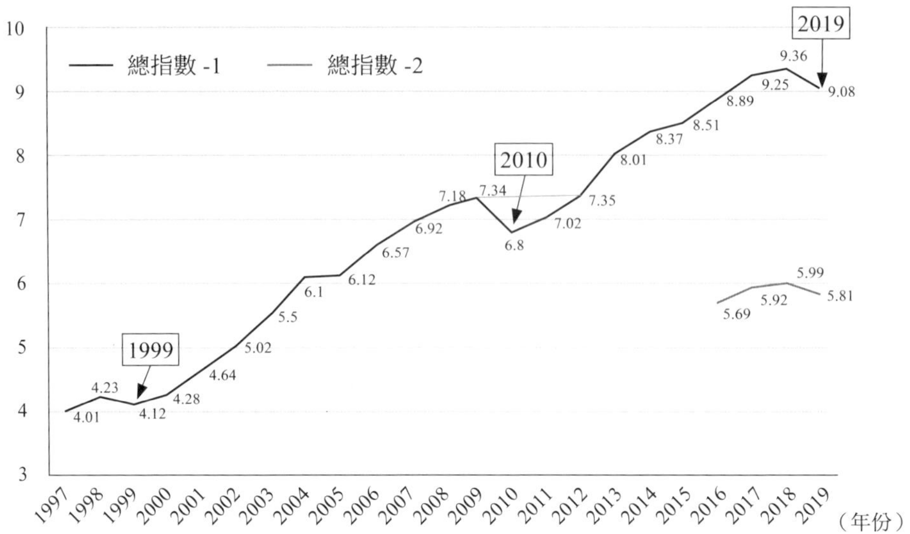

圖 3-3　中國市場化指數（1997—2019 年）

資料來源：北京國民經濟研究所

儘管全國整體的市場化程度在上升，但是各地之間的差異非常大。總的來講，東部的市場化程度最高，西部最低，中部在兩者中間。這給我們提供了一個通過地區間比較理解其他問題的機會，民營經濟發展或者市場化程度的提升，會給中國人的收入帶來什麼變化？

圖 3-4 的橫坐標是市場化指數，縱坐標是每個省的人均可支配收入，圖中每一點代表著一個省。從這個圖上面，我們可以看得非常清楚，平均而言，市場化程度越高，民營企業越發達的地區，人均可支配收入越高。以 2016 年為例，大體來講市場化程度提高一個點，人均可支配收入可以上升 2237 元。

下面主要分析一下收入分配的問題，包括利潤與工資、城鄉收入差距、地區間收入差距，以及基尼係數，最後分析收入的垂直流動。

我們先看一下工資與利潤的關係。民營經濟越發達的地方，市場化程度越高的地方，私人企業員工平均工資越高。仍以 2016 年為例，市場化程度提高一個點，私人企業員工的平均工資可以上漲約 1826 元（圖 3-5）。

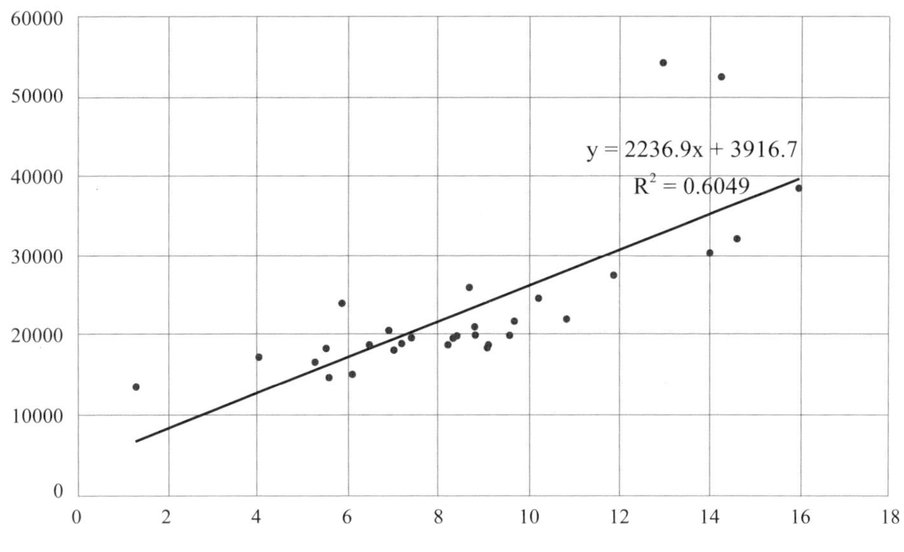

圖 3-4　市場化與人均可支配收入（2016 年）

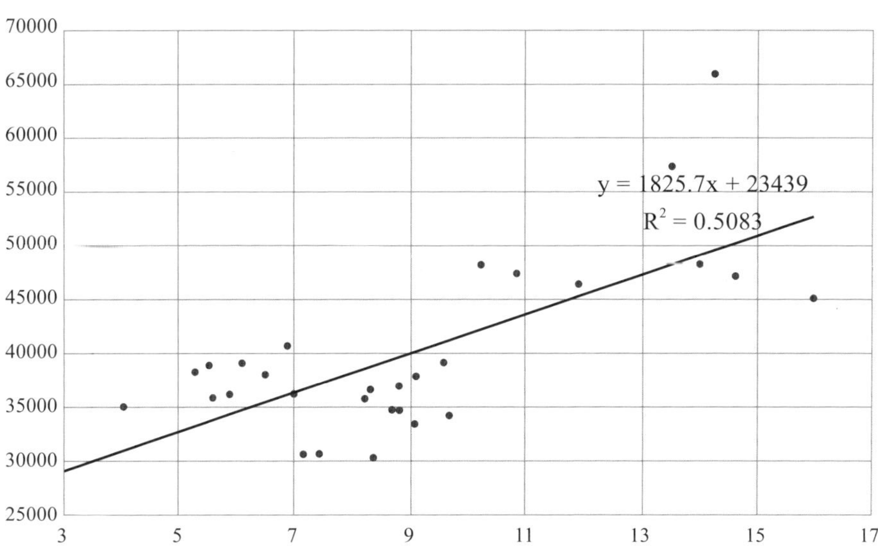

圖 3-5　市場化指數與城鎮私企平均工資（2016 年）

我們也看到了，市場化程度高的地方，民營企業的淨資產利潤率也在上升，但這二者不是高度相關。結果是，市場化程度高、民營企業發達的地方，私人企業的工資佔主營業收入的比重上升，佔主營業成本的比重也在上升。這說明了民營經濟更好地發展有利於收入向普通的工薪階層傾斜。

城鄉差異方面，大體上我們可以用城市跟農村的人均可支配收入比來看。城鄉差距最大的時候是 1957 年，到 1978 年的時候城市人均可支配收入是農村的 2.6 倍，之後幾年有所下降，然後又回升，2003 年開始城鄉差距逐漸縮小，2020 年城鎮人均可支配收入與農村的比率跟 1978 年大致相當。這是全國的情況。

分省來看就非常有意義了。大家可以看到，市場化程度越高的地方，民營企業發展越好的地方，城鄉可支配收入差距越小。橫跨 20 年，我們看到了民營經濟的發展和市場化改革有利於減少城鄉差距。

農村貧困化問題是大家比較關注的。從圖 3-6 可以看到，民營經濟發展越好，市場化程度越高的地區，農村貧困人口比重越低，2010 年、2016 年都一樣。還可以進一步看到，民營經濟的發展和市場化程度的提高使得貧困人口比重的降低速度也更快，所以從這點來看，民營經濟的發展也有助於縮小城鄉差異。

地區間收入差異，就是從中國 31 個省、市、自治區來看的地區差異。圖 3-7 是各省級行政區人均 GDP 從 1952 年到 2019 年的數字，我們從圖 3-7 看得很清楚，如果按照人均 GDP 算的話，改革開放之前的地區差距要比改革開放之後大。

這裏我是用最高收入的省級行政區的人均 GDP 和最低的省級行政區比，最高的通常是上海，偶爾是北京。最低的是甘肅、貴州，更多的時候是貴州。1978 年的時候，上海人均 GDP 是貴州的 14.2 倍，但是到了 2019 年這一數字降到了 5 倍，之前還有更低的時候。所以從人均 GDP 來看，改革開放以來，地區之間的差異不是在擴大，而是在縮小。

我用的另外一個指標是變異係數（圖 3-8），即人均 GDP 的標準差除以人均 GDP。變異係數等於零意味著地區間沒有差異，變異係數超過零越多差異越大。圖 3-8 給我們的信息跟上文基本都是一樣的。我們看到在 1978 年的時候地區人

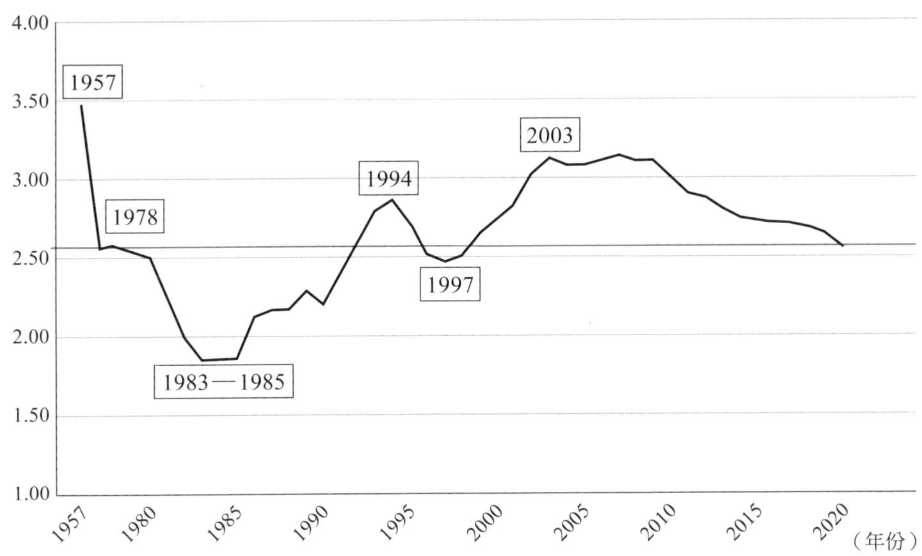

圖 3-6 人均可支配收入（城鎮 / 農村）

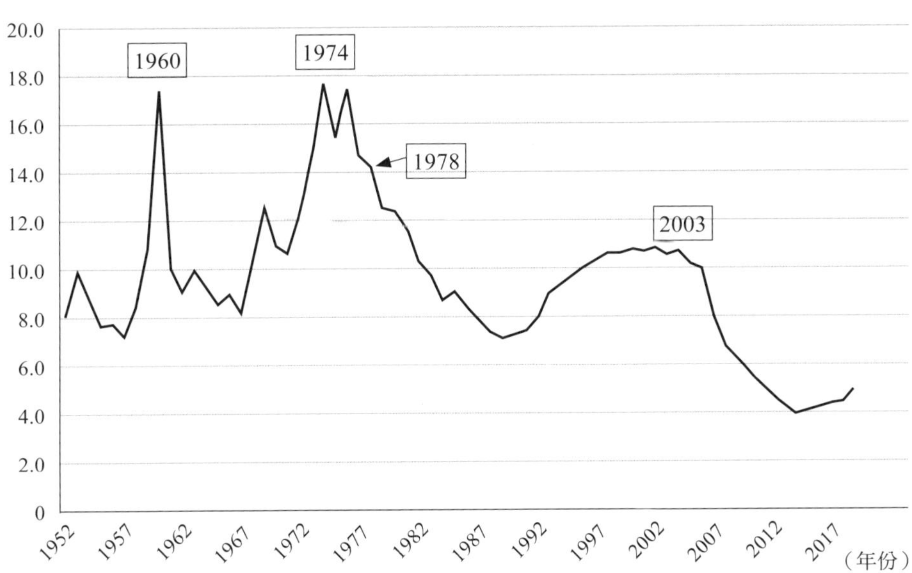

圖 3-7 中國省級行政區人均 GDP 最大 / 最小

均 GDP 的變異係數是最高的，之後一直到 1989 年都在下降，然後上升，2002 年又開始下降，最近兩三年又有所上升。總體來講，從人均 GDP 衡量的話，改革開放前地區之間的差異大於改革開放之後的差異。

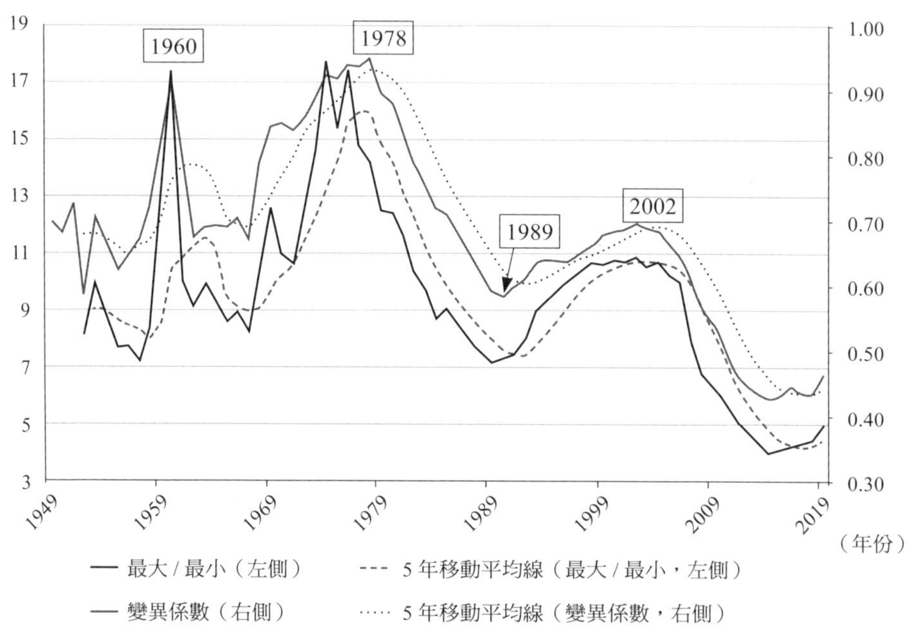

圖 3-8　人均 GDP 的地區間差距：最高 / 最低和變異係數：1949—2019 年

當然，農村和城市有別。我們看到農村人均可支配收入的地區之間的差距也有下降、上升，但是到 1993 年之後基本呈現了下降趨勢。城市的情況也類似，在 1994 年之後呈現出下降的趨勢。

這裏非常重要的就是，我們中國的地區差異更大程度上是農村之間的差距，而不是城市之間的差距，城市之間的地區收入差距比較小（圖 3-9）。這意味著民營企業發展和市場化帶動的城市化本身就可以縮小地區之間的收入差距。我們前面看到的人均 GDP 差距的縮小很大程度上與城市人口比重的提高有關。城市人口佔的比重越大，地區之間的差距越小，這個當然也與民營企業的貢獻有關。

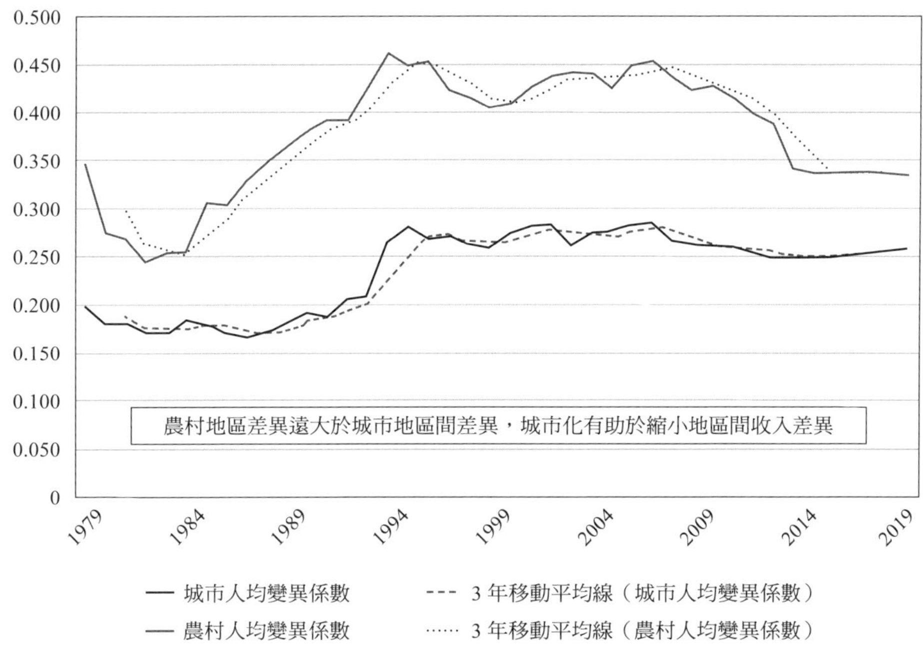

圖 3-9　城鄉變異係數比較

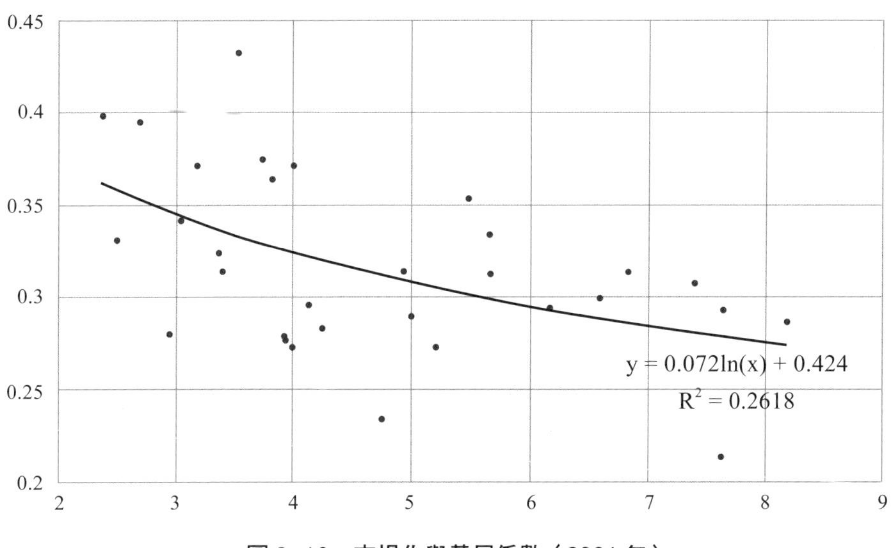

圖 3-10　市場化與基尼係數（2001 年）

再談一下基尼係數的問題。我們用來衡量一般的收入不平等都用這個係數，從全國看，大體來講，改革開放之後，用基尼係數衡量的收入差距在擴大，大致到 2010 年左右開始下降，最近幾年略有回升。

非常有意思的是，分開各地區來看，可以給我們提供很重要的信息。以 2001 年為例，圖 3-10 中每個點代表一個省，意味著民營企業越發達、市場化程度越高的地方，收入分配的差距越小。

2013 年的情況也類似，儘管相關度沒有 2000 年高，但相關係數是負的，這在 2017 年的數據中也有體現。所以總的來說，市場化程度的提高和民營經濟的發展，有助於減少這個地方的收入差距。

我們還有另外一個指標，即國家統計局提供的人均收入按照五檔劃分，收入最高的 20% 和收入最低的 20% 的可支配收入的比較。我們看到，市場化程度越高、民營經濟越發達的地方，這個指標衡量的收入差距也變得越小。

同時，我還發現一個有意思的現象。我們一般認為財政支出用於再分配，所以應該是減少收入分配的差距。但是到目前為止，中國的情況並不樂觀。我們看到 2001 年財政支出佔 GDP 比重越高的地方，收入差距越大。2013 年的情況也類似，直到 2017 年政府財政支出佔 GDP 的比重才與這個地方基尼係數平均起來沒有什麼關係了。希望以後可以有進一步的改善，就是財政支出佔比越高的地方，基尼係數越低越好。

最後講一下收入的垂直流動性問題。對市場經濟來說，最重要的就是階層流動，比如原來是低收入階層後來變成了高收入階層，或者反過來。

中國在這方面也取得了一些進步。根據斯坦福大學兩位教授 2006 年發表的研究，我們可以看到 1990 年收入最高的那 20% 的人，只有 44% 在五年之後還在最高收入層，另外 56% 下降到其他收入層了，其中有 5% 進入了最低收入層。而 1990 年收入最低的那 20% 的人到了 1995 年的時候有不到一半仍然是最低收入階層，超過一半的人進入其他收入層，其中有 2.1% 的人進入了最高收入群體。

據我所知，很多進入排行榜的富人，30 年前是低收入者，有些甚至在 20 年前、10 年前還是低收入者。再看富人榜上的排名變化，2010 年胡潤榜最富有的 100 人到 2020 年的時候只有 30 人還在榜上，其他 70 人已經不在榜上了。這意味著即使現在最富有的人，以後也會有很大的比例離開這個富有群體。我希望能夠繼續這樣。

就像熊彼特那句話：市場經濟下的富人俱樂部應該像住滿了客人的酒店，總是有人出去有人進來，名字總在變化。

總的來說，為了實現共同富裕，中國必須大力發展民營經濟，必須繼續進行市場化改革。只有這樣，我們才能不僅把蛋糕做大，而且使得蛋糕的分配更加合理、公平。當然我們還有很多其他的事情要做，但是我想最重要的是，要有更公平的競爭規則讓我們的財富增加，而且在增加的過程當中有更好、更公平的合理分配。

以更公平的收入分配體系，推動中國經濟增長[1]

蔡昉

（中國社會科學院國家高端智庫首席專家）

中國人口趨勢難以逆轉，改革必須更加強調收入分配

研究中國的不平等現象，國外學者和企業家會十分關心兩個問題。一是以共同富裕為目標的政策取向對中國來說是否恰當，二是未來 15 年中國經濟如何才能實現合理的增長。

20 世紀 70 年代末改革以來，中國經歷了三個發展階段，每個階段的收入分配都有其特徵。

第一階段，實行中央計劃經濟的制度遺產是普遍貧窮。1978 年，農村生活在貧困線以下的人口達 2.5 億。當時中國的貧困線標準是年收入 100 元，這類人口已經處於極端貧困狀態。計劃經濟體制的缺點之一在於奉行平均主義，缺乏激勵措施，由此引發“鐵飯碗”的問題。這一階段增加激勵措施，必然會拉大收入差距。但在這一階段，收入差距並不是最受關注的問題，提高勞動者積極性和人民生活水平才是最迫切的任務。

第二階段，中國經濟快速增長，並體現二元經濟發展特徵。大量農村剩餘勞

[1] 本文為作者在 CF40-PIIE 中美青年圓桌第 6 期“如何分蛋糕：貧富差距和政策選擇”上所做的主題演講。

動力向城市遷移，勞動力無限供應，靠人口紅利推動了經濟增長。這一階段的中國經濟具有包容性特徵，儘管基尼係數提高，城鄉收入差距也在擴大，但每個群體的收入都在增加。就業的擴大和農村人口向城市遷移，成為這一時期經濟增長最主要的驅動力量。

第三階段，中國人口結構趨於老齡化，農村人口向城市遷移的速度放緩，城市化速度減慢，經濟增長速度隨之減緩。這一時期，僅依靠勞動力市場或初次分配已經無法實現收入公平的目標。為解決新時期面臨的新問題，必須部署更多種類的政策工具，加大再分配力度。

當前，中國面臨兩個最主要的問題。一是就實現"十四五"規劃和 2035 年遠景目標而言，逐年放緩的中國經濟潛在增速是否可接受？答案是肯定的。根據 10 年前的估算結果，中國 GDP 的潛在增長率會不斷放緩。而這 10 年的實踐結果也證明，中國經濟的實際增長確實在放緩，並且放緩的速度與 GDP 的潛在增長率一致。只要中國經濟的實際增速和潛在增速保持一致，並且潛在增速明顯高於世界平均水平，就可以實現上述規劃目標。未來，中國經濟增速終究要回歸世界平均水平，但這種情況要到 2050 年才會出現。

二是需求側能否繼續為中國經濟增長提供支撐？這取決於一系列因素。需求結構方面，2012 年以來中國經濟增長的三大需求因素，即淨出口、資本形成和最終消費支撐了經濟增長。但是以後呢？我們從最新變化來看：首先，中國第七次人口普查結果顯示，2020 年全國總生育率只有 1.3，說明中國的人口變化是不可逆的；其次，2021 年人口自然增長率僅為 0.34‰，可以說人口數量已經接近峰值；再次，65 歲及以上人口比例為 14.2%。根據定義，如果一國的老年人口比例超過 7%，即可被稱為"老齡化社會"；如果老年人口比例超過 14%，即可被稱為"老齡社會"。由此可見，中國已經正式邁入"老齡社會"。

上述三個人口因素的變化會削弱需求，特別是消費。第一，人口總量效應。如果人口增長率為正，消費增長率也會為正。而在其他條件相同的情況下，如果人口增長率為負，消費增長也會遇到困難。第二，年齡結構效應。在這個問題上，中國的情況與發達國家不同。中國老年人口的消費能力和消費意願都比較低，消費水平也不高。因此人口年齡結構變化會削弱消費。第三，收入分配效應。一方面，富裕人群收入增加，他們的消費水平不會有很大提升；另一方面，低收入人群收入不足，他們的消費需求會受到收入的限制。

由此可見，中國的人口轉型趨勢難以逆轉，改善收入分配是應對消費收縮挑戰的可行路徑。20 世紀 30 年代，貢納爾·米爾達爾（Gunnar Myrdal）、梅納德·凱恩斯（Maynard Keynes）和阿爾文·漢森（Alvin Hansen）都曾對人口、經濟增長和收入分配之間的關係發表過重要著述，並得出了同樣的政策建議：人口停滯呼喚新政策的出台，而這個新政策高度強調收入再分配問題。事實上，從那時以後瑞典、美國和英國都建立了福利國家。

中國即將跨越"中等收入陷阱"，需求將成為經濟增長的關鍵制約

根據世界銀行的標準，中國預計在 2025 年之前邁過高收入國家門檻，並在 2035 年成為中等發達國家。目前可以說，中國已經跨越了所謂的"中等收入陷阱"。然而，新的挑戰仍然嚴峻，需求因素在中國經濟增長中將變得非常關鍵。

2021 年，中國人均 GDP 超過 12551 美元，已經非常接近高收入國家的門檻。然而，即使統計上邁入高收入國家行列，中國經濟也將面臨很多挑戰。這些挑戰中最重要的是如何突破消費制約，根本途徑是增加居民收入、改善收入分配和提高社會福利水平。

以德國經濟學家阿道夫·瓦格納（Adolph Wagner）命名的"瓦格納法則"發現，隨着居民人均收入增加，為滿足人們對公共產品不斷增長的需求，政府開支特別是社會福利開支將不斷增加。這個法則曾得到許多經濟學家的驗證。我們從跨國數據可以觀察到，在人均 GDP 從 10000 美元增長到 23000 美元的階段，政府支出佔國內生產總值的百分比上升最為迅速。所以這一時期可以被稱為"瓦格納加速期"。

根據經濟發展目標，即從目前人均 GDP 超過 10000 美元提高到 23000 美元，中國已經進入"瓦格納加速期"，這一時期將持續到 2035 年。在 GDP 總

量、人均 GDP 今後呈現增速減緩態勢的同時，中國將面臨基礎公共服務不足、收入分配不均的挑戰。在此背景下，構建有中國特色的福利制度體系，是當前迫切且不可避免的任務。

構建有中國特色的福利制度體系，關鍵在於初次分配和再分配。這兩個領域的諸多改革都可以為中國帶來紅利，同時解決收入分配問題，例如以人為核心的城市化改革。當前中國面臨供給和需求兩方面的挑戰。供給側的限制主要是勞動力短缺。許多人對中國經濟持悲觀態度，其中一個原因就是認為勞動力今後是負增長。需求側的限制主要是認為消費將持續不振。這兩個問題都可以通過縮小與更高收入國家在城市化水平上的差距，甚至消除這個差距來得到解決。

這裏所說的差距包括兩方面內容：一是常住人口城市化率上的差距，二是常住人口城市化率和戶籍人口城市化率之間的差距。後一差距意味著進城農民工尚未獲得城市戶口，當前這一差距高達 18 個百分點。消除上述差距，中國可獲得可觀的勞動力供給，並通過將其配置到非農業部門提高中國經濟的潛在增長率。另一方面，通過將 2.6 億農民工轉化為擁有本地戶口的城市居民，會大幅度擴大消費。根據 OECD 的估算，這將使農民工消費提高 30%，是一個巨大的改革紅利。

中國的勞動年齡人口在 2010 年達到頂峰，此後出現了嚴重的勞動力短缺問題。勞動力短缺不僅體現在數量方面，也體現在人力資本方面。隨著新勞動力進入勞動力市場的速度減慢，人力資本的積累速度也放緩。另一方面，資本勞動比增加，導致投資回報率也在不斷下降。這會帶來兩個影響，一是經濟潛在增長率不斷下降；二是中國失去勞動密集型產品的競爭優勢，從而導致製造業比重不斷下降。這可以解釋為什麼中國經濟增速放緩後，出口增速也開始放緩，就是正在失去競爭優勢和人口紅利優勢。

與此同時，中國還存在著數量巨大的中等收入人群，脫貧人口的數量也非常龐大。提升這部分群體的消費能力將創造出巨大的消費需求，這也是中國提出"雙循環"戰略的原因所在。從這個角度看，中國並非在切斷與世界其他地區的聯繫，只是在挖掘自身的內需潛力。雖然當前階段，中國正在失去以往的比較優勢，但未來仍將獲得新的動態競爭優勢。在此之前，中國可能會更加關注國內市場。

總結來看，更公平的收入分配是經濟增長的先決條件。只有收入分配更公平，經濟效率才能得到保障。或者說，對當前經濟面臨的挑戰來說，分好蛋糕是做大蛋糕的前提條件。

當前最迫切的改革是推動勞動力繼續轉移和加快市民化

要實質性推進改革，首先必須找出改革的紅利所在。如果對中國收入不平等指數進行分解，可將其分為城市內部的收入不平等、農村內部的收入不平等和城鄉之間的收入不平等三個部分。之前有很多研究發現，大約 50% 的收入不平等來自城鄉差異。我們假設如今仍然如此。而新的研究表明，農村內部的收入不平等有所提高。這就意味著在剩餘 50% 的收入差距因素中，來自農村內部的貢獻較大，城市居民收入不平等的貢獻相對小。

由此可見，不平等在很大程度上體現為城鄉差距，根源是城鄉之間在機會上的差距。具體來看，一是就業機會。對此，解決方案就是遷移和流動。農村人口遷移到城市勞動力市場，自然就能獲得與城鎮居民相對平等的就業機會。二是獲得公共服務的機會，特別是教育機會。如果賦予勞動力自由遷移的權利，他們就可以選擇獲取更好教育的機會。因此，雖然很多改革都需要推進，但破除戶籍障礙、倡導自由遷移可能是當前最迫切需要的改革。

如果城鄉居民仍被戶籍割裂，勞動力供應就無法穩定，勞動力短缺問題也就無法解決。中國從事農業生產的勞動人口佔比要顯著高於中上收入國家的平均水平。土地、戶籍、社會福利等多方面的制度障礙導致農民無法從戶籍上遷出農村。如果農村居民可以遷入城市，並擁有當地的戶口，就有權享受基本公共服務，從而可以穩定居住下來。這樣，非農業部門的勞動力供應將得到保障，勞動力成本將不再快速增加，資本對勞動力的替代速度也會放緩，這無疑可以改善潛在增長率。誠然，城市內部的行業之間、人群之間也存在不平等現象，特別壟斷部門或企業更容易獲得高技術等有利條件。這會導致職工收入差距，中國也正在努力解決這方面的問題，核心手段是提低、擴中、調高。

關於戶籍制度改革以何種規模的城市為重點的問題。因為中國城市數量很多，總數接近 700 個，如果中國希望在城市裏安置農民工，可以考慮從一般的大城市和中等城市入手，而非選擇北京、上海、廣州、深圳這類一線城市。其實大城市並不僅指這幾個特大城市，人口超過 200 萬的大城市有 68 個。當然，規模較小的縣級市因為就業機會不多，暫時也缺乏吸引力。為數眾多、有一定生產力且沒有人口過度擁擠壓力的普通大城市和中等城市是更合適的選擇。最終，這類城市的人口也會向超大型城市和小城市遷移，這樣城市化的淨收益才會超過社會成本。

關於農村家庭如何從土地取得收益的問題。我贊成讓農民獲得土地財產收入。關鍵問題是不同的土地如何處置。中國農村存在三種性質的土地：一是集體建設用地，需由當地村民自治組織和農民集體決定如何使用，比如用於合資企業投資。二是耕地。耕地的所有權、承包經營權和使用權是分離的，土地由村民集體所有，這一點不可改變；同時每個家庭都承包了責任田，農民有權從土地獲取收益，比如出租或轉包給鄰居甚至是外來投資者，前提是不可改變耕地用途，必須用來種植農作物，從事農業生產。三是宅基地。目前中國正就農村宅基地改革進行試點。未來，農民可能有望從宅基地獲取一定的財產性收入。

關於數字經濟“非正規就業”的問題。目前，數字經濟部門就業人口尚缺乏準確的統計數據。很多人可能並非從事數字化工作，而只是任職於網絡平台和數字化技術所創造的非正式部門，最具代表性的就是“外賣小哥”。這些送貨人員的工資遠高於他們父輩在廠裏工作的薪資，從業者數量增長較快，但目前仍不能代表全部農民工。而且外賣送餐行業的工作年限一般較短，隨著年齡增長，他們可能不再會從事這份工作。雖然靈活就業並不代表非正規的工作，但在中國，靈活就業者的工作往往是非正規的，表現為就業和收入不穩定以及缺乏必要的社會保險。對此，必須促進這類工作的“正規化”，不斷擴大社會保險的覆蓋範圍。

此外，疫情無疑加劇了不平等現象。在 2022 年 12 月之前，白領工作者可以遠程辦公，關鍵崗位的工人必須前往工作場所，而大量的服務業人員卻因工作場所被關閉而被迫停工。關於疫情應對策略，需要進行“反事實實驗”（counterfactual）。由於缺乏對照組，我們無法對疫情應對策略進行比較和評估，但我相信中國經濟可以反彈，雖然難免會有波動。同時，任何策略也都有實施效力的問題，我們可以不斷提高治理能力和政策效力。

第四章

中國式現代化
與高水平市場經濟體制

中國式現代化的產業體系和市場體制[1]

黃奇帆

（中國金融四十人論壇學術顧問，重慶市原市長）

堅持以實體經濟為重心，加快建設現代化產業體系

黨的二十大強調，要堅持把發展經濟的著力點放在實體經濟上，推進新型工業化，加快建設製造強國、質量強國、航天強國、交通強國、網絡強國、數字中國。因為製造業是工業的軀幹、經濟的基礎、民生的保障，製造業的高質量發展是我國構建現代化產業體系的關鍵一環。

與發達國家相比較，中國製造業發展存在兩個突出問題。一方面，中國製造業增加值佔 GDP 的比重自 2011 年以來出現了較大幅度的回落。根據世界銀行的數據，中國的製造業增加值佔 GDP 比重在 2006 年時達到 32.5% 的峰值，並且自 2011 年開始逐年降低，2020 年降到 26.3%，9 年時間下降了 5.8 個百分點。全球主要工業國家如美、德、日、法、意、英、韓等，製造業比重出現明顯下降的趨勢，都是在邁入發達國家、高收入國家行列之後發生的。與這些發達國家相比，我國製造業比重從達峰到下滑，幅度明顯更大，速度明顯更快。另一方面，與國際先進水平比較，中國製造業在品種和質量上還存在多方面不足。主要體現

[1] 本文整理自作者於 2022 年底發表的兩次講話，原題分別為《加快建設以實體經濟為重心的現代化產業體系》《構建完善成熟的高水平社會主義市場經濟體制》。

在四個方面。一是高端高質產品不足。很多產品屬於低端低質，在性能、可靠性、壽命、良品率方面與國際先進水平差距較大，往往處於價值鏈的低端環節。二是同質化競爭嚴重，細分市場的開發不足。同一製造業門類從業企業數量眾多，但缺乏專業化基礎上的分工協作，容易陷入同質競爭。一旦哪個行業處於風口，大量製造業企業往往一擁而上，搞低水平重複，最後形成惡性競爭、產能過剩。三是關鍵技術被“卡脖子”。製造業許多關鍵環節中的核心技術我們沒有掌握、受制於人，很多產業鏈容易被人一劍封喉。四是缺乏引領國際的高端品牌。中國的製造業體系存在大量的低端加工，缺少高端品牌以及相應的市場渠道優勢。一個品牌往往需要十幾年時間的專一專精才能得到市場認可，建立起暢通有效的營銷渠道，而中國每年創立上千萬家企業，很大一部分都在五年內倒閉或者轉行了。數據表明，美國中小企業的平均壽命是 8 年，日本是 12 年。相比之下，中國中小企業的平均生命週期只有 3 年，自然難以建立起品牌效應。

“十四五”規劃綱要明確提出，深入實施製造強國戰略，保持製造業比重基本穩定，推動製造業高質量發展。從經濟發展規律來看，有以下四個方面的基本判斷：一是國家在經濟發展邁向發達國家的過程中，製造業佔比會逐步下降，但不宜下降得過快過早，至少應該等到整個國家人均 GDP 超過 1.5 萬美元後再逐步下降。中國的經濟發展水平還沒有達到這一標準就出現了製造業比重下降的現象，接下來要著力延緩下降的趨勢。二是相對於中國的國情而言，製造業佔比不宜過低。無論如何製造業比重在 2035 年前不能低於 25%，在 2050 年前不能低於 20%。再加上 10% 左右的採礦業、電熱氣水和建築業，整個第二產業在 2035 年前應該保持在 35% 以上，在 2050 年前保持在 30% 以上，不能走美國等國家第二產業佔 GDP 的比重不足 18% 的極端。三是在製造業佔 GDP 比重達峰並開始逐漸下降時，為保持工業發展的勢頭，務必加大研發投入，使創新能力成為工業製造業的第一動力。就一個國家和地區來說，保持研發投入超過製造業產值的 3%—4%，保持“從 0 到 1”基礎研究創新投入佔總研發投入的 20% 以上，保持製造業創新領先的獨角獸企業佔資本市場市值的 30% 以上，是製造強國的標誌現象。四是製造業高質量發展伴隨著一定比例的生產性服務業，在製造業佔 GDP 比重逐漸下降過程中，與製造業有關的生產性服務業佔服務業增加值的比重逐漸增大到 50%—60%。當這四方面條件都滿足後，以“製造業 + 採礦業 + 建築業 + 生產性服務業”為主要組成部分的實體經濟增加值佔 GDP 的比重將達到 65% 左右。這個時候，中國從製造大國轉變為製造強國就有了堅實的基礎，中國的經濟總量也將在製造業高質量發展的過程中走向全球第一。

現代化產業體系除了要“穩定”製造業增加值在 GDP 中的比重，還要積極“進取”。只有進有所取、進有所成，才能從根本上擺脫我們現在在一些領域受制於人的境地。為此，我們要在產業鏈、供應鏈等產業組織層面有新的迭代升級，有更高質量的產業體系才能在新一輪科技革命和產業變革中佔據主動，才能發揮中國作為最大規模單一市場、內外循環相互促進的優勢。為此，我們未來要在以下五個方面努力實現新進展、新突破。

一是要以產業鏈招商打造產業鏈集群。要從過去招商引資就項目論項目的“點招商”模式向“產業鏈招商”模式轉變，打造空間上高度集聚、上下游緊密協同、供應鏈集約高效、規模達萬億元級的戰略新興產業鏈集群。從此次疫情的應對看，那些產業鏈相對完整、產業集群自成體系的地方，恢復起來要比那些兩頭在外、高度依賴國際供應鏈的地方要快、要好。這種集群化生產模式降低了從全球採購零部件所帶來的風險，在疫情時期更突出顯現了其競爭力。要努力推動形成三種集群。一種是製造業上中下游的集群。比如說汽車產業，一輛汽車有上萬個零部件，要形成支柱，就要把上中下游原材料、零部件產業、各種模組的百分之七八十都實現本地化生產。另一種是促使同類產品、同類企業扎堆形成集群。當幾個同類大企業在同一個地方落地後，那麼上游的原材料、零部件配套產業既可為這家龍頭企業服務，也可為那家企業服務。這就有條件把同類產品、同類企業扎堆落戶，形成集群。最後一種是促進生產性服務業和製造業形成集群。新產品開發過程中，會有很多從事研發、設計、科技成果轉化服務、知識產權應用等生產性服務業企業為之配套，這就涉及創新鏈條的延伸。有條件的地方應該積極創造條件，促進此三類集群。

二是要進一步擴大開放，加快補鏈、擴鏈、強鏈。要圍繞戰略性新興產業，通過更高水平的開放，實施“補鏈”“擴鏈”“強鏈”行動計劃，實現更高層次的水平分工、垂直整合。針對我國相對薄弱的物流、保險、工業設計、金融科技、數字經濟等生產性服務業加大力度吸引優勢外資進入，補齊供應鏈的短板，即“補鏈”；或利用業已形成的貿易關係，將產業鏈上下游優勢企業導入，形成產業鏈高度集成的新佈局，即“擴鏈”；或推動現有優勢企業向微笑曲線兩端延伸，提升我國企業在全球價值鏈中的位勢，即“強鏈”。推動補鏈、擴鏈、強鏈同樣是為了形成更高水平的產業鏈集群。這種產業鏈集群在國外需求依舊疲軟的時候可以通過努力營造以當地需求、國內需求為拉動的內循環，保證產業鏈集群的健康發展；當國外市場復甦的時候，進一步加強國際合作，擴大產業集群規模，提高發展質量，通過加強區域產業鏈合作帶動全球產業鏈的大循環。這既有助於我們防範和應對類似新冠肺炎疫情這種因天災導致的全球“斷鏈”風險，又因為產業鏈集群本身形成了巨大市場份額，可以有效阻遏未來在某些關鍵領域被人“卡脖子”的風險。

三是要培育並形成一批既能組織上中下游產業鏈水平分工，又能實現垂直整合的製造業龍頭企業。中國製造業門類齊全，實際上在全世界形成了一個十分突出的產業能力——對複雜產品的組裝能力。這類高技術的複雜產品的總裝廠固然仍停留於微笑曲線的中間，與掌握著“三鏈”的跨國公司相比，我們所在的中間環節的增加值不高。但也不要小瞧了這一能力，因為它是成百上千的企業組成的產業鏈上的龍頭企業。這一能力的背後是對企業管理水平、供應鏈組織能力的集成，也是我們不可多得的一大優勢。這種能力的形成一方面與“產地銷”和“銷地產”模式分不開，另一方面與中國的基礎設施水平、產業配套能力、高素質的熟練工人隊伍以及日益精進的科研開發能力是分不開的。過去跨國公司在中國建了不少合資的汽車主機廠、手機組裝廠、筆記本電腦家電組裝廠。經過幾十年的改革開放，很多內資企業已經學會了這種大規模製造和管理能力，為我們培養自己的“富士康”，培育新時代的製造業龍頭企業打下了基礎。

四是要培育中國自己的生態主導型的“鏈主”企業。微軟公司、谷歌公司、蘋果公司是生態主導型企業的典型例子。以蘋果公司為例，它已經是一個“無部件製造商”，是一個以其知識產權為基礎組織全球價值鏈的特殊商業組織。蘋果公司不直接生產蘋果手機，卻憑藉其擁有的專利、商標、版權、品牌、產品設計、軟件、數據庫等在生產前和生產後組織、管理和經營著全球產業鏈的標準、供應鏈的紐帶和價值鏈的樞紐，主導著整個蘋果產品的“生態圈”。當前，中國在部分領域已有此類企業出現，比如華為。我們要倍加珍惜。一是要用中國大市場為這類企業推廣其應用、迭代其技術提供強有力的支持。二是鼓勵這類企業樹立全球視野，植入全球化基因，通過搭建國際交流、項目合作和市場開拓平台，幫助這類企業在全球開展知識產權、行業標準的佈局。三是強化知識產權保護。生態主導型的“鏈頭”企業的共性特徵是在底層技術上形成自主知識產權。支持此類企業發展壯大，強化其知識產權保護就是從根上對其競爭力形成有效保護，這方面需要持續加強。

五是謀劃和佈局一批符合未來產業變革方向的整機產品。這是新一輪產業變革制高點。產業鏈集群化真正的主戰場在於一些世界性的、具有萬億美元級別市場規模的耐用消費品。事實上，全世界每隔 20—30 年就會有四到五種有代表性的耐用消費品進入千家萬戶，成為風靡一時的消費主流，不管在中國還是亞洲其他地區，還是在歐洲、美國都是如此。比如 1950—1970 年是手錶、自行車、縫紉機、收音機等；1980—1990 年是空調、電視機、冰箱、洗衣機等；21 世紀以來的二十年是手機、筆記本電腦、液晶電視、汽車等。這些產品的市場規模往往超過萬億美元級，哪個國家、哪個城市能夠把這些產業發展起來，就會在國際競爭中走在前列。當下，就應該搶抓未來的“四大件”“五大件”。“十四五”規劃綱要提出“從符合未來產業變革方向的整機產品入手打造戰略性全局性產業鏈”就是這個意思。今後二三十年，能夠形成萬億美元級別市場的“五大件”大體上包括以下五種：一是無人駕駛的新能源汽車，二是家用機器人，三是頭戴式的 AR/VR 眼鏡或頭盔，四是柔性顯示屏，五是 3D 打印設備。要積極進行前瞻性佈局主動出擊，圍繞這些重點產業形成一批具有全球競爭力的產業鏈集群。

總之，建設以實體經濟為重心的現代化產業體系需要“穩中求進”，不僅能構建中國本土的更具韌性和競爭力的產業鏈體系，而且還有一批能在全球佈局產業鏈、供應鏈的龍頭企業和鏈頭企業。這是我們統籌發展與安全的根本之道。

全面深化改革，構建高水平社會主義市場經濟體制

二十大報告強調，要構建高水平社會主義市場經濟體制。什麼是高水平？我理解，核心是要處理好政府與市場的關係、國有與民營的關係兩類問題，進而放大中國作為超大規模單一市場的優勢和紅利。

首先，處理好政府與市場的關係。黨的十八屆三中全會就明確了“使市場在資源配置中起決定性作用和更好發揮政府作用”，二十大對此再次強調。新征程上，我們要圍繞這兩句話繼續深化改革。

在充分發揮市場在資源配置中的決定性作用方面，中國的市場經濟是由計劃經濟轉型而來，雖然經過多年的改革開放，市場經濟已經滲透到經濟生活的方方面面，但仍有不少亟待完善的地方。十八屆三中全會就提出要使市場在資源配置中起決定性作用，二十大對此再次做出強調，並加了“充分”兩字。那麼，這個“充分”和“決定性作用”如何體現？我認為，著重體現為二十大報告中的兩句話：“構建全國統一大市場，深化要素市場化改革，建設高標準市場體系”“完善產權保護、市場准入、公平競爭、社會信用等市場經濟基礎制度”。事實上，圍繞這些內容，近年來黨中央都有重磅文件發佈。其中，深化要素市場化改革，重在破除阻礙土地、勞動力、資本、技術和數據等要素自由流動的體制機制障礙，擴大要素市場化配置範圍，健全要素市場體系，推進要素市場制度建設，實現要素價格市場決定、流動自主有序、配置高效公平。構建全國統一大市場重在強化市場基礎制度規則統一、推進市場設施高標準連通、打造統一的要素和資源市場、推進商品和服務市場高水平統一、推進市場監管公平統一、進一步規範不當市場競爭和市場干預行為等。要通過這些市場基礎制度的完善，進一步持續推動國內市場高效暢通和規模拓展，加快營造穩定、公平、透明、可預期的營商環境，進一步降低市場交易成本，促進科技創新和產業升級，培育參與國際競爭合作新優勢，進而在更高起點、更高層次、更高目標上推進經濟體制改革及其他各

方面體制改革，構建更加系統、完備、成熟、定型的高水平社會主義市場經濟體制。

在更好發揮政府作用方面，二十大報告針對“更好發揮政府作用”著墨不少。習近平總書記指出：“在社會主義條件下發展市場經濟，是我們黨的一個偉大創舉。”[1] 我理解，這個創舉不僅是將社會主義的價值要求與市場經濟的機制有機結合起來，更是對政府角色的自我革命。社會主義市場經濟條件下，政府不是自由放任的市場經濟中的“守夜人”，而是要在維護市場、彌補市場、發展市場方面有所作為，以有為政府促進形成高效市場。經過多年的改革，我國政府在健全宏觀調控、制定發展規劃、促進區域協同等方面已經取得了很好的經驗。未來要建設現代化國家，還有很多重要的工作要做。比如二十大報告中重點提及的“建設現代中央銀行制度，加強和完善現代金融監管”就是很重要的一個方面。要建設現代中央銀行制度，核心是要進一步健全人民幣發行機制，確立人民幣自己的錨。這涉及理順財政與央行的關係，建立與大國金融、強國金融相匹配的國債發行機制，構建更加平滑可靠的國債收益率曲線。此外，隨著現代科技的廣泛應用，金融業態、風險形態、傳導路徑和安全邊界都發生重大變化，需要進一步強化金融穩定保障體系，守住不發生系統性金融風險底線；繼續深化金融供給側結構性改革，更好引導各類金融資源服務實體經濟；等等。

其次，要處理好國有與民營的關係。二十大報告再次強調了兩個“毫不動搖”：毫不動搖鞏固和發展公有制經濟，毫不動搖鼓勵、支持、引導非公有制經濟。這裏面有一個認識問題，兩個操作問題。

關於不同經濟成分的比重問題。從 1980 年到 2010 年，非公經濟產生的增加值佔 GDP 的比重由 18% 持續增長到 60% 左右，非公經濟對國民經濟的貢獻被概括為“56789”。但自 2010 年到現在，非公經濟增加值佔 GDP 的比重一直徘徊在 60% 左右，為什麼不再往上漲呢？這裏面有個基本的邏輯。任何經濟體

---

[1] 《從“效”字看更好處理政府和市場關係 —— 習近平經濟思想的生動實踐述評之三》，參見：https://www.xuexi.cn/lgpage/detail/index.html?id=6234751081844682689。—— 編者注

的增加值按照活動主體可以分為政府行為產生的增加值和市場主體的經營活動產生的增加值。而市場主體又可分為公有制主體和非公主體，所以有公有制經濟和非公經濟。一般情況下，政府的稅收佔 GDP 的比重在 20% 左右，這些稅收經過政府支出後形成了佔 GDP 總量 15% 左右的增加值，因此市場主體的活動產生的增加值大約在 85%。在中國，非公主體產生的 GDP 目前大致佔 60%。同時，中國是社會主義國家，毫不動搖鞏固和發展公有制經濟意味著公有制企業產生的增加值也要在 GDP 中佔有一定的比重。改革開放以來，我國公有制企業產生的增加值佔 GDP 的比重在持續下降，但不可能無限制地降下去、降沒了，目前大致在 25%，比較合理。這樣大致形成了政府、非公主體、公有制主體三類經濟主體的經濟貢獻所佔比例為 15∶60∶25 的格局。以後隨著經濟活動的波動，非公主體的經濟貢獻可能會到 65%，但不會到 70% 甚至更高。當然，對於個別省份如廣東、浙江等，非公經濟比重大一點無可厚非，因為央企的經濟增加值統計不在地方在中央。對於社會整體來說，“56789”不僅描述了非公經濟的貢獻，也是對中國社會主義市場經濟特徵的準確刻畫；“15∶25∶60”的比例不僅是合理的，也是穩定的。這樣，政府和公有制企業的經濟貢獻加起來佔 40%，可以起到有效調節經濟運行的作用，非公有制企業經濟貢獻佔 60% 則有利於保持經濟活力、涵養就業、促進創新等。

關於鼓勵、支持和引導非公經濟發展。企業家願不願意擴大再生產、願不願意從事創新性的冒險活動，與其對經濟的預期、市場競爭是否公平、產權是否得到有效保護有關。判斷民營企業投資積極性有一個核心指標，就是全部民企的淨資產增長率。每年有多少企業利潤未經分配，留存下來成為淨資產，有多少社會股權資本注入實體產業。如果一個地方每年的民企僅僅是總資產在增加，淨資產不增加，則說明其負債在增加，經濟槓桿率在增加，有可能產生泡沫。如果全社會企業有利潤但淨資產在減少，就說明有更多的企業在虧損，或者是有企業在轉移資產。此前，廣大民營企業受疫情衝擊最為嚴重，最為關鍵的是要採取措施穩定民營企業家的信心，營造中國經濟長期向好的預期。而關鍵之關鍵在於落實好總書記於 2018 年在民營企業座談會上提出的六條要求：一要切實減輕企業稅費負擔；二要採取措施解決民營企業融資難融資貴的問題；三要營造公平的競爭環境，特別是鼓勵民營企業參與國有企業改革；四要完善政策執行方式，將“加強產權保護”落到實處；五要構建親清新型政商關係；六要保護企業家人身和財產安全。[1] 落實了這六條，海量的民間資本一定會再次活躍起來。

關於推動國有經濟佈局優化和結構調整。二十大對此再次強調，這方面的關鍵是做強、做優、做大國有資本投資、運營公司。特別是國有資本運營公司，做好了既可以盤活天量的國有資本，又可以“四兩撥千斤”地撬動社會資本，發展混合所有制經濟，為整體經濟賦能。2021 年，我國企業國有資本權益（中央加地方）總額為 86.9 萬億元，99% 的股權資本是工商產業型資本投資公司的資本，總資本回報率和全要素生產率都不高。建議從現有產業型國有資本投資公司總盤子中劃轉出價值 10 萬億元左右的股權資產來組建若干個國有資本運營公司，讓這些運營公司像新加坡淡馬錫公司或美國巴菲特的投資公司，或者像私募基金那樣專注另類投資、股權投資，根據被投資企業的效益來決定進退，再與資本市場結合起來，國有資本就盤活了。如果這 10 萬億元的投資能實現年化回報 10%，每年就會有上萬億元的收益，可以為國家安全、公共服務等需要國有資本進入的領域提供持續穩定的資金來源，而不用增加財政負擔。從工商產業類退出的 10 萬億元資本可以為民營經濟騰出 20 多萬億元工業、商業、產業類市場空間，進一步鼓勵並推動民營經濟發展，從而打通國有經濟與民營經濟的資金循環，有利於推動混合所有制改革、激活經濟全局。二十大強調“開闢發展新領域新賽道，不斷塑造發展新動能新優勢”，在當前綠色革命的大背景下，我國清潔能源產業蓬勃發展，其中必將出現幾個生態主導型的企業和幾百甚至幾千家獨角獸企業。對這些企業，我們要吸收上一輪互聯網浪潮中我國企業被外資投資控制的教訓，以國有資本運營公司為依託，主動去培育這些潛在的獨角獸，分享產業發展紅利。

---

[1] 《營造民營經濟更好發展環境，總書記提六方面“要”》，參見：http://www.xinhuanet.com/politics/xxjxs/2018-11/02/c_1123652207.htm。——編者注

這兩件事做好了，中國經濟將在勞動力紅利之後迎來一個新的紅利——超大規模單一市場所產生的紅利，即市場紅利。就規模而言，中國人口有約 14 億，佔全球總人口的比例接近 20%。西歐最發達的德國、法國、英國，人口都在 6000 萬— 8000 萬，只佔全球人口總量的 1% 左右，加上日本 1.26 億人、美國 3.3 億人，這些高收入國家的總人口也就是 12.15 億人，而中國一個國家就有 14 億人，對於全球供需格局的影響比這些高收入國家還大。就市場結構而言，中國是個單一的大市場。單一市場是指法律體系統一、稅務體系統一、商業規則統一、語言文化統一的市場。中國就是典型的單一市場，遵守的是一個法律體系，漢族人口在中國民族結構中佔主體地位，佔中國總人口的 91.11%，各民族和諧穩定均衡發展，漢語作為官方語言全國通用，商業規則、市場環境是大體一致的。這跟印度碎片式市場和歐盟的散裝式市場是不一樣的。[1] 就工業基礎而言，中國是全要素、全門類、全產業鏈集成的經濟體。這三者疊加在一起將產生三方面的紅利。

第一，"規模經濟"效應。進入中國市場的製造業，一旦規模上去了，就能夠大幅攤薄六項成本。一是研發成本，隨著產品產量的增加，均攤到每一件產品上的科研成本就會大幅下降，企業也就能投入更多資金進行原始創新、科研開發。二是固定資產投資成本，生產製造需要投入廠房、生產線、設備等固定資

[1] 印度說起來是一個擁有約 14 億人口的大國，但實際上可以說是一個碎片化的"散裝"市場。印度是一個由 28 個邦、6 個聯邦屬地和 1 個國家首都轄區構成的聯邦制國家，每個邦擁有較大自治權，在憲法之外還有各自的法律體系和商業規則，各邦之間要素、商品的流動面臨重重壁壘；印度有 100 多個生活習慣各不相同的民族，其中人數最多的印度斯坦族也僅佔總人口的 46%；印度的宗教信仰種類繁多，包括印度教、伊斯蘭教、錫克教、天主教、佛教等，各個宗教之間關係錯綜複雜；印度還通用多種語言，僅官方通用語言就多達 22 種，有 121 種語言的使用人口都在 1 萬人以上。此外，印度還殘存著等級森嚴的種姓制度，將人分為五等，不同等級的人群之間也不是統一的市場。可以說，印度是由 20 多個大大小小的"散裝"市場構成的。再如歐盟，儘管歐盟國家之間人員商品流動是自由的，在歐盟層面上受同一套法律體系的約束，但是歐盟 26 個國家都有各自的憲法以及配套的法律體系。此外歐盟一共有 23 種官方語言，語言也不統一，比如德語是歐盟使用最廣泛的語言，德語區分佈在德國、奧地利、列支敦士登、瑞士等多個國家。跨國公司每進入一個市場都要重新進行開拓，會帶來額外的成本，而單一市場意味著一家企業如果探索形成了行之有效的商業模式，就可以在不進行大量額外投入的情況下對整個市場進行平移複製，相比一個個碎片化的散裝市場能夠大幅提升效率、降低成本。

產，產量規模越大單位成本就越低。三是採購成本，無論是商品、材料、部件，採購的數量越大，打折降價的係數越大，採購成本也就越低。四是人力成本，一旦形成規模效應，勞動力成本也會被攤薄。[1]五是物流成本，包括運輸、倉儲、中轉、裝卸等環節的單位費用都會隨著規模增長而攤薄。六是市場開拓成本，通常來說，企業每進入一個新市場都要進行相應的市場調研、用戶分析、產品定位、渠道拓展等，而中國本身是一個單一市場，同一套策略、同一種產品就可以在全國範圍內推廣，大大降低了市場開拓費用。一般來說，規模經濟可以影響整個製造業成本的 30%—40%，一旦達到了充分的規模，就可以把價格壓低 30%—40%，以價格優勢打敗國外競爭對手。

第二，"引力場"效應。這種"引力場"主要體現在幾個方面：一是從需求的角度看，超大規模市場意味著超大規模的本國消費市場和超大規模的進口貿易量。從本土消費看，2021 年中國消費品零售總額為 68328.71 億美元，美國為 74173.44 億美元，中國的消費品零售總額已相當於美國的 92.12%，將在不久的將來超過美國。從進口貿易看，中國未來 10 年累計商品進口額有望超過 22 萬億美元，服務進口總額將達 5 萬億美元，兩者加起來超過 27 萬億美元，這個巨大的蛋糕吸引著全球跨國公司到中國開拓市場。二是從生產角度看，超大規模市場意味著市場分工可以更加深化，全產業鏈各環節之間，甚至各工序之間都可以通過分工和專業化形成相互嵌套、相互共生的產業鏈集群。一旦某個或某幾個鏈主企業落戶在某地，就會帶動產業上下游企業跟著落戶。因為市場規模足夠大，哪怕是做普通的紐扣、打火機都可以形成規模化配套能力。這也是中國有很多"塊狀經濟""產業集群"的重要原因。三是從時間角度看，超大規模市場意味著供給和需求互促共生現象將會十分顯著。不僅需求端在不斷地更新升級，吸引著越來越多的市場主體去"供給"，而且由於作為供給端的生產本身具有"學習效

[1] 人們常常有一個傳統觀念，就是中國製造業的核心競爭力就在於勞動力成本低廉。但實際上勞動力成本在製造業總成本中的佔比一般在 10%—15%，勞動力成本只能影響總成本幾個百分點。儘管勞動力成本在部分勞動密集型產品的加工中可能會佔到 40% 左右，但是在大部分的裝備工業、耐用消費品工業和重工業等製造業中，因為原材料成本較高，廠房、設備等固定資產投資較重，勞動力成本的比重並不很高。

應”，將會帶來越來越多的創新產品，也就是說“供給”也在創造“需求”。二者互相促進，相互吸引。

第三，“大海效應”。習近平主席在首屆中國國際進口博覽會開幕式上發表的重要講話指出：“中國經濟是一片大海，而不是一個小池塘。大海有風平浪靜之時，也有風狂雨驟之時……狂風驟雨可以掀翻小池塘，但不能掀翻大海。”❶主席講的這個“大海”，就是指中國經濟的超大規模。一方面，與小國經濟不同，在面臨外部衝擊時，超大規模市場可以讓本國經濟具有更大的內循環餘地，具有更強的抵禦外部風險的能力。一般的“狂風驟雨”無法掀翻這個“大海”。我們之所以能經受住亞洲金融危機、2008 年全球金融危機皆源於此。另一方面，超大規模市場意味著產業發展、區域發展的差異性可以從一定程度上起到減少衝擊影響的效果，局部的內部衝擊不易在全國形成共振效應。部分行業、部分區域發展面臨困境，並不對宏觀經濟總體穩定產生巨大衝擊。❷這一條已經在疫情防控期間得到充分驗證了。對企業來講，對基本面的預期十分重要。中國經濟的超大規模決定了其如“大海”般穩定。

以上這三種效應是中國超大規模單一市場所帶來的，是中國發展到如今這個階段自然產生的新紅利，也是中國式現代化作為人口規模巨大的現代化所蘊含的自然邏輯。

---

❶ 參見：http://china.nmgnews.com.cn/system/2018/11/05/012595169.shtml。——編者注

❷ 參見毛有佳、趙昌文，“充分發揮超大規模市場優勢”，載於《經濟日報》2021 年 8 月 18 日。

“全國統一大市場”有什麼用？❶

趙波[1]　周安吉[2]

（1. 北京大學國家發展研究院經濟學長聘副教授，2. 北京大學國家發展研究院本科生）

2022 年 4 月 10 日，國務院提出《中共中央　國務院關於加快建設全國統一大市場的意見》（下稱《意見》），引起全社會的關注。“全國統一大市場”首次出現於 2021 年 12 月 17 日中央全面深化改革委員會審議通過的《關於加快建設全國統一大市場的意見》的文件中，後又於 2022 年 3 月 5 日在第十三屆全國人民代表大會第五次會議上的《政府工作報告》中被提及。

如何進一步提高市場效率？

我國社會主義市場經濟體制的基本特徵就是市場在資源配置中起決定性作用。近年來中國的經濟增速放緩，為了暢通大循環、構建新發展格局，根本上需要通過進一步提高市場效率促進經濟增長。《意見》從七個方面提出了提高市場效率的措施。

第一，強化市場基礎性制度：保護產權、平等准入、公平競爭、健全信用體系。

❶ 本文於 2022 年 4 月 18 日發表於網易研究局（同年 7 月更名為網易財經智庫）。

第二，建設高標準市場基礎設施：加強物流基礎設施數字化建設、統一產權交易信息發佈、整合公共資源交易平台。

第三，統一資源和要素市場：加快建設統一的城鄉土地和勞動力市場、資本市場、技術和數據市場、能源市場、生態環境市場。

第四，提升商品和服務質量標準：健全商品質量體系、完善標準和計量體系、提升消費服務質量。

第五，推進市場監管公平統一：健全監管規則、加強監管執法。

第六，規範不當競爭和市場干預：反壟斷、反不當競爭、破除地方保護和區域壁壘、廢除不平等進入和退出、清理招標和採購的不當做法。

第七，提供組織保障：堅持黨的領導、完善激勵約束機制、優先推進區域協作、建立部門協調機制。

市場和政府的職能如何分工？

《意見》指出，處理好政府和市場的關係，使市場在資源配置中起決定性作用，更好發揮政府作用，即“有效市場，有為政府”。政府通過“有為”來減少市場中不完善的地方和扭曲，從而實現市場的“有效”。

具體來說，提高效率的七個方面的措施中，前兩條指出了政府可以從哪些方面完善市場經濟制度的建設；而第三條則從要素市場的角度提出提高效率的手段；後四條提出了政府如何對於市場經濟活動進行監管。上述七個方面覆蓋了生產的各個環節，較為全面地概括了有為政府在市場經濟中的作用。

基礎制度對於市場的重要性

制度是市場經濟高效運行的基礎，是經濟增長的重要動力之一。完善的制度有助於降低交易費用和執法成本，提高市場配置資源的效率。

首先以產權保護為例，2021 年開始施行的《中華人民共和國民法典》明確物的歸屬和利用產生的民事關係，提出國家“保障一切市場主體的平等法律地位和發展權利”。但操作過程中，產權保護實踐上仍然具有“重公有、輕私有”的現象，因此《意見》提出進一步完善依法平等保護各種所有制經濟產權的制度體系。以近年來國內外高度關注的知識產權保護問題為例，我國著力解決執法標準統一性問題，實現知識產權案件跨區域管轄，解決利益糾紛，在北京、上海等地陸續設立知識產權法庭，體現了解決知識產權司法訴訟與仲裁問題的嘗試。

再以市場基礎設施建設為例，實現全國統一大市場，促進商品在全國各省的流動，從外生交易費用的角度來看，需要降低物資運輸的“冰山成本”，如直接物流成本、運輸時間成本、貨物運輸損失成本等。根據中國物流與採購聯合會的數據，2021 年，我國累計物流總費用達到 16.7 萬億元人民幣，佔我國全年 GDP 的 14.6%，距離我國 12% 的目標還有一定距離。對此，《意見》指出“推動國家物流樞紐網絡建設”“促進全社會物流降本增效”“完善國家綜合立體交通網”，通過促進物流企業的供給端增效及國家交通系統等基礎設施的完善，進一步降低商品流通成本，實現市場的高效銜接。而這一理念早在 2018 年兩部門印發的《國家物流樞紐佈局和建設規劃》中便已有相關部署，可以說這一政策目標對於有關企業並不陌生。

統一資源和要素市場的重要性

市場經濟體制下，要素價格反映了其稀缺性和對於生產的貢獻，讓市場作為配置資源的基礎，利用“看不見的手”吸引生產要素配置在最需要的企業、行業和地區，例如資本退出低回報率部門前往高回報率部門，人口從低收入地區前往高收入地區。當要素在價格信號下重新配置之後，生產的效率也自然實現了提升。現實中，如果要素市場在流動過程中存在壁壘，價格被扭曲，阻礙了要素的自由流動，“看不見的手”就失靈了。要改變這一結果，就需著手破除要素流動的堵點，建設統一的資源和要素市場。其中重要的要素市場包括土地、勞動力、資本、技術、數據、能源、生態環境市場等。

以勞動要素市場為例，截至 2022 年，我國常住人口城鎮化率已經達到 64.7%，但戶籍人口城鎮化率卻只有 46.7%，仍有接近 18 個百分點的常住人口和戶籍城鎮人口的缺口。全國有 2.5 億農村外出務工人員及其隨遷子女沒能實現在工作地落戶，農村勞動力的自由流動仍然存在著諸多壁壘，造成了農村外出務工人員無法享受工作地的社會保障，比如失業保險、醫療保險等。他們面臨著較高的風險，但並無福利系統托底。其隨遷子女因為落戶難而較難在城市享受高質量教育，降低了教育回報率，導致教育投入不足。農村外出務工人員在城市生活還面臨教育花費高、看病難、房租較高等問題。這些問題和壓力給農村流動人口帶來了不小障礙。經過測算，假如按發達國家 90% 的城鎮化率，我國距離實現這一目標還有近 3.6 億的城鄉人口缺口，在長期，更多的農村人口需要被城市就業崗位吸納。降低壁壘、讓農村外出務工人員成為新市民是統一要素市場改革迫切需要解決的問題。

"統一大市場"與共同富裕目標的關係

中國的改革是漸進式的，政策的實施和新制度的建設往往先進行試點，再逐步推行，比如經濟特區、自由貿易區等。發展目標在於讓一部分人和地區先富起來，通過先富帶動後富，最終實現共同富裕。經過改革開放以來 40 多年的經濟發展，區域與城鄉之間、不同所有制形式、不同要素所有者之間的收入差距逐漸突出。建設統一的市場有助於統籌區域平衡發展，降低甚至消除造成上述差距的因素，從而更好地實現共同富裕的目標。

我國各省和直轄市的經濟增長有趨同的趨勢，人均 GDP 落後省份的經濟增速要更快，這使得改革開放以來各省之間的收入差距在減少。但城鄉收入差距持續存在，農村居民的純收入只有城鎮居民可支配收入的一半左右。要減少地區、城鄉、所有制形式和要素稟賦之間的收入分配差距，實現改革成果的共享，就應著手破解造成上述這些差異的因素。

市場監管公平統一的難點

中國的中央和地方的權責劃分一直是個難點問題，既要激勵地方政府發展經濟，允許地方政府對經濟政策有更大的決定權，但在統一大市場下，又不可避免地要削弱地方在一些領域制定政策的權力。

統一的市場准入制度

《意見》強調充分發揮市場在資源配置中的決定性作用，體現為在“應放、應鬆”的領域強化競爭的基礎地位，讓多種所有制經濟和多市場主體在市場中競逐。但同時，對於涉及國民經濟命脈和國家安全的重要行業和關鍵領域，國家又要通過准入門檻的方式予以規制保護。不過在我國經濟政策的實際貫徹過程中，某些行業是市場競爭和規制保護之間的灰色領域。儘管中央有關文件要求“非禁即入”，但地方政府在貫徹落實過程中，仍存在通過增加行政許可程序，變相收取費用等抬高壁壘的行為。這提高了企業運營的難度，影響企業投資信心，同時也阻遏了資源的高效利用。

對此中央引入市場准入負面清單制度，通過“全國一張清單”優化營商環境，提供市場穩定預期，實現市場主體間的更充分競爭，對地方政府的加碼行為予以約束。2022 年 3 月 28 日，國家發改委、商務部印發《市場准入負面清單（2022 年版）》，要求地方政府切實履行政府監管責任，建立違背市場准入負面清單案例歸集和通報制度，深入開展市場准入效能評估試點，扎實做好清單落地實施工作，實現市場准入制度的制度化、科學化、精準化，助力全國統一大市場的形成。《意見》對此的再度強調也體現了這一制度的重要性。

破除地方保護主義

地方保護主義的現象由來已久。我國的財稅政策中“財稅包乾”和地方稅設置使得地方財政情況經常與地方國有企業運營情況直接相關，地方企業和政府結成利益共同體。同時，部分地方國有企業改革滯後，缺乏市場競爭力和創新能力。為了扶持地方企業，幫助無自生能力的企業在市場中存活，進而改進本地區的財政狀況，地方政府往往會有執行地方保護主義政策的動機。出現上述問題的根本原因在於地方保護主義問題的立法工作較為滯後，對地方政府的保護主義行為缺乏法律約束，且界定、懲處上述行為具有操作上的困難。因此地方保護主義政策仍是我國市場經濟運作過程中存在的一大堵點。

以新能源汽車行業為例，隨著"雙碳目標"的提出，新能源汽車自然成為汽車市場的"橋頭堡"。巨大的市場空間和潛在利潤吸引國內外諸多汽車廠商競逐。各地不同程度地出現設置"隱性條款"限制外地品牌的現象，通過定向高額補貼省內生產的新能源汽車，而對外地企業不進行補貼，扶持當地企業在地區內做大。某些地方實行的備案管理制，即對市場准入車輛進行備案審批的制度，雖然在一定程度上確實支持了地方企業發展，但也造成了效率損失，影響了企業間的合理競爭。

目前，工信部計劃加速清理地方保護政策，今後，各個試點城市原則上不能有限制企業准入和產業准入的獨立目錄。全國要扎實建立統一市場、統一目錄。除此之外，國家在扶持新能源汽車企業創業模式，加大新能源汽車在公交車等公務領域的推廣，扶持新能源汽車的技術研發等方面也將會有新的政策出台，幫助新能源汽車企業在各地實現發展。

中國產業技術創新模式的認知和挑戰[1]

陳小洪

（國務院發展研究中心企業研究所原所長、學術委員會委員）

科技知識是創新的重要來源

我們講的技術創新是熊彼特定義的創新，它不是發明，而是以技術為基礎的“條件”的新組合。創新必須抓住市場需求，熊彼特講“需要是一切生產的終點”。創新只有滿足和擴大市場需求，才能成功形成創新的良性循環。

科技知識指科學技術工程的知識，是創新的重要來源和基礎。科學知識是反映自然規律的知識，技術知識是有關解決問題的方法和工具的知識，工程知識是滿足人們需要的、功能性的工程或產品的知識。

科技知識具有經濟學性質，包含外部性、累積性、不確定性。外部性指科技知識被發現以後，他人不用或者少用成本就可以得到。科學知識成果的主要表現形式是論文，外部性很強，而技術及工程知識的外部性就較弱。累積性的含義是科技知識是在已有知識的基礎上發展的。科技知識，尤其是基礎科學知識的作用影響久遠、廣泛。從知識發現到應用可能會要很長時間。不確定性指科技知識發現、發展的過程及結果往往不確定，很難預見。

---

[1] 本文根據作者於 2022 年 3 月 13 日在北京大學國家發展研究院春季學期首場國家發展系列講座的內容整理。

科技知識的發展需要投入和激勵。科技知識的經濟性質使科技知識的發展模式成了公共投入與市場投入結合的模式。基礎科學研究的成果價值主要靠同行和第三方轉化，需要政府等公共資源投入支持。技術開發和工程實現的成果可以由市場檢驗，可以靠激勵作用更強、更直接的基於市場競爭機制的企業投入支持發展。科學、技術及工程的知識既相通又存在發展的知識結構、成果表現、主體和激勵機制很大的，甚至根本性的差異。科技知識發展既需要個人努力，也需要組織支持。組織可以是科研機構、大學、企業。

科學技術、創新及二者的關係

科學技術知識及其發展與創新的關係密切而複雜。技術、工程知識的發展能直接支持創新，二者關係直接且密切。科學與創新的直接關係相對較遠，亦有關係日益密切的一面：直接的互動支持體現為創新需要科學知識支持，科學知識的研究需要新的技術手段的支持。另外是人的作用，一些既懂科學技術又懂創新的專家直接促進科技乃至科學研究與創新的結合，出現以科學為基礎的產業，包括醫藥、數字技術、材料等新的行業領域。這些領域的企業創新發展需要科學研究及科學知識更直接的支持，因此從基礎研究到應用研究到開發的關係密切，需要科學家直接參加有關的技術創新。

科學技術與創新關係密切，但有關活動的目標、發展機制和研究問題的方法亦都有所不同，甚至差別很大。科學活動重在解決科學問題，重視可重複的理性知識的發現及條件，研究重視分解、分析。技術及工程活動重在解決問題，其中經驗知識成分相對更重要，研究更重視綜合、平衡。創新重在商業成功，技術、工程、商業的經驗都很重要，研究重視經濟、技術、商業知識的綜合。不同活動的主體及其結構亦有所不同。理解這些活動的相同和不同，是有效進行創新管理、改進創新政策的基礎，進而推動不同活動的知識互動整合乃至融合實現創新。

經濟學認為技術可能性、需求規模、利益可專屬性是決定技術創新是否產生的基本因素。創新需要投入，有三個關鍵要素：一是知識信息，直接影響對技術及商業可能性及路徑的判斷，是創新的起點；二是資金，創新是技術、商業反覆試驗，需要投入人力、物力和時間，因而是燒錢的過程，資金不可或缺；三是要有能發現創新機會、組織動員創新資源同時承擔風險的企業家。企業是發明創新的組織載體，作為商業機構，企業有資源也有動力支持創新，因為領先於他人的創新可能獲得階段性的或者超前的壟斷利潤，形成良性發展循環。

熊彼特根據創新的投入產出及方式認為企業的創新模式或者說方式有新產品、新方法、新原料、新市場、新組織五種。後來學者還提出突破性創新、持續性創新、顛覆性創新等各種創新模式。這些模式是基於不同視角對創新的投入產出的結構、機制和過程的各種描述和解讀。實際的企業創新作為不同企業和企業家的決策及行動，比學者的描述更複雜、更具象，還會隨著內外條件變化而變。因此調研領先企業的創新實踐，有利於我們理解中國企業及產業創新的實際及其影響因素，幫助形成面向未來的洞見。

中國產業創新的情況

再看一下我們對 40 家業內領先企業研究的基本情況。

判斷是否領先主要看兩個指標：產品技術水平，市場地位及銷售規模。創業企業領先性主要看技術水平。企業規模從不到 1000 萬元（兩個創業企業）到幾千億元，平均淨利潤率 15%、研發強度 18%。這些企業的技術競爭力或者水平與國際先進企業相比，大多數已經接近或者差距較小，有的達到並跑甚至領跑水平，部分企業差距還較大。

這些企業創新發展模式及主要影響因素的特點是：

第一，市場導向技術與需求結合的創新戰略和持續升級的進程。

第二，研發投入規模持續增長，強度長期較高，以開發投入為主，基礎研究投入佔比開始提升（華為、訊飛、恆瑞都在 5% 以上）。

第三，重視突破性創新，以追趕型突破創新為主，原創型突破性創新越來越多（如 5G）。學者講的突破性創新（radical innovation）是帶來技術變革的創新，通常亦是重要的原始創新。中國的突破性創新更多是追趕型的，即技術原理及產品已經存在，突破的是高技術門檻的“卡脖子”難題（如碳纖維），追趕突破也需要創新。

第四，協同創新、整合創新、迭代創新等多種創新模式十分重要。

第五，日益重視創新管理，逐步形成與戰略結合的，流程日益科學嚴謹的研發創新管理流程。

第六，創新戰略和發展戰略互動支持，研發能力與製造、市場等互補性資產能力的提升結合進步。

第七，抓住產業技術軌道、需求及政策變化帶來的環境變化機會進行創新。

第八，產學研合作及資本市場構成的國家創新系統，以及國家發展改革開放戰略、普適性和專項科技、產業政策支持了企業的創新發展。

領先企業的創新過程也是產業連鎖創新的過程。基於對領先企業經驗的總結，對中國產業創新模式及能力水平的現狀及前景的判斷如下：

第一，領先企業代表的產業創新能力進步很快，不少產業已經達到國際水平，甚至可以與國際先進水平並跑乃至領先（如 5G、寧德時代）。

第二，中國產業創新競爭力存在結構性差異：中低端強，高端產品已經不同程度地達到國際水平；以應用型、改良型創新為主，出現緊跟、並跑甚至領先的創新；創新技術原始知識來源仍然多在國外，知識學習結構已經變化深刻，從模仿產品為主變成學習技術原理為主，基於中國基礎和技術研究的創新越來越多。

第三，中國產業競爭力及創新力的提升主要靠企業自主技術研發和價值鏈的整合提升能力，亦與中國的大規模市場帶來更多創新學習機會有關。

第四，仍然存在知識、技術、產業鏈等短板，重要原因是產業基礎有差距、企業研究基礎較弱及追趕創新的歷史特點。企業基礎研究費佔研發費比例不高，2018 年中國的這一費用佔比是 0.2%，遠低於美國 6.2%、日本 7.8% 和韓國 10.6% 的水平，甚至遠低於 1980 年美國 3.2%、日本 5.2% 和韓國 1996 年 8.1% 的水平。

第五，強基礎、補短板，經過創新努力，中國會有更多產業的創新競爭力可達到與國際先進企業比肩的水平。因為中國企業將會持續加大研發創新投入，有製造、銷售等互補性資產及價值鏈整合的基礎及經驗，亦有國際經驗證明美國產業競爭力達到國際先進水平時基礎研究水平還與歐洲差距很大，日本靠學習美歐先進科技、應用基礎研究及應用技術創新，直到 20 世紀 80 年代初才趕上美歐。

中國產業創新模式的趨勢及特點

基於對全球科技發展及產業變革、中國內外政治經濟環境變化趨勢，以及對國家發展戰略的認知研判，我認為從國家、產業、企業三個層面來看，中國產業創新模式發展變化有如下的趨勢特點。

在國家層面，基本的科技發展及創新模式將向政府支持的協調統籌功能更強，同時與市場機制更有機地結合的方向演進。未來，國家將持續增加研發投入，以強化基礎研究和支持“四個面向”的技術發展為重點，優化投入結構，形成更強的，國家戰略科技力量與市場化分佈式創新體系有機結合的，更有利於創新的體系。通過科技體制改革三年行動方案及持續實施優化，形成更有利於創新發展的體制機制、政策管理體系及更強的科技金融、諮詢服務等支持體系。

在產業層面，中國正在進入以數字技術為通用基礎技術的第四次工業革命時代，已有產業要升級、新興產業要發展、前沿產業要培育。中國將從過去多數產業以追隨創新為主的階段進入更多產業緊跟創新、並跑創新甚至引領創新並舉的新階段，會出現更多的顛覆性創新。產業組織與產業結構結合演進：市場結構向高技術產業寡佔競爭與創新型中小企業並存及合作的結構演進，垂直一體化、水平分工、平台組織競合共存，關鍵領域環節國內循環打通的同時與國外循環結合。

在企業層面，又有如下五個特點。

第一，日益重視進行多種模式的、首先進入市場的原始創新（源頭創新）：基於基礎研究的原始創新、基於應用研究和技術原理應用開發的原始創新、基於技術整合開發的原始創新、技術開發與商業模式創新結合的原始創新等創新會更多地湧現。

第二，未來一段時間，仍然會是原始創新型、突破性創新和重在解決“卡脖子”問題的追趕型突破性創新並舉，同時重要原始創新型的突破性創新會越來越多。

第三，企業將加大研發投入，強化基礎研究與應用研究投入。企業基礎研究重在應用基礎研究和通過基礎研究前瞻性把握技術發展方向，擴大技術可能性的邊界，以抓住新的乃至顛覆性的創新機會。

第四，形成更高質量、更科學嚴謹的、與自由研究結合的研發創新管理模式流程，同時進一步強化與研發能力互補的製造和市場服務能力，夯實製造能力與產業技術基礎，更高質量及知識含量的協同創新、整合創新、迭代創新、開放創新模式仍然是企業創新的基本模式。

第五，產學研合作、共性技術研發合作等更多類型的研發創新合作模式將隨著認識提高、治理關係改進的更快發展取得更多成果。

第五章

中國式現代化與金融改革

中國金融改革的目標模式[1]

黃益平

（北京大學國家發展研究院副院長、數字金融研究中心主任）

我國金融模式當前的四個典型特徵

改革開放初期，我國的很多金融政策是參考歐美金融體系設計、修改的。在一定程度上，歐美金融體系是我國金融改革的榜樣。2008 年 10 月，由美國次債風險引爆的全球金融危機日益嚴重，對全球經濟造成了毀滅性的打擊。原來借鑒、學習的對象出了這麼大的風險，我國下一步的金融改革應該往哪裏走、怎麼走，確實是一個值得決策者與老百姓都關注的大問題。

在之後的十幾年間，這個問題一直縈繞在我的腦海裏。2009 年我回到北京大學工作以後，一大部分的研究精力都放在了學習、理解和分析金融改革政策上。怎麼評價過去幾十年的改革政策？為什麼一度行之有效的金融體系後來卻面臨許多挑戰？未來進一步變革的方向是什麼？最近出版的《讀懂中國金融：金融改革的經濟學分析》就是我和王勳博士在過去十幾年圍繞這些問題所做的研究與思考的一個總結。

首先對金融模式做一個定義。所謂金融模式，指的是包含金融結構、組織形

[1] 本文根據作者於 2022 年 7 月 4 日的浦山講壇第 28 期“中國金融的目標模式”暨中國金融四十人路勁獎學金項目 2022 結項儀式上所做的主題演講整理。

態、運行機制和監管框架四個層次的金融體系綜合體。金融結構主要指的是資本市場或者商業銀行，有時候也叫直接融資或者間接融資；組織形態可以很多，比如國有金融機構、外資金融機構或者民營金融機構，也可以分為分業經營和混業經營；運行機制可以看成“看得見的手”和“看不見的手”之間的分工，換句話說就是看金融體系的運行主要由市場機制決定還是由政府政策決定；監管框架的內涵更豐富，從機構設置方面看有分業監管與混業監管，從具體做法上又可分為機構監管、功能監管、審慎監管等。

在改革開放初期，可以說我國其實並不存在一個真正意義上的金融模式，如果要說有，那就是一家金融機構的模式。1978 年 12 月召開的十一屆三中全會確立了改革開放政策，當時就一家金融機構，即中國人民銀行，而且一身三任，既是中央銀行，又是商業銀行，還是監管部門，其資產規模佔全國金融資產的93%。當時只有一家金融機構，是因為計劃經濟年代對金融中介沒什麼需求，資金調配都是中央計劃決定的。這個獨家機構模式無法適應“以經濟建設為中心”對金融服務的需要。因此，從當年開始，政府就逐步建立了一些金融機構。現在回過頭去看，金融體系的調整實際包含了重建和改革兩個過程，交織在一起。重建就是從一家機構出發，建立了很多金融機構，構建了一個相對完整的金融體系。改革是指金融資源的配置與定價逐步從政府主導轉向由市場主導。

經過 40 多年的改革開放，我國從一家金融機構出發，現在已經建立了一個完整的金融體系。與其他國家特別是市場經濟國家的金融體系相比，我國這個新的金融模式呈現出四方面的突出特徵：規模大、管制多、監管弱以及銀行主導。

第一個特點是規模大。原來只有一家金融機構，金融資產規模也很小。這是因為計劃經濟時代資金調配主要通過中央計劃完成，經濟運轉對金融中介的需求很小。但隨著幾十年的改革和發展，當前我國的金融體系已經非常龐大，金融機構數量很多，光是銀行機構就有 4000 多家，並且四大國有商業銀行在全世界都名列前茅。我國資本市場，即債券市場和股票市場的規模相對較小，但體量也已經位居世界第二。因此，無論從資產規模還是機構數量來看，我國的金融體系規模都已經非常龐大。

第二個特點是管制多。我們曾經做了一個金融抑制指數，以此來衡量政府對金融體系運行的干預程度，比如干預利率的決定、匯率的形成、資金的配置、跨境資本的流動等。金融抑制指數為 0 表示這個國家是完全市場化的，金融抑制指數為 1 表示該國金融體系基本由政府決定。從研究情況看，1980 年的中國金融抑制指數接近 1，市場化程度最低；2018 年該指數下降到 0.6，說明政府干預程度在降低，市場化程度在提高。但橫向比較來看，2018 年 0.6 的金融抑制指數在全球 130 個國家和地區中排名第 14 位。這說明即使經過 40 年的改革開放，我國政府對金融體系的干預程度在全球範圍內仍然相對較高。

第三個特點是監管弱。目前我國已初步形成較為完備的金融監管框架，包括一委一行兩會一局，再加上地方金融監管局，有機構、有人員、有手段，但在識別和化解風險方面，仍有不盡如人意之處。過去 40 年我國金融體系始終比較穩定，關鍵在於兩點：一是政府兜底；二是中國經濟持續高增長。這兩點保證了在風險發生時，政府可以穩住投資者信心，不至於出現擠兌現象，從而為政府處置存量風險、暫停增量風險留足時間。1997 年亞洲金融危機時，我國銀行不良率超過了 30%，但並沒有出現擠兌現象。後續政府通過一系列措施，包括剝離壞賬、注入資本金、引入戰略投資者、海外上市等方式，將四大國有商業銀行做大並使其成為規模排世界前列的銀行，這是非常了不起的成就。但問題在於，政府兜底無法長期持續，我國經濟增速也在不斷放緩。過去應該由監管發揮作用的很多事情都被政府所替代，但實際上並未管控住金融風險，這導致我國金融監管相對較弱。

第四個特點是銀行主導。國際上主要有資本市場主導和商業銀行主導的兩類金融體系，當然這裏的主導是一個相對的概念。而我國金融體系中，銀行主導的特點是非常突出的。

面臨調整的傳統金融模式

這樣一個金融模式看起來有很多問題，但至少在過去幾十年，這套金融體系在支持經濟增長和金融穩定方面沒有出現過大的問題。只是最近問題似乎變得越來越多，抱怨的聲音也越來越大。一方面金融效率在下降，另一方面金融風險在上升。

為什麼這套體系在改革開放前 30 多年還算行之有效，如今卻出現問題？背後的原因有很多。最重要的一點是我國經濟已進入新的發展階段。1978 年改革開放時我國人均 GDP 大約只有 200 美元，屬於全世界最貧窮的國家之一。這一時期我國生產成本很低，可以實現粗放式、要素投入型的增長。改革開放前 30 年，我國年均 GDP 增長達到 9.8%。

但現在情況已經逐漸發生了變化。2021 年我國人均 GDP 超過 1.2 萬美元，距離世界銀行確定的高收入經濟體門檻只有一步之遙。人民生活變得更富裕，生活質量也越來越高。但它也帶來了一個問題就是生產成本的上漲。這意味著我國已經喪失了過去的低成本優勢，所以必須轉變增長模式，從要素密集型增長逐漸向創新驅動型增長轉變。只有通過創新來升級換代、提高效率，我國才能保持住競爭力，否則經濟增長將很難持續。

當前我國金融體系之所以出現問題，就是因為過去的金融模式無法適應新的增長模式，所以也要跟著轉型才行。總的來看，我國金融模式進一步轉變的內容很豐富，集中體現在以下四方面。

要大力推進金融創新

過去我國是粗放式、要素投入型的增長模式，不確定性相對較低。因為生產的產品是別人生產過幾十年甚至幾百年的，技術、營銷渠道、市場都十分成熟。只要生產成本足夠低就有競爭力。簡單說就是不確定性比較低，風險比較小。但這套金融體系現在無法很好地支持創新驅動型的經濟增長。

比如過去政府始終強調的中小企業融資問題。這一問題在歷史上始終是存在的，基本難點有兩個：一是獲客難，即金融機構如何找到中小企業，獲知其融資需求，並為它們提供金融服務。中小企業數量很大，且地理位置相對分散，因此找到它們很困難。傳統做法是將機構網點開遍全國，貼近企業客戶。但這種方式成本很高，在很多地方也很難獲得足夠回報。二是風控難。對於金融機構來說，為企業提供融資服務既要能把錢借出去，還要能把錢收回來，而後者才是更大的挑戰。這就意味著金融機構需要對中小企業客戶進行全面、嚴謹的信用風險評估，評價用戶的還款能力和還款意願，這是非常複雜的過程。傳統做法是根據用戶的財務數據和抵押資產進行評估。但這兩個方面恰恰是中小企業比較欠缺的，導致大多數銀行並不願意為中小企業提供金融服務。

但隨著中國經濟進入新發展階段，中小企業融資難已不再是單純的普惠金融問題，而是上升到宏觀經濟約束的高度。原因在於以中小企業為主的民營企業是當前中國經濟的主力軍，在城鎮就業、創新、經濟增長方面都發揮著舉足輕重的作用。也就是說，創新面臨的巨大挑戰之一，就在於能否更好地為中小企業提供好金融服務。從這個角度看，金融創新還有很大的發展空間。

第一個創新方向是提高直接融資在金融體系中的比重。相比於以銀行為主的金融體系，資本市場直接融資往往可以更好地支持創新活動。原因有很多，包括直接融資可以更好地識別創新項目，更容易與創業企業共擔風險和收益等。而如果通過銀行貸款則需要還本付息，有時會給企業造成較大的現金流壓力。因此資本市場在服務創新方面更具優勢。我們應該大力發展資本市場，提高直接融資在金融體系中的比重。

第二個創新方向是商業銀行的創新。我國以銀行為主導的金融結構在短期內不會發生太大變化，但銀行的業務模式也需要創新，要想方設法地支持創新活動。國際金融體系可大體分為兩類：一是市場主導的金融體系，代表國家是美國、英國；二是銀行主導的金融體系，代表國家是德國、日本。雖然英美的技術創新相對更活躍，但德日在經濟發展、技術創新領域也是世界領先國家。我們應該向這些銀行主導的金融體系的國家學習，對商業銀行的業務模式進行創新，更好地支持創新活動，這方面是大有可為的。

第三個創新方向是大力發展數字金融。數字金融可以更好地服務中小企業和創新活動，這是未來我們要努力的方向。大科技信貸是目前比較受關注的領域，可以幫助金融業更好地為中小企業提供服務。因為它可以用數字技術克服獲客難和風控難的問題。過去傳統金融機構需要把分支行開遍全國才能真正貼近用戶。這種方式成本過高，實操性很差。而數字技術和大科技平台比如微信、支付寶等日活躍用戶十億以上的平台已經觸達了很多客戶。並且這些平台獲客速度很快，邊際成本極低，可以在短期內大量獲客，這就在一定程度上解決了獲客難的問題。與此同時，客戶在平台上的活動包括社交、購物、支付等都會留下數字足跡。平台利用數字足跡積累起來的大數據就可以進行信用風險評估，從而判斷借款人的違約概率。從研究情況看，利用大數據對小微企業做信用風險評估的結果是比較可靠的。這說明數字技術創新可以幫助我們克服過去金融體系無法解決的很多問題。當然，數字經濟只是金融創新的一個方面，市場和銀行的創新也很重要。

要進一步推進市場化改革

改革開放以來，我國金融抑制指數已經從 1.0 下降到了 0.6，但仍處於很高的水平。未來在進行金融資源配置和信貸決策時，真正讓國有企業和民營企業站在同一條起跑線上，這是市場化改革的一個重要方面。另一方面，要努力實現真正市場化的風險定價。比如貸款利率的決定，這是信用市場化風險定價的基本含義。如果市場風險較高，貸款利率就應該比較高，因為成本要能覆蓋風險，否則未來可能受到較大損失，這是市場化風險定價的基本要求。但過去幾年監管部門一直在鼓勵銀行降低中小企業融資成本，這種用行政手段壓低企業貸款利率的做法短期內似乎起到了一定效果，但從長期來看，銀行持續為中小企業提供貸款的意願和能力都會受到影響。

中小企業融資難的問題固然存在，但最近幾年我國中小企業的融資環境已經得到了很大改善。這裏可以用兩個數據來說明。第一個數據是中小企業在銀行總貸款中的比重。根據 OECD 公佈的數據，中國中小企業貸款在總貸款中的比重已經達到 65%，是除韓國、日本以外比例最高的國家。這說明經過十多年的努力，我國已經取得了很大成績。第二個數據是民營企業的資產負債率。全球危機以後，民營企業融資難問題比較突出，去槓桿化的傾向非常明顯，而國有企業的資產負債率則相對平穩。但 2021 年底，我國民營企業資產負債率已經反超國有企業。其中的原因很複雜，而且民營企業中既包括中小企業，也包括大企業。這兩組數據組合起來，至少可以說明我國中小企業的融資環境得到了很大改善。

關鍵的問題是，這些改進是如何實現的？目前我國仍比較習慣於用行政性手段來解決問題。儘管金融機構自身的創新比如數字金融創新也發揮了一定作用，但發揮作用最大的仍是行政性的監管要求。這些監管要求的基本內容是每家商業銀行每年對中小企業的貸款總量和中小企業貸款在總貸款中的比重都要比前一年有所上升，否則就要接受監管問責。

現在看這些行政性很強的政策要求實實在在地增加了中小企業的貸款，但這裏有一個重要的挑戰，即是否風險可控、是否有利可圖。如果做不到這兩條，那麼即使短期實現了政策目標，長期也很難持續，甚至會造成很多新的問題。所謂有利可圖，就是成本要低於可能獲得的回報；所謂風險可控，就是銀行要有獲客和風控能力，將風險控制在較低水平。

大科技平台用大數據來替代抵押品做信用風險評估的方式目前來看效果不錯。比如微眾銀行、網商銀行的信貸平均不良率遠低於傳統商業銀行同類貸款，說明這種信用風險管理方式效果較好。

所以，儘管當前中小企業融資環境得到了改善，但如果持續依靠行政要求強制商業銀行給中小企業提供貸款，最終將產生較嚴重的金融風險和財務後果。因此我國必須進一步推進市場化改革，在市場化條件下解決問題，包括實現市場化的風險定價、進一步降低金融抑制指數等，核心是依靠金融創新本身，這是未來發展的大方向。

要做實金融監管

雖然在過去 30 多年，我國維持了金融穩定沒有出現大問題，但這並不是靠監管政策做到的，而更多是靠政府兜底和經濟持續高增長實現的。目前來看，這種做法很難長期持續。一方面，隨著我國金融體系規模越來越大，複雜性越來越高，一出現問題就由政府兜底是不現實的；另一方面，我國經濟增速在不斷下降。國際清算銀行曾指出，金融危機後很多國家的金融風險都在上升，並將其總結為“風險性三角”：槓桿率上升、生產率下降和政策空間收縮。在此形勢下，我國很難再依靠過去的金融模式來支持經濟增長。

在監管方面，我國有很大的改進空間。過去我國的監管體系有框架、有人員、有工具、有目標，但在很多領域都缺乏監管規則的真正落地。過去兩年中小銀行出現問題，其中很大一部分原因就在於監管規則沒有真正落地。比如大股東違規操作，這在規則上是明文禁止的，但卻變成了一個比較普遍的現象。這說明我國監管體制確實需要進一步改進。具體來看，有以下三個重要方向：

一是目標。監管最重要的目標是保障充分競爭、反壟斷、保護消費者利益，終極目標是維持金融穩定。除此外不應該去管其他事情。現在我國的監管目標非常複雜，並且各目標之間並不完全一致。比如行業監管和金融監管本身就是存在矛盾的。二是權限。監管目標確定以後要給監管部門相應的權力，由他們來決定採取什麼措施，以及什麼時候採取措施。三是問責。過去金融監管體系是法不責眾。雖然大家都出了問題，但似乎大家都沒有問題。因此對監管問責十分必要。經過四十多年的金融改革，我國已經建立起了一套監管框架，但更多是形式上的監管，未來我們要努力將其發展為實質性的監管。

要穩健推進金融開放

金融開放非常重要，但必須穩健推進。很多國家在條件不成熟時貿然推進資本項目開放、金融行業開放，最後釀成了重大的金融危機。所以在金融開放的效率提升和金融穩定之間也要把握好平衡。

總結來看，隨著我國經濟邁入新發展階段，過去這套金融體系已經不太適應新經濟的增長模式，必須要做出改變。改變的方式包括加強金融創新、推進市場化改革、做實金融監管、穩健推進金融開放等。從這個角度看，我國目標金融模式的方向是比較清晰的，就是要更多地走資本市場的道路，走市場化改革的道路，走國際化的道路。

未來金融改革的基本特徵

雖然我國金融改革的大方向基本清晰，但未來金融模式會怎麼演進還有很多想象的空間，是會變成像德日那樣以銀行主導的金融體系，還是像英美那樣以市場主導的金融模式？市場化程度是否能達到那麼高的水平？監管框架又會如何構建？這都與我國金融改革的基本特徵有關。

值得指出的是，儘管我國在金融改革過程中有學習的榜樣，但從未明確過具體的目標模式。中國的金融和經濟改革並沒有在一開始的時候就清晰地勾畫出改革藍圖或目標模式。這可能是因為兩個方面。第一個原因是 1978 年決定實施改革開放政策時，其實很難想清楚未來幾十年會怎麼變化，更重要的是當時的政治環境也不允許把一些徹底的理念明確地表達出來，比如社會主義市場經濟的概念是在改革進行了十五年之後才被提出來的。第二個原因是我國的經濟改革包括金融改革都有非常務實的特點，實施改革政策的目的是要解決問題，終極目標是什麼樣子有時候可能反而不是那麼重要，雖然方向很清晰。

根據我們的總結，務實的金融改革具有如下兩個特徵：

第一，任何改革政策都要滿足“可行性”的條件。有些政策提起來很不錯，但沒法落地，也就不具備可操作性，意義不大。比如要求明天建立一個龐大的資本市場，這本來就不是可以一蹴而就的。另外，政治可行性同樣重要，因為我國改革的特點是漸進、雙軌。務實的一個重要體現就是在滿足可行性條件的前提下，解決實際問題。

第二，改革措施的決定與評價主要以結果為導向。就是每一步改革的推進都要用實際效果說話，效果好就往前走，效果不好就往回走，這與鄧小平“摸著石頭過河”“不管白貓黑貓，能抓老鼠就是好貓”的理念是一脈相承的。我國四十多年的金融改革儘管存在一些問題，但整體效果還不錯。當然我們也要承認，這種務實改革的做法有時也會引發一些新問題。因為這種改革不徹底，可能會形成一些新的利益集團，而這些新的利益集團很可能變成下一步改革的阻力。因此，持續地向前推進改革是務實改革能夠取得成功的一個重要條件。

現在我國金融改革的方向應該已經比較清晰，簡單說就是市場化程度要提高、國際化程度要提高、資本市場的作用要提高、監管的效能要提高。但與此同時，我國仍會在很長時期內採取務實改革的措施，一步一步地往前走。

第一，雖然我國資本市場中直接融資的比重會逐步提高，但不太可能很快達到英美國家的水平。決定一國金融體系是以銀行為主還是以資本市場為主的因素有很多，包括法律體系、文化背景、政治制度等。因此我們雖然會走向以資本市場直接融資為主的道路，但在可預見的未來，銀行仍將是我國主要的融資渠道。

第二，未來我國會向混業經營的模式前進，但能否直接從分業經營走向混業經營，前提條件在於能否控制住風險。儘管混業經營能帶來巨大的回報，效率也會有很大提升，但風險管控和識別也會更加複雜。因此從分業經營走向混業經營，也會是一步一步的前進過程。

第三，市場化改革不會一步到位。儘管我國金融抑制指數可能會繼續下降，但在當前大背景下，政府仍會在金融體系中發揮重要作用。只要行政性干預是有益的，我們就仍會繼續推進。

第四，監管模式如何發展目前仍有較大不確定性。當前我國實行的是分業監管模式，未來會變成綜合型服務機構，還是區分審慎監管和行為監管的“雙峰”模式？目前尚且不明確。

總結來看，1978 年我國尚未形成完整的金融體系，所謂的金融模式其實就是獨家機構模式。經過 40 多年的市場化改革與重建，當前我國金融模式呈現出規模大、管制多、監管弱和銀行主導四個基本特徵。但在當前市場環境下，這一套過去行之有效的金融體系的有效性在不斷下降。未來我國將朝著提高直接融資比重、提高市場化和國際化程度、提高監管效能的方向前進。雖然大方向比較明確，但我國應該仍會採取“務實”的方式向前推進。這就意味著在可預見的未來，儘管我國資本市場直接融資比重會提高，但不會很快上升到英美的水平；儘管我國金融體系的市場化程度會提高，金融資產價格決定和金融資源配置會更多依靠市場化的方式進行，但政府仍然可能會在金融體系運行中發揮很大作用；此外，要真正實現產權中性，讓國企和民企做到公平競爭，相信也會是一個非常緩慢的過程。

不過，如果堅持“務實”的原則，重視可行性條件和結果導向，那麼改革持續穩步推進是一個大概率事件。未來的金融模式應該能夠越來越有效地支持新發展階段的經濟增長。與此同時，也要對未來可能發生的金融風險與動盪有充分的心理準備。

加強常態性監管，引導資本健康發展[1]

汪浩

（北京大學國家發展研究院經濟學教授）

2022 年 4 月底，中共中央政治局就依法規範和引導我國資本健康發展進行集體學習。其中，資本被定性為社會主義市場經濟的“重要生產要素”，指出在社會主義市場經濟條件下規範和引導資本發展，是一個重大的經濟、政治、實踐和理論問題，“必須深化對新的時代條件下我國各類資本及其作用的認識，規範和引導資本健康發展，發揮其作為重要生產要素的積極作用”。

習近平總書記關於資本的講話將有效提振各類資本尤其是非國有資本在我國持續經營的信心。規範和引導資本健康發展，既是“兩個毫不動搖”大政方針在資本領域的具體體現，也表達了中央對於如何利用各類資本推動經濟社會發展的思路。我國實行公有制為主體、多種所有制經濟共同發展的基本經濟制度，無論是什麼類型的資本，只要其行為服從和服務於人民和國家利益，就應該在我國獲得發展的機會。

“規範和引導資本健康發展”這個提法是在之前的“防止資本無序擴張”基礎上的深化，更加強調了正面激勵，體現了對資本更加積極的態度，也為政府監管部門的工作提供了更加全面的指引。“規範和引導”是前提和方法，而服務於國家整體利益的“資本健康發展”是目的。

---

[1] 本文於 2022 年 5 月發表於《新京報》，收入本書時作者有所修訂。

引導資本服務於國家整體利益

改革開放以來，黨和政府對資本的認識有了很大的發展，也經歷了一個艱難的歷程。在 20 世紀 80 年代初，以“傻子瓜子”創始人年廣九為代表的一些個體工商戶大量僱用工人，引發了社會對民營資本性質的討論。1983 年，鄧小平指出：“有個別僱工超過了國務院的規定，這衝擊不了社會主義。只要方向正確，頭腦清醒，這個問題容易解決，十年、八年以後解決也來得及，沒什麼危險。”❶從此，城市私營經濟逐漸得到發展。

在 20 世紀八九十年代，鄉鎮企業大量興起，成為中國經濟發展的一支重要力量。除了鄉鎮集體舉辦的企業，也有很多個人舉辦的企業，通過“掛靠”成為鄉鎮企業。之所以選擇產權關係不清的“掛靠”模式，部分原因就是當時國家對私人資本的嚴格限制。鄧小平南方講話後，國家對民營經濟的政策限制逐漸解除，產權清晰的民營企業相對於鄉鎮企業的競爭優勢逐漸體現出來，最終取代鄉鎮企業成為非國有經濟的主體。事實證明，非國有資本同樣為經濟發展和解決就業做出了很大貢獻。

只要是資本就有逐利本性。在國有資本、集體資本、民營資本、外國資本、混合資本等各種形態的資本中，除了國有資本，其他形態的資本幾乎都以增值為目的。國有資本歸根到底是為廣大人民服務，但保值增值也是對資本經營者日常考核的重要指標。因此，即使是在以公有制為主體的社會主義制度下，也需要認真研究如何規範和引導資本健康發展。

此次政治局集體學習，一方面肯定了資本在我國改革開放 40 多年來，對社會主義市場經濟繁榮發展的貢獻，同時也用大量篇幅論述了應如何在社會主義制度下規範和引導資本健康發展，包括正確處理資本和利益分配問題，完善資本市場基礎制度，設立“紅綠燈”規則，提升資本治理效能，以及資本領域反腐敗，特別是查處資本無序擴張、平台壟斷等背後的腐敗行為。明確指出法律法規沒有

---

❶ 出自《鄧小平文選》第三卷，人民出版社，1993 年，第 252 頁。

明確的，要按照“誰審批、誰監管，誰主管、誰監管”的原則落實監管責任。可見，在鼓勵資本健康發展的同時，對資本的監管不是要放鬆，而是要進一步落實。

規範和引導資本健康發展，要鼓勵資本服務於國家整體利益。“要培育文明健康、向上向善的誠信文化，教育引導資本主體踐行社會主義核心價值觀，講信用信義、重社會責任，走人間正道”。資本具有逐利本性，不加約束的資本可能步入邪道，不擇手段謀取利潤，產生負面影響。監管的原則就是通過適當的制度和規則，使得市場主體的個體利益與國家利益保持基本一致。

規範和引導資本健康發展，還要確保資本的擴張不會危害社會穩定和國家安全。作為一個社會主義國家，我國國家體制代表的是最廣大人民群眾的利益，決不可被資本所影響甚至左右。資本還可能擴大收入不平等，對社會穩定形成隱患，需要建立適當的二次分配體系，在效率與公平之間進行權衡。

規範和引導資本健康發展也對政府監管部門自身的能力建設提出了要求。“誰審批、誰監管，誰主管、誰監管”的原則強化了監管部門的責任，把握不好就可能出現官員逃避監管責任的“懶政”現象。政府部門既要建立“親”“清”政商關係，也應該主動作為，努力改善營商環境，加強與企業的溝通交流，隨時準備為企業排憂解難，在市場與政府之間實現優勢互補。

平台經濟治理要步入常態

當前規範和引導資本健康發展的一個重要領域是平台經濟。平台經濟屬於“新經濟”範疇，具有模式創新多和規模擴張快的特點，為政府的監管工作帶來巨大挑戰。在短短 20 年左右的時間，平台經濟就從無到有，迅速成為我國國民經濟的重要組成部分。令人眼花繚亂的新技術、新產品層出不窮，在方便人們生活、促進經濟發展的同時，也產生了各種複雜的社會影響。

由於平台的巨大能量，規範和引導資本健康發展在平台經濟領域有特殊的意義。平台既可以為社會創造巨大效益，也潛在地可以帶來巨大負面影響。簡單地抑制平台經濟發展會對經濟發展和科技創新產生嚴重阻礙作用。反之，放任平台無序擴張也可能給社會穩定帶來隱患。必須採取科學合理的規範措施，引導平台經濟追求資本回報和社會效益的共贏。

在早期，為了鼓勵民間創新和經濟發展，監管層為平台經濟的成長提供了非常寬鬆的市場環境。在隱私保護、信息安全、反壟斷等方面，都採取了盡量不干預市場的態度。在這個過程中積累了一些矛盾，最終導致了始於 2020 年下半年的平台反壟斷高潮。在“防止資本無序擴張”的政策指引下，許多平台企業的收購兼並行為受到了追加調查。

平台治理終究要步入常態。平台經濟在一定程度上代表了未來的經濟發展方向，也是我國少有的在國際上具有領先水平的領域，應該在政府的支持下繼續發展，不能因噎廢食，而是“要精準把握可能帶來系統性風險的重點領域和重點對象，增強治理的預見性和敏捷度，發現風險早處置、早化解”。此次政治局集體學習既表達了對平台經濟發展的支持，也對規範引導工作提出了很高的要求。

平台經濟天然具有一定的“贏家通吃”現象，資本規模巨大是常態而不是特例。雖然部分平台的巨大規模看起來不利於社會穩定，但是其實往往都面臨激烈的現實競爭和潛在競爭，並沒有控制市場的能力。除了個別領域，我國平台經濟的市場競爭總體上是比較充分的。個別平台由於強烈的網絡外部性，利用先發優勢佔領市場，其他平台很難再進入，從而形成了一家獨大的局面。一些平台大力建設數字“生態系統”，深入人們日常生活的方方面面，既帶來很多便利，也有無邊界擴張的隱憂。

由於平台的特殊性，需要專門研究適合平台經濟的競爭政策和規制政策。與傳統經濟不同，平台經濟的競爭可能不利於企業發揮網絡效應。因此在規範平台資本時，必須在規模效應與充分競爭之間尋找一個平衡點，或者探索二者得兼的市場格局。例如通過“互聯互通”規制強制實現平台間的兼容互操作，可以在保持甚至擴大網絡效應的同時，促使平台企業提高服務質量，進行良性競爭，抑制個別資本集團的過度擴張。

我國實行新時期中國特色社會主義，國家政權代表的是廣大人民群眾的利益，不可能被資本所左右。經過適當的規範和引導，資本可以為我所用，成為社會主義市場經濟的重要生產要素。平台經濟是當前規範引導資本的重要領域，平台企業在促進經濟發展和改善人民生活方面做出了巨大貢獻，當然也存在各種問題。通過研究平台經濟的特點，採用科學的政府規制和反壟斷措施，可以在規範資本行為的同時，促進平台發展和科技創新，為中國特色社會主義市場經濟做出更大貢獻。

金融支持實體經濟不是簡單讓利[1]

劉曉春

（上海新金融研究院副院長）

金融支持實體經濟，就是擺正金融在經濟社會中的位置。金融的產生就是來自實體經濟的需要。沒有實體經濟作為基礎，金融就是空中樓閣。在當前形勢下，提出金融要回歸本源、支持實體經濟，是有重要的現實意義的。

首先，長期以來，一些國家和地區由於資本逐利，片面強調佔據經濟食物鏈頂端，資源要素大量集聚於金融領域。金融脫離實體經濟過度發展，擠出實體經濟，使產業空心化，不僅造成經濟結構不合理，更帶來很大的社會治理問題。同時，這些社會經濟風險還進一步外溢到全世界，給其他國家經濟帶來巨大風險。這是我們需要正視並吸取的教訓。

其次，就中國自身來看，金融在支持改革開放、促進經濟高速增長中發揮著重要的作用，金融業自身的規模和經營能力也得到了長足的發展，但過去由於發展過程中監管經驗不足，造成一定程度的金融領域監管套利、影子銀行、資金空轉等現象，一方面擠壓了實體經濟的資源，另一方面也造成一定的系統性風險。

再次，從當前國際地緣政治的角度看，面對美國的打壓，中國必須有一個穩健的經濟結構才能頂住壓力。擺正金融與實體經濟的關係，是經濟保持健康穩定的基本前提，也是經濟保持韌性、抗擊打壓的基礎。

---

[1] 本文發表於 2022 年 11 月 7 日出版的《財經》雜誌。

理性認識實體經濟

金融支持實體經濟就是要發揮金融有效配置市場資源，加速資本積累推進擴大再生產，推進科技創新和科技成果產業化的正面作用，抑制投機操作、資金空轉、擠壓實體經濟的負面影響，確保經濟高質量發展。反過來看，金融體系並不是孤立的，只有穩固的實體經濟結構才能保障金融體系的穩定運行。

金融支持實體經濟，需要我們理性認識實體經濟。所謂實體經濟並不簡單地等同於製造企業。凡是創造社會經濟價值和有助於價值實現的行業和企業都屬於實體經濟範疇。即使是同樣的企業和行業，如果不再創造社會經濟價值或者無助於價值的實現，只是搞各種資本炒作、交易空轉等，就不屬於實體經濟範疇。即使是第一產業、第二產業中的微觀主體，金融支持的也應該是健康、創新、有效益、有前景的企業，而不是第一產業、第二產業的企業都必須支持。這是金融有效配置市場資源功能的題中應有之義。

這就涉及近年來備受關注的企業"融資難、融資貴"的問題。所謂"融資難、融資貴"其實是一個似是而非的說法。

首先說"融資貴"。人們的直觀感覺認為，資金價格是由金融機構決定的。實際上資金的基本價格是由市場資金供求關係決定的，金融機構只是資金供需兩端的中介，所以金融機構給出的價格是被動的，不是主動的。從這個意義上來說，金融機構並不是資金價格的真正決定方。除了基本的資金供求關係，國內資金價格還受到國際資金價格變動的影響。

此外，融資價格（比如貸款利息）還包含了融資人（借款人）自身的風險溢價，融資人實際上也是資金價格的一個決定方。在現代中央銀行體制下，央行的基準利率給市場資金價格提供了一個基礎或基準。而央行則是根據宏觀經濟的狀況在調節基準利率，同樣是有依據的。所以從這個角度說，市場利率（資金價格）是中性的，是各種因素綜合作用的結果，不能簡單地說貴與不貴。

另一方面，資金價格本身還起到一個非常重要的作用——淘汰沒有盈利能力（即承受不起市場資金價格）的市場主體，讓寶貴的資源真正配置給能有效創造社會價值的市場主體。資金價格要起到這樣的調節作用，確實必須“貴”。明白了資金價格的原理，再來講“融資難”就容易了。

與融資人總是嫌融資貴一樣，所有融資人都希望資金越多越好。無論是企業還是個人，有資金需求並不等於這些需求是有效需求。所謂有效需求是指有支付能力的需求，就融資而言，就是有還款和支付利息能力的融資需求才是有效融資需求。

現實情況是，一方面社會上沒有區分有效需求和無效需求，籠統地認為“融資難”；另一方面是銀行等金融機構出現資產荒，找不到好的融資人。銀行作為商業機構需要盈利，所以有極強的放貸慾望，只要有能保障信貸資金安全，並能收取合理利息的市場主體，就願意對其發放貸款。保障信貸資金安全，實質上就是保障存款人的資金安全。如果金融在支持實體經濟中支持了許多低效能、高槓桿、無序擴張的企業，這既不符合高質量發展的要求，也會弱化中國的經濟基礎，無法抵禦外來的衝擊。

所以，“融資難、融資貴”不能單純從金融機構方面找原因和解決方案，關鍵還是融資人要不斷提高自身的經營管理能力，贏得市場的信任。同時，還應該加大改革開放力度，加強市場法治建設，為融資人營造良好的營商環境。

當然，我們還是應該看到，在加強科技創新的當下，由於一些新興產業、行業與傳統行業的發展模式有很大的不同，金融機構傳統的風險評估模式不能適應這些企業的特點，確實造成了“融資難”的問題，這需要金融機構積極創新，尋找新的業務模式和產品。

比如，在銀行信貸方面，能否摸索出針對科創企業的新貸款模式等。這方面還需要發揮有為政府的作用，監管和財政等部門要有相應的支持政策，引導金融機構積極進行這方面的創新。

銀行需要合理的利潤

金融支持實體經濟高質量發展，前提是金融自身必須健康和強壯。商業銀行是金融支持實體經濟的主要力量。商業銀行作為一類商業機構，需要在市場競爭與互動中實現合理的利潤，以確保持續支持實體經濟的能力。

商業銀行所獲得的合理利潤是在與所有市場參與者的互動競爭中產生的，並不是單純銀行間的競爭產生的。所有市場參與者都應該在市場競爭中獲得利潤，而不是靠其他部門讓利獲得收益。

如果我們的企業，無論是國有還是民營，都沒有市場競爭力，都要靠其他部門讓利，這樣的企業怎麼有能力參與國際競爭？這樣的企業也不符合高質量發展的要求。所以，企業發展的根本還是要發揮企業家精神，提升經營管理能力、創新能力、開拓市場的能力。

目前在 A 股市場上，上市銀行的資產利潤率比非銀行上市企業低很多，這體現了銀行業高槓桿經營的特點。但上市銀行的資本利潤率略高於非銀行企業平均水平。即使如此，上市銀行的盈利能力也只排在 A 股市場所有行業的第 11 位，屬於中上盈利水平。

這說明，在中國，銀行業並不是暴利或高利潤行業，獲取的是社會平均利潤，只是因為其資產規模大，在 A 股市場佔了非常大的比重，造成的利潤絕對額大，所以給社會的感覺是銀行賺了很多錢。這同時也說明，中國許多上市公司盈利能力不強，雖然有大量銀行信貸支持，但經營的效果還不夠好，還需要努力提高盈利能力。

如果放到國際上比較，中國銀行業的盈利能力高於日本、西歐同行，略低於美國同行，說明中國銀行業的盈利水平是基本合理的。另一方面，在 A 股市場，銀行的市值基本上都低於其淨值，說明市場並不認可銀行當下和未來的盈利能力。實際上，銀行有好的盈利才會更有意願、更有能力去支持實體經濟。銀行願貸，是因為有強烈的盈利慾望；能貸，是因為自身有貸款的實力，包括負債能力和盈利能力；敢貸，是因為借款人經營穩健、前景良好，有充分的還款能力和支付利息的能力；會貸，是因為自身有很強的風險識別和管理能力。

當然，在受新冠肺炎疫情影響的特殊時期，對一些有臨時性經營困難的中小企業，商業銀行給予階段性的適當讓利還是必要的。但這方面同樣需要發揮有為政府的作用，在政策上，除了指令，更需要引導與獎勵，激發市場作用，使商業銀行在暫時的讓利中獲得相對有利的發展機會。

總之，最關鍵的是在這個前提下，讓銀行發揮市場有效配置資源的作用，對支持實體經濟高質量發展是有利的。

規範直接融資市場

金融支持實體經濟高質量發展有許多工作要做。

首先是要大力發展多層次資本市場，除了股票市場，更要制定多種政策支持，引導風險投資等多形式股權投資的發展，支持科技創新和科技成果產業化。政策一方面要有利於活躍市場，鼓勵更多主體參與風險投資，另一方面要有利於抑制非理性高估值炒作，夯實科技創新及風險投資的基礎。

中國直接融資市場起步較遲，社會包括業界對各類融資方式的認知還較淺，往往把融資方式單純看作炒作的手段。直接融資市場參與者可以分為四類：投資人、融資人、交易者、中介。

理論上交易者也是投資人，但交易者的投資目的和行為邏輯與原始意義上的投資人是不同的。以股票市場為例，投資人是投資上市企業，看的是企業的價值；交易者只是交易股票，更注重的是市場趨勢變化，企業的價值則在其次。融資人在直接融資市場的目的只是融資以解決自身經營的資金需求。

但現在許多投資人都變成了交易者，並沒有與被投企業長情陪伴的慾望。而一些融資人則把上市融資看作賺錢的方式。這些現象都扭曲了直接融資市場的行為邏輯，並不時造成一些市場風險，影響實體經濟發展。所以需要對症下藥，制定政策進行規範和引導，讓直接融資更好地服務於實體經濟的高質量發展。

其次，銀行業要提升資產負債經營管理能力。現在商業銀行的資產與負債的內容越來越豐富，信貸資產只佔銀行總資產的一半左右，這意味著銀行支持實體經濟不只通過信貸一個手段，社會各界也要改變銀行只是提供貸款服務的觀念，不要一提到金融支持實體經濟就是要求銀行放貸款。銀行應該全面、靈活地運用多樣化的資產、負債及支付結算等功能，為實體經濟提供全方位的金融服務。

債券業務是銀行參與直接融資市場的重要方式，銀行也是債券市場流動性的主要提供者。各類銀行需要進一步重視內部債券業務架構搭建、不同團隊的建設和制度流程安排，尤其需要嚴格隔離交易業務與投資業務的風險，要區分財富管理業務和資產管理業務的不同邏輯和風險重點。

財富管理業務是為投資人管理財富，投資本身不是目的，只是手段。資產管理業務的目的是投資資產，是為資產找資金。站位不同，風險管理的邏輯不同。

這兩類業務在支持實體經濟中的運作方式是不一樣的。現在許多部門或人員講到支持實體經濟往往把財富管理的資金等同於信貸資金，這是會埋下風險隱患的。

此外，還應重視銀行支付結算、各類交易業務創新在支持實體經濟高質量發展中的重要作用。

再次，深入研究實體經濟的新情況、新發展、新特點，有針對性地創新金融產品、服務方式、風險管理模式。特別是一些新興科創企業、新興產業等，有許多不同於傳統行業的運行特點和風險邏輯。支持這些主體，包括支持實體經濟，不是簡單地降低風險門檻，而是要認真研究這些行業、產業的運行特點和風險邏輯，在不降低風險管理要求的前提下，提供創新有效的支持方式和服務產品。

中國是以間接融資為主的經濟體，雖然在大力發展多層次資本市場，但這將是一個漫長的過程。面對百年未有之大變局，面對複雜的國際競爭局勢，加快科技創新和戰略新興產業發展，需要研究商業銀行信貸支持的新方式。這方面不僅需要商業銀行的努力，更需要監管和其他政府部門的主動支持。

新興產業的特點是失敗風險高、缺乏有效的增信基礎。信貸支持這類企業必須研究新的收益模式和風險補償機制，以保障損失覆蓋。這需要在政策上對新的收益模式和風險補償機制給予確認，同時在財稅和會計核算上給予適當安排，另一方面政府也需要建立相應的增信機制，給商業銀行以適當的風險保障。

第六章

中國式現代化與企業治理

全球新變局下的企業戰略[1]

寧高寧

（第十三屆全國政協常委，中國中化集團原董事長，
北京大學國家發展研究院實踐特聘教授）

大家討論百年未有之大變局時，對企業的建議很多都提到要“跨週期”“逆週期”等，但結合企業自身情況的建議不多。實際上，每家企業都處在當下的週期旋渦中，怎麼跨週期、逆週期？如果今天某家企業已經有 75% 的負債，資產已貶值，經營情況在下降，怎麼跨週期、逆週期、應對大變局？其當下的首要任務顯然是解決生存問題或者維持經營。情況稍好一點的企業，其首要任務是維持所剩不多的盈利，改善盈利狀況。

每近年底，各家企業都要做明年的預算。企業做預算是依據對明年情況的預測，包括對明年經濟形勢、行業形勢、競爭環境、產品市場的預測。從過去幾年的情況來看，對市場前景不要預計得太樂觀。

2022 年底的中央經濟工作會議傳遞了非常明確而強烈的提振經濟的信號，2023 年經濟大有希望較好地恢復。網上有專家甚至樂觀地提出 2023 年能實現 8% 的經濟增長率，這些信息對企業而言都是很大的鼓舞。但真正從企業內部來講，還是要繼續做好對經濟週期循環和全球新變局的充分應對，不要過於樂觀。

---

[1] 本文根據作者於 2022 年 12 月 18 日在北京大學國家發展研究院“第七屆國家發展論壇 —— 中國新征程與國家發展”管理分論壇上的演講整理。

認知經濟週期

每次經濟週期循環對中國經濟和企業都是一個學習的過程。世界上其他國家的企業基本從 20 世紀 70 年代開始都經歷了石油危機、債務危機、東南亞金融危機、網絡泡沫、次貸危機以及當下的疫情等經濟週期。

過去 40 年，中國經濟幾乎是直線成長，企業經歷的都是小週期，經濟即便有波動往往也恢復得很快。因此，中國企業在過去面臨的戰略調整要求並不高，基本都能夠憑藉原有的增長模式渡過週期。

但這次的情況看起來沒那麼簡單。對中國企業而言，這次不再是單純的經濟週期性循環，而是產業升級和競爭環境的巨變。如何既把握好週期循環，又做好自身經營？企業要保持這樣的理想狀態很難。

以中國中化來講，大宗商品、石油的價格每天都在變動，每批貨、每家煉廠甚至每份合同每天都有變化，每一個變動都牽動著企業的神經。但這是石油行業的大環境、大趨勢。面對這樣的大環境，企業依然要做好經營中的每一個細節，做好化工新材料的研發、銷售，持續提高企業的經營效率，這對企業而言的確很不容易。

我最近調研了一家航運物流企業，這家企業發展得非常好，主要業務是投資船舶與經營貨運。現在很多船運企業都是這樣，本身業務做得不錯，但因為市場波動，投資價值也發生波動。要把握好這些趨勢，同時又要繼續把產品做好，非常難。

因此，面對新變局，希望中國企業能夠把握大趨勢和經濟週期循環，並在企業經營中將方方面面的工作都配合好。

理解全球變局

全球變局之下，企業要面對哪些變化？

首先是宏觀的、大環境的變化，包括很多人講到的中國崛起、中西方對比、美國對中國的打壓、地緣政治、西方經濟放緩……我感覺當下的世界已經變得更加政治化、意識形態化、區域化、種族化。我們在經營企業時感受非常明顯，不同地區、不同信仰、不同種族都存在很多衝突，包括過去覺得不太會發生的衝突。從信仰來講，基督教、新教、伊斯蘭教、儒家文化之間的衝突也在明顯增加，具體表現在員工之間、投資和貿易政策上。

從企業自身來講，和五年前或更久之前相比，很多方面的境況都有變化。貿易戰、關稅、貿易政策、貿易壁壘大背景下，中國企業被制裁、被列入某個名單已經成為常態，產品今天被禁、明天又被解禁成為常態，並且原因不明，當然主要是美國在控制。在這樣的情況下，企業以前所擁有的成長慾和全球發展慾就隨之降低，因為外部風險變得太高，國際合作精神變差。現在大型合資項目很難成功，因為受到太多不確定性因素的干預，包括政治、經濟、企業、區域和貿易政策等多種因素。企業面臨的地域政治審查也非常多，比如中糧投資的海外企業也不斷受到政策性、貿易性、產業性的審查。

在技術合作方面，與國外的技術合作在很多年前就受到限制，現在這方面的掣肘更是登峰造極。一些涉及跨境技術轉讓、合作的項目，即便產業鏈本身可控，要做到產業鏈主鏈條、主環節跨區域也非常困難。

同時，不同國家企業員工的文化隔閡在加大，企業內部不同國籍員工之間的不信任和不安全感在增加。中國企業面臨的國際融資限制也非常多，很多國家規定本國企業不能參與中國項目的融資，或是不斷提高融資利息。

還有一個全球性的大趨勢，即 ESG 企業評價體系，除了要求企業承擔起自身的經營責任，對中國企業在海外的社會責任、環境責任、治理責任也提出了很高要求。我們過去經營企業會優先考慮股東利益、企業利益、員工利益，但現在股東資金回報率、企業經營效益、員工收入要讓位於社會責任、社會公平、環境治理。這一趨勢對中國企業而言也是極大的考驗。

切實轉向創新

有不少專家學者認為世界經濟格局正在變化，這意味著企業要針對大變局、新變局來重新考慮企業發展戰略。中國企業基本上還處於發展階段，離歐美企業發展相對成熟階段還有不小的距離。這意味著中國企業可選擇的發展路徑並不多，因為我們只能繼續往上走，但前面的企業又不希望我們再模仿和追趕。

過去，我們可以先把企業規模做大、市場份額做大、銷售額做大；

過去，我們可以相對單純地依靠成本優勢、勞動力紅利來參與國際競爭；

過去，我們走產品國際化、投資國際化發展路徑，利用國際合作促進國內企業發展；

過去，我們通過併購國外的優秀企業，利用它們的先進技術、市場優勢促進國內企業和產業發展；

過去，我們有高負債發展模式，當時利息成本相對較低，國家政策也比較支持，通過高負債模式做槓桿式的企業併購和擴張；

過去，我們通過引進、消化、吸收國際先進技術的方式來提升國內企業實力……

但這些過去的發展模式在新變局中難以為繼。過去企業間的國際合資模式現在大大減少，很多原本正在談的合資項目都被暫停，因為未來有很多不確定性。

總之，過去我們慣用的發展模式現在遭遇重重掣肘。這促使中國企業必須回到企業發展戰略的本質——創新差異化、高效率、低成本。這也是企業唯一可選擇的發展模式。

中化、中化工在合併以後堅持“科學至上”這一發展宗旨，追求研發領先，整個企業的 26 個研究所（院）現在都要全面對接產業，進入全員創新狀態。沒有創新不投資，沒有研發不投資，沒有新產品不投資。不能只搞規模的發展，要把創新真正當作唯一的發展動力。

中國企業是被迫適應這些新變化，從過去的彎道超車、超常規發展、引進資金、引進技術，回到探索企業真正的發展本質。

我認為，企業的第一使命是創新和探索未來世界，要將創新、探索作為企業的經營核心和信仰，同時提高效率，把成本壓得更低一點，產品做得更好一點，管理更完善一點，因為提高效率也是創新，是低成本的創新。我參加過很多研討會，聽到很多公司的做法，感覺現在大量的國有企業已經對創新、研發、高質量發展有了更深的理解。

實現根本轉變

在新變局下，企業面臨的根本性轉變是什麼？

過去我們搞研發、創新，經常是一個新產品做了幾十年也沒什麼進展，而企業的市場佔有率卻在慢慢變低。這是因為過去我們只是把創新當作對老路徑、老產品的一種輔助工具。現在企業的創新研發已經變成生存之路，老產品也要創新、升級與突破。現在創新已經是企業的起點，是每項業務的開始。每做一項投資、一個規劃或是一筆預算，都要考慮裏面有多少東西是過去沒有的，創新成本佔多高，新產品銷售額佔比有多高，創新產品在多大程度上能夠發揮技術引領、工藝引領或是環境保護引領的作用。如果達不到這些要求，這樣的投資、規劃和預算就不能做。

過去，企業搞創新經常只是激勵一下研究部門和研究人員，但實際上完全不起作用或是作用不大。現在搞創新，是要改變整個企業而不是某個部門，是要從上到下改變企業的發展思路和商業模式。

現在，創新、研發已經是企業的主業。為此，很多企業甚至可以擁有大大的實驗室而只需要小小的生產車間。

另外，企業是否擁有創新文化對企業能否完成創新至關重要。很多企業的創新被自己扼殺，因為企業有短期業績、短期文化、短期評價要求，很多企業不得不追求短期效益。

再看創新主體，即由誰來創新，這說起來簡單但做起來很難。創新主體有幾個層面。一家企業不是研究員創新就可以，車間要創新，總部要創新，整個企業都要創新。

管理企業的創新路徑也非常複雜，從資源配置、人員配置再到提高效率，都要求企業堅持科學的方式，包括要求企業不苛求過多的短期業績。事實上，這對企業很難，特別是國有企業每月都要報表、分紅，利潤只能增長，而創新就要承擔更多風險。這個矛盾已經說了十年、二十年也未能解決，只是有些做法在改進，比如研發成本加回等。

綜上，中央經濟工作會議提出 2023 年的經濟發展總體目標和發展方式圍繞高質量發展、創新性發展，包括開放、改革、全球性發展以及很多產業發展，這些都給企業經營提出了很好的思路。對企業而言，不能僅僅考慮一年的規劃、戰略，要站在大趨勢之前去理解企業所面對的經濟週期、長期挑戰和創新機遇，要順應週期去配置資源，調整投資方向和發展模式。從經營理念上，企業一定要堅持科學至上、創新發展，一定要回歸企業發展戰略的本質 —— 創新差異化、高效率、低成本，一定要堅定不移地轉向高質量發展。這對企業來講至關重要。

建設高質量上市公司，為中國式現代化做貢獻[1]

宋志平

（中國上市公司協會會長，中國企業改革與發展研究會會長，
北京大學國家發展研究院實踐特聘教授）

黨的二十大是在全黨全國各族人民邁上全面建設社會主義現代化國家新征程、向第二個百年奮鬥目標進軍的關鍵時刻召開的一次十分重要的大會，現在全國上下都在認真學習貫徹二十大精神。二十大報告描繪了建設中國式現代化的願景，提出高質量發展是全面建設社會主義現代化國家的首要任務，強調要堅持以推動高質量發展為主題，把實施擴大內需戰略同深化供給側結構性改革有機結合起來，增強國內大循環內生動力和可靠性，提升國際循環質量和水平，加快建設現代化經濟體系，著力提高全要素生產率，著力提升產業鏈供應鏈韌性和安全水平，著力推進城鄉融合和區域協調發展，推動經濟實現質的有效提升和量的合理增長。

二十大報告為上市公司在今後一段時間的發展指明了方向，是重要的遵循依據。上市公司是中國企業的優秀代表，是經濟的支柱力量，是實體經濟的“基本盤”，是經濟發展動能的“轉換器”，是完善現代企業制度和履行社會責任的“先鋒隊”，是投資者分享經濟增長紅利的“新渠道”。走高質量發展之路，助力中國式現代化實現，上市公司責無旁貸。

---

[1] 本文整理自作者於 2022 年 11 月 16 日在“2022 年搜狐財經峰會”上的演講。

我國上市公司的發展現狀

我國資本市場發展 32 年，其間經歷了由小到大、由弱到強的過程，已成為全球第二大資本市場。這些年，資本市場為我國經濟發展做出了巨大的貢獻，有力支持了國企的改革發展、民企的快速成長，也有力支持了我國科創事業。現在資本市場又通過深化新三板改革，設立北京證券交易所，大力支持中小企業，特別是“專精特新”小巨人企業創新發展。

據統計，截至 2022 年 11 月 16 日，我國境內股票市場上市公司已達 5003 家，突破 5000 家整數的關口。上市公司數量達到 1000 家、從 1000 家到 2000 家各經歷了 10 年的時間，從 2000 家到 3000 家經歷了 6 年，從 3000 家到 4000 家經歷了 4 年，從 4000 家到 5000 家只經歷了兩年時間。

從控股類型來看，國有控股上市公司（中央 + 地方）有 1336 家，民營上市公司有 3164 家，其他類型上市公司有 503 家；從上市板塊來看，主板上市公司有 3177 家，科創板上市公司有 486 家，創業板上市公司有 1217 家，北交所上市公司有 123 家；從市值上看，截至 11 月 15 日收盤，境內上市公司總市值是 80.57 萬億元，其中民營上市公司市值佔比 44.00%，國有上市公司市值佔比 43.62%。

2022 年前三個季度，全市場新增上市公司 300 家，首發募集資金超過 4800 億元，同比增長 29%；註冊制下，科創板、創業板、北交所新增上市公司 246 家，募集資金合計 3600 餘億元，A 股市場註冊制上市公司數量已經突破 1000 家。資本市場對創新科技企業的支持力度進一步加大。

另外，退市制度常態化運行，優勝劣汰、進退有序的市場生態初步形成。2021 年我國退市公司數量為 28 家，2022 年前八個月退市 46 家。

近年來，上市公司整體經營業績持續向好，在推動研發創新、優化資本結構等方面表現突出。2022 年前三個季度，境內上市公司共實現營業額 52.37 萬億元，同比增長 8.51%，佔 GDP 總額的 60.18%，實現淨利潤 4.75 萬億元，同比增長 2.46%。實體營收增速持續高於金融，第三季度非金融上市公司營收同比增長 9%。

分板塊看：北交所 2022 年前三個季度營收增速領先，增速達到 35%。科創板淨利潤增速領先，達到 24%。

分行業看：19 個國民經濟門類行業中 11 個行業前三個季度營收同比增長，9 個行業淨利潤同比增長，電力、熱力、燃氣、水生產、供應鏈，批發和零售業等行業第三季度淨利潤同比增長超過 40%。部分前期收益影響較大的行業營收改善，比如：住宿和餐飲業、農林牧漁業回暖，第三季度淨利潤由負轉正；光伏、動力電池、新能源汽車等新興產業業績亮眼。

前三季度上市公司研發支出達到 0.94 萬億元，同比增長 20%。創業板、科創板、北交所上市公司研發投入不斷加大，研發支出增速分別為 32%、54% 和 43%，研發強度分別為 4.59%、8.68% 和 4.30%。創新成果轉化顯著，創業板、科創板、北交所 1777 家上市公司中，720 家前三個季度營收、淨利潤同比雙增長。

上市公司依託資本市場加快發展。截至 2022 年 10 月，上市公司累計募集資金總金額 19.1 萬億元，其中 IPO 募集資金金額 4.72 萬億元，再融資募資總額達到 14.38 萬億元。在獲得資金支持的同時，上市公司也重視投資者回報，與投資者共享發展成果，上市公司累計現金分紅總額 10.65 萬億元，2021 年分了 1.55 萬億元，股息率接近 3%。

此外，上市公司積極承擔自我規範、自我提高、自我完善的直接責任、第一責任，強化誠信契約精神，踐行“四個敬畏”原則和四條底線的要求，上市公司整體面貌發生了積極變化，晴雨表功能得到更好發揮，有力地支持了資本市場健康穩定發展。

我們在看到上市公司取得巨大成就的同時，也要關注有些地方仍需努力持續提升，公司治理水平有待更大提升，創新能力總體仍不充分、不平衡，等等。

建設高質量上市公司的意義

習近平總書記提出，要建設一個規範、透明、開放、有活力、有韌性的資本市場。[1] 劉鶴副總理指出堅持“建制度、不干預、零容忍”，加快發展資本市場。要增強資本市場樞紐功能，全面實行股票發行註冊制，建立常態化退市機制，提高直接融資比重。高質量的資本市場離不開高質量的上市公司，上市公司質量同時也是資本市場可持續發展的基石，因此建設高質量上市公司意義深遠。

第一，建設高質量上市公司將強化上市公司的資本市場基石作用，進一步增強資本市場活力、韌性和競爭力，不斷提高金融服務實體經濟的能力，為發展現代化產業體系提供有力保障，為中國經濟行穩致遠積蓄更強的動能。

第二，建設高質量上市公司將發揮示範作用，帶動上下游關聯企業提質增效，助力產業轉型升級，推動市場質量整體提升，為經濟高質量發展打好基礎。

第三，建設高質量上市公司有助於回報投資者和為股東創造價值，有助於增加社會財富和居民消費，對加快形成以國內大循環為主體、國內國際雙循環相互促進的新發展格局有著重要意義。

近年來，相關方面針對建設高質量上市公司也開展了一系列工作。

2018 年 9 月，證監會修訂並發佈新的《上市公司治理準則》，對上市公司治理中面臨的控制權穩定、獨立董事履職、上市公司董監高評價與激勵約束機制、強化信息披露提出新的要求，上市公司在公司治理中要貫徹落實新發展理念，增強上市公司黨建要求，加強上市公司在環境保護、社會責任方面的引領作用。

2020 年 3 月實施的新《證券法》專章規定信息披露制度，從更加強調信息披露有效性、擴充義務人範圍和具體披露事項、建立自願信息披露制度、確立公開承諾披露制度、加強對上市公司收購的披露規範等多個方面完善上市公司信息披露基礎性制度。

2020 年 10 月，國務院印發《關於進一步提高上市公司質量的意見》，提出

---

[1] 參見：http://www.zqrb.cn/finance/hongguanjingji/2022-03-02/A1646167252754.html。——編者注

包括提高上市公司質量治理水平、推動上市公司做優做強、健全上市公司退出機制、解決上市公司突出問題、提高上市公司及相關主體違法違規成本以及形成提高上市公司質量的工作合力等六個方面十七項措施。

2020 年 12 月，證監會啟動上市公司治理專項行動，推動上市公司治理水平全面提高，健全各司其職、各負其責、協調運作、有效制衡的上市公司治理結構，通過專項行動、上市公司治理，內部規章制度基本完備，以公司章程、"三會"議事規則、信息披露、管理制度、投資者關係管理制度為基礎的公司治理制度，實現應建盡建。

應該說通過這幾年的努力，我國廣大上市公司在建設高質量上市公司方面的認識更加深入，工作上取得了明顯的成效。我國上市公司群體質量有了普遍的提高。

著重提升上市公司的五種能力

建設高質量上市公司，除了完善外部制度環境，更需要上市公司立足自身、苦練內功，培養提高質量的原動力。

抓基礎，鞏固治理能力

我國上市公司治理水平這幾年已經有了長足的進步，但仍需要進一步鞏固和提高。上市公司在取得良好業績的同時，也要清醒地看到，財務造假、大股東侵害上市公司利益、"雙頭"董事會治理僵局等情況仍時有發生。究其原因，很多都是上市公司治理制度運行不暢。提升上市公司治理水平，除了依靠監管機構的外部推動，更需要上市公司自身做出努力。

第一，維護上市公司的獨立性，保障上市公司和投資者的合法權益。要特別強調上市公司的獨立性，強調股權結構不斷優化，強調大股東盡職盡責，強調不得損害公司的利益。

第二，促進"三會一層"有效履職。完善股東會、董事會、監事會行權規則，做好所有權和經營權、決策權和執行權的分離，董事、監事和高級管理人員要忠實勤勉履職，充分發揮獨立董事、監事的作用。

第三，依規建制。要認真對照《上市公司治理準則》以及其他相關法律法規要求，進一步完善內部治理的結構建設，對發現的問題要及時進行整改。

強主業，增強競爭能力

做實體經濟要實實在在、心無旁騖地做好主業，這是本分。沒有落後的行業，只有落後的技術和落後的企業。在經濟下行的情況下，在競爭激烈的過剩行業裏，企業也可以通過市場和產品細分，力爭做行業龍頭和細分領域的頭部企業。企業一定要圍繞主業經營，努力深耕細作，這是長久穩健的發展前提。

第一，做強做實主營業務。在內外經營環境不確定、風險進一步加大時，上市公司經營要更加穩健，突出主業，做強主業。

第二，增強核心業務、核心專長、核心市場、核心客戶等企業核心競爭力。核心業務是企業存在的基礎，核心專長是公司競爭的利器，核心市場是公司開拓的目標，核心客戶是公司利潤的源泉。

第三，做各自賽道的冠軍。大型集團要應對全球一流跨國公司，努力將自身建設成產品卓越、品牌卓著、創新領先、治理現代的世界一流企業。中小微企業則要進行小而深的經營，秉承"寬一米，深一千米"的思維，培育專精特新小巨企業，打造單項冠軍，並努力成為隱形冠軍。

第四，強化企業經營管理。管理是企業永恆的主題，是做好企業、提高企業競爭力的基礎。無論何種企業，如果管理基礎不牢、產品質量不好、生產經營成本控制不好，終將敗下陣來。強化精細管理不是應急之策，而是持久之功，要用好功法、要長期堅守。我近期去過寧德時代、福耀玻璃、濰柴動力和格力電器等企業，它們的精細管理給我留下了深刻的印象。

育長板，提高創新能力

創新是第一動力，上市公司作為創新要素集成、科技成果轉化的生力軍，要充分利用好資本市場支持創新的各類工具，進一步提升競爭能力，成為研究創新和新興技術的重要發源地，解決一些關鍵核心技術領域的“卡脖子”難題，推動科技、資本和產業高水平循環。

第一，進行有目的、有效和高質量的創新，減少創新的盲目性。在創新過程中，要堅持市場規律、堅持效益導向、堅持深入研究思考，努力提高創新的質量和效應，不斷降低創新成本，實現以創新促進企業健康發展。

第二，支持企業開展各種層面的創新活動。既要重視和大力發展企業高科技創新，也要積極支持企業開展各個不同層面的創新活動。高科技創新通常具有高回報，風險也相對大一些。這種創新模式可能更適合少部分有實力的企業去做。雖然大量創新是中科技、低科技甚至零科技，但它們對社會進步的貢獻也不容忽視。

第三，用好企業創新的五種模式。自主創新是原始而獨立的創新，難度大、投入大，但我們必須持續推進關鍵技術攻關；集成創新是把各種要素集成在一起，有互相借鑒的，也有自主創新的；持續性創新是指在既有技術的基礎上不斷地更新迭代；顛覆式創新則是用新技術顛覆傳統的技術；商業模式創新看起來似乎沒有太多的技術，卻創造了新的價值。

增韌性，提高抗風險能力

上市公司要強化風險意識，提升應對危機和防範化解風險的能力。

第一，充分認識風險的客觀性。要做好風險管控，構建企業風險管控機制，就是要通過完善的制度體系研究風險、識別風險、防範風險、抵禦風險，建好風險的防火牆，實現風險的可控可承擔。

第二，充分認識經濟和行業的週期性。順週期安排發展戰略和節奏成長，可以結合自身實際探索適度多元化發展，從資本收益、公司戰略等角度出發，進入市場潛力大、逆週期或者週期性不明顯的細分市場。企業進入具有獨特資源和經營能力的產業領域時，要注重業務之間的對沖機制，確保企業不會因為行業波動而面臨顛覆性危險，同時可以獲得穩定持續的收益。

第三，穩健經營，確保現金流穩定。要量入為出，降低資金槓桿，歸集資金使用，壓縮企業“兩金”，即存貨資金和應收賬款，重視企業經營活動現金流，追求有利潤的收入、有現金流的利潤。

第四，重視危機，及早應對。企業要重視危機的及時發現、早期應對，在其萌芽狀態就積極化解、妥善處理，防止小危機演變為大危機，處置危機的原則是讓企業損失最小化。

重效益，提高回報能力

關注中小股東的利益是上市公司應當牢記的初心，上市公司要堅持長期穩定的分紅，使投資者能夠進一步提升信心，尤其是讓中小股東有獲得感、共享企業發展成果。

第一，要樹立回報股東的理念。投資者用資金支持企業，企業則回報以穩健經營、業績良好、價值創造、做優做強的上市公司。上市公司要通過多種途徑如路演、反路演等方式加強與股東的溝通交流，提升股東對公司的發展信心。

第二，通過分紅讓投資者分享企業收益。最近三年，上市公司累計現金分紅 4.4 萬億元，較之前三年增長近 50%。此外，上市公司還應該重視社會效益，積極履行社會責任，實現與員工、客戶、供應商、銀行、社區、環境等利益相關者的良性互動、和諧共生。

第三，改變重融資、輕價值的認識。上市公司要研究資本市場和公司發展的內在規律，以提高上市公司質量為抓手，大力提升公司的價值，回報股東的支持，為股東創造價值。

第四，積極履行社會責任。上市公司要重視 ESG 信息披露工作，樹立主動披露意識，做好業績說明會，積極傾聽投資者的聲音，做一個讓投資者信任、讓社會認可和尊重的上市公司。

近年來，中國上市公司協會認真貫徹落實證監會黨委部署要求，積極發揮自律管理作用，準確把握工作定位，強化擔當作為，以“服務、自律、規範、提高”為宗旨，努力打造“上市公司之家”，圍繞建設高質量上市公司，開展了一系列卓有成效的工作。

當前上市公司面臨的外部環境正發生複雜深刻變化。圍繞促進上市公司高質量發展的新形勢，中國上市公司協會將認真落實易會滿主席提出的要求，積極發揮“切實成為上市公司與監管部門的溝通橋樑、上市公司自律管理的主要陣地、互學互鑒的交流平台、宣傳高質量發展成效的重要窗口”的四項作用，努力優化服務方式，積極反映會員訴求，推動形成上市公司高質量發展的生動局面。

黨的二十大報告把高質量發展作為全面建設社會主義現代化國家的首要任務，擘畫了中國式現代化新藍圖。經濟高質量發展離不開廣大上市公司的積極參與，而建設高質量上市公司更需要各方通力合作，形成合力。中國上市公司協會願與各方一道，共同把我國上市公司質量推上新的台階，通過提升上市公司發展質量，助力中國式現代化目標如期實現。

浮躁時代，我們為何更需要長期主義？[1]

宮玉振

（北京大學國家發展研究院管理學教授、BiMBA 商學院副院長兼學術委員會副主任）

我先講兩個故事。第一個是華為關於小靈通與 3G 的戰略選擇。

20 世紀末，中國電信推出了小靈通，當時的 UT 斯達康和中興通訊依靠這項業務取得了高速發展。UT 斯達康一年的銷售收入曾經達到 100 億元，在當時這是足以讓所有企業都為之動心的數字。

華為管理層當然也看到了這樣的機會，所以很快就提交了從事小靈通業務的計劃。但是出乎所有人意料的是，任正非否決了這個計劃。

任正非否決小靈通的理由是，小靈通注定是一個過渡的、短暫的技術，而 3G 才代表未來，華為不能做機會主義者。在他看來，錯過小靈通，華為失去的可能是一大塊利潤，但這還是可以接受的。如果華為錯過了 3G，那就將嚴重影響華為成為一個偉大企業的進程，那才是一個根本性的失策，是絕對不可饒恕的。

華為因此把大部分人力和財力投入在全球範圍內還沒有商用的 3G 業務。8 年後的 2009 年，華為終於獲得了第一塊 3G 牌照。

從那以後的故事我們都知道了 —— 華為一飛沖天，把所有競爭者都拋到了

[1] 本文根據作者於 2022 年 2 月 26 日在北京大學國家發展研究院 MBA 講壇第 42 講暨北京大學國家發展研究院 MBA 項目宣講會上的演講內容整理。

身後。正是因為當年在3G的豪賭和持續投入，才成就了今天的華為。

至於當時風光一時，佔據中國小靈通市場半壁江山的UT斯達康，主流市場上現在已經很難看到這家企業的身影了。

第二個故事是馬雲與阿里雲。

今天的雲計算領域中，阿里雲排名亞太第一、世界第三。百度按理說在這方面更具優勢，可是百度雲為什麼遠遠不如阿里雲？

當年雲計算所需的投入非常大，每年十幾億元，連續幾年的時間，這給阿里造成了巨大的資金壓力，而且還看不到希望。當時在阿里負責雲計算的王堅現在是中國工程院院士，當年一度被認為是個騙子。

那幾年阿里每年的戰略會都要討論一個問題：要不要取消這個項目，解散這個團隊？雲計算團隊很長時間都惶恐不安，不知什麼時間會被解散。

在最艱難的時候，馬雲來到了雲計算團隊，跟他們講："雲計算我們一定要做，而且我要投100億元。"整個團隊的士氣一下子就上來了，大家知道沒事兒了。

2012年，認為雲計算前途無望的百度解散了自己的雲計算團隊，這個團隊後來被阿里完整接收。雲計算的最終結局從那一刻基本就已經確定了。

馬雲講過一句話：阿里今天做的所有決策，都是為了七八年以後的戰略佈局。阿里雲的最終勝出，靠的就是這種長期主義的戰略。

三種類型的勝利

我們都想打勝仗，"打勝仗"在今天已經成為一個熱詞。但我們究竟應該打什麼樣的勝仗，應該要什麼樣的勝利？

北京大學國家發展研究院BiMBA商學院原院長陳春花老師關於"打勝仗"有一個非常精彩的觀點，她說勝利分三種類型：機會主義者只能得到暫時性的勝利，實用主義者會獲得階段性的勝利，長期主義者才能贏得持續性的勝利。

我非常同意陳老師這個觀點。我最早是學歷史的，可以從歷史上組織興衰的長遠規律來呼應一下陳老師的觀點。

從歷史上看，從來沒有哪一支土匪或軍閥的隊伍能夠真正成事。當塵埃落定的時候人們就會發現，最後勝出的一定是有著清晰的長期理念的那支力量。

這是歷史告訴我們的一個基本道理：堅持長期主義才能贏得長久的勝利。

堅持長期主義為什麼非常難？

既然長期主義這麼重要、這麼好，那麼問題來了：為什麼長期主義者少之又少？為什麼我們今天還要談長期主義？

答案很簡單：堅持長期主義非常難。

回顧任正非關於小靈通的決策，今天我們會讚歎任正非的高瞻遠矚、雄才大略，做出了正確的選擇。可是有誰知道任正非當時承受了多大的壓力？

任正非放棄了小靈通業務，但是小靈通在 2000 年到 2003 年取得了持續的增長。UT 斯達康因此從一個名不見經傳的小企業變成了一家明星企業，中興也在小靈通市場裏賺得盆滿缽滿，而且它們利用小靈通取得的高額利潤不斷擠壓華為的市場。2003 年中興的銷售額一度達到了華為的 80%。

華為是中國通信設備製造商的老大，但在那段時期內幾乎沒有什麼收穫。華為失去了瓜分小靈通市場的時機，更雪上加霜的是 3G 牌照遲遲不發放，因此華為在 3G 領域的巨大投入長期得不到任何回報。

2002 年，華為首次嘗到了巨額虧損的苦頭。那時候很多人對華為失去了信心，認為任正非犯了一個致命且愚蠢的錯誤。不少人離開華為，選擇了在當時看來更好的公司。

任正非後來講："我當年精神抑鬱。為了一個小靈通，為了一個 TD（3G 上網的一種），我痛苦了 8 年到 10 年。我不讓做，會不會使公司就走向錯誤，崩潰了？做了，是否會損失我爭奪戰略高地的資源？"

我們復盤一下任正非當時的處境：眼前的利益唾手可得，當前的壓力實實在在，但是未來的收益卻並不確定。如果你是任正非，會怎麼辦？

焦慮、抑鬱、彷徨，中途反悔甚至放棄，這就是長期主義者常常必須面對的現實。

20世紀60年代有一個著名的“斯坦福棉花糖實驗”。美國斯坦福大學心理學教授沃爾特·米歇爾選了十幾個幼兒園的孩子，讓他們坐在房間裏的椅子上，要求坐滿15分鐘。面前的桌子上放的是孩子們最愛吃的棉花糖。

實驗的規則是，如果馬上吃掉糖，就不能獲得獎勵；如果能等15分鐘以後再吃，就會額外得到一塊糖作為獎勵；不願意等的孩子可以按桌子上的鈴。

實驗開始以後，研究人員發現一少部分孩子不假思索立即抓起眼前的糖吃掉了，有些孩子30秒以後陸續開始按鈴，最後只有30%左右的孩子等到15分鐘期滿才吃糖。

研究人員對參加實驗的孩子進行跟蹤，發現那些願意等待的孩子在後來的人生中取得了更大的成功，包括職業的成功。那些不擅長等待的孩子成年以後體重更容易超標，成就相對較低，而且不少人染上了毒品。

這個實驗提出了“延遲滿足”的概念。能夠做到延遲滿足的人總是會取得更大的成就。

字節跳動創始人張一鳴最喜歡講的一個詞就是“延遲滿足”。張一鳴的成功也告訴我們延遲滿足確實很重要。問題是，道理我們都懂，但是為什麼能夠真正做到“長遠思考”“延遲滿足”的企業和個人少之又少？為什麼長期主義特別難？

這是今天神經科學、心理學、行為經濟學等學科都在關注的一個重要研究話題：“跨期選擇（intertemporal choice）理論”。也就是在大而遲（larger-later, LL）的收益與小而早（smaller-sooner, SS）的收益之間，人們的選擇傾向。

所有這方面的研究都得出了同樣的結論：相對於未來的收益，人們通常會對當下可以獲得的收益賦予更大的權重。直白地說，就是人們更看重眼前馬上能夠得到的收益。

原因很簡單，人類是從動物進化而來的。在進化的過程中，人類雖然發展出了對未來進行計劃和規劃的能力，但是在跨期選擇時，我們同其他動物一樣，依然偏好於即刻的獎賞。

一些研究者還探討了跨期選擇的神經機制。2004 年，《科學》雜誌發表了一篇著名的報告，第一次從神經機制上證明人的大腦有 β 、δ 兩種不同的評估機制。

β 機制集中於早期進化的中腦邊緣多巴胺系統，主要負責加工當前選項，也就是當前馬上要做出的決策、當前的誘惑、當前的利益等；δ 系統是相對較晚進化成的額—頂系統，主要負責加工延遲選項，也就是延遲滿足的決策。

前者是生存的本能，後者是進化的需要。兩個系統的相對激活水平，決定了被試者的選擇。選擇過程中，如果 β 系統被激活，我們就會選擇當前的收益；如果 δ 系統被激活，我們選擇的就是延遲滿足。

與此相關的，還有一個跨期選擇的認知機制理論，即熱 / 冷系統理論。這一理論認為，人腦認知機制中存在熱、冷兩個系統。熱系統與個體的衝動行為有關，是情緒驅動的，表現為簡單的條件反射，因而反應速度較快，是較早成熟的一套系統；冷系統則與個體的自我控制有關，它是認知驅動的，比較審慎，因此也比較慢，是較晚成熟的一套系統。

熱 / 冷系統的交互作用決定了個體在延遲滿足中的表現。熱系統起主導作用時，個體傾向於選擇小而早的收益；冷系統起主導作用時，個體傾向於選擇大而遲的收益。

在此基礎上，學者們還提出了人類跨期選擇的多重自我理論（multiple-selves theory）："目光短淺（myopic）的自我"與"目光長遠（farsighted）的自我""計劃者"（planner）和"實施者"（doer）"老練（sophisticated）的自我"與"幼稚（naive）的自我"等。

理論是枯燥的，我不想過多介紹理論本身。我們感興趣的是，這些研究結果告訴管理者什麼道理？

我們每個人都是一體兩面的，我們身上都有短期主義的影子。更看重眼前的收益是人性的組成部分，況且未來有很大的不確定性。

對於普通人來說，面臨的當前壓力或眼前誘惑越大，短視的一面就相對越容易被激活，就越容易表現出短期主義的傾向。

即使是長期主義者也會有短期行為的衝動，也會中途動搖，每個人都會有內心深處的天人交戰。這就是為什麼任正非在已經選擇了 3G 這條長期主義賽道後，仍然會為了放棄小靈通而感到抑鬱和壓力。我相信李彥宏也是長期主義者，百度也是有長遠追求的企業，但是為什麼會中途一度放棄雲計算？也是同樣的道理。

這就是長期主義很難堅持的基本背景。

短期主義會帶來長遠的傷害

長期主義很難，但我們為什麼還需要選擇長期主義？很簡單，因為短期主義會給管理者、給組織帶來長遠的傷害。

短期主義對於管理的第一個危害在領導力層面。短期主義的領導者個人必然表現出缺乏遠見、自私自利的特徵。缺乏遠見的人注定成不了事，而自私自利的人注定沒有人追隨。

人都有私心，但是領導者必須讓更多的人為己所用，甚至還要用比自己更強的人，這樣才能成就大事業。因此，領導者必須走出小我才能成就大我。自私自利的結果一定是眾叛親離。

短期主義對於管理的第二個危害在決策層面。孔子就用兩句話很好地揭示了短期主義的危害——“見小利，則大事不成”“人無遠慮，必有近憂”。

決策就像下棋一樣，有些人可以看到三五步之後，甚至更為長遠，有些人走一步看一步，只顧眼前。

棋力到了一定程度之後，為什麼有些人就是沒法成為一流的高手？這是因為大局觀薄弱，特別容易陷入眼前和局部的爭奪，無法掌控整個棋盤。你可能也會取得局部的勝利，但是並不知道如何利用這些勝利。

什麼叫“人無遠慮，必有近憂”？沒有長遠的眼光，人就很容易在複雜的環境中迷失方向，陷入各種糾結之中，陷入各種患得患失之中，企業也是如此，贏了眼前但輸掉了長遠，贏了局部但輸掉了全局。

過於看重眼前的業績，就會忽略其他更重要的東西，反而會給企業帶來更多、更大的問題，傷害了企業的長遠發展。

短期主義對於管理的第三個危害在組織層面。習慣了賺快錢的組織就再也打不了硬仗。一鬨而上的結果一定是一鬨而散。

對組織而言最忌諱的就是勝則一日千里，負則一敗塗地。歷史上這樣的組織非常多。黃巢、李自成、張獻忠這樣的農民起義軍為什麼最終成不了事？他們的共同特點就是攻城拔寨、招兵買馬、走州過府、隨掠而食，哪裏糧多就去哪裏，吃完了再換個地方。這些人忽略了一個根本，就是組織能力本身的建設，從來沒有穩固的根基。這就是所謂的"流寇主義"。

"流寇主義"在商業世界的表現就是賺快錢，比如那些買買買，但是沒有自己核心競爭力的企業，比如那些今天這個有機會就做這個，明天那個有機會就做那個，卻沒有核心優勢的企業。

歷史上，"流寇"取得的所有勝利都是無根的勝利，注定都只是歷史的匆匆過客，永遠是草莽英雄，成不了大事。

就根本而言，短期行為表面看來是理性的選擇，但從長遠來看，其實恰恰是非理性的，因為這種短期行為是以明天為代價換取眼前的利益。

從進化的歷史可以清楚地看到：短期行為只是基於生存的本能，長期主義才是真正成熟的標誌。不管對個人還是對組織都是如此。

我們不能僅僅生活在本能之中不可自拔，要對未來進行思考和規劃，這是人類區別於動物最重要的品質。

是否具備這種未來的取向，以及未來取向的高低，其實也是優秀的人和平庸的人、優秀的組織和平庸的組織之間的區別。我們每個人都有局限和弱點，只有承認局限才能超越局限，只有直面弱點才能跳出短期主義的陷阱。

長期主義的價值

短期與長期的選擇其實是一個資源分配的過程。短期行為是將資源投到當前，被動應對環境的變動；而長期主義是將資源投到未來，主動塑造自己的命運。

個人和組織的資源永遠是有限的，你的資源分配到什麼地方，你就會收穫什麼樣的結果。只有長期主義才能讓你跳出一時一地，發展出自己獨特的能力和優勢，才能從更長的維度把握好自己和組織的方向與命運。

我們究竟為什麼需要長期主義？可以從以下幾個角度來分析。

第一，從目標感來講，如果一個人只知投機，那麼他即使精於算計、苦心經營也無法走得長遠。投機者的路會越走越窄，處境越來越差，更主要的是失去了擁有更好的未來的可能。而長期主義可以為我們的人生提供明確的方向和持續的動力。方向感和動力是人生成功和組織成功所需的非常關鍵的兩個條件。

第二，從認知上來講，短期主義是以浮躁應對浮躁，以短視應對短期；而長期主義賦予我們全新的認知框架，讓我們從更長的時間維度看清哪些是一時的喧囂、泡沫、雜音，哪些才是真正的大勢，從而可以在浮躁多變的時代保持內心的從容、寧靜與定力。

《大學》裏有一句話："知止而後有定，定而後能靜，靜而後能安，安而後能慮，慮而後能得。" 其實就是從認知到最終結果的全過程。知道未來要什麼才能有定力，心定之後才會靜，心不妄動才能從容安詳，才能展開深層的思考，才會找出解決問題的最佳方法，得到最好的結果。

中國人講"勢利"，"利"和"勢"是分不開的，有勢就有利，有大勢才能有大利。所以不要先求利，而要先取勢。如果只盯著眼前的小利，那得到的最多也只是小利。只有取得大勢，才會獲得大利。

《孫子兵法》講過，真正的高手是"求之於勢，不責於人"，也就是在借勢、造勢方面下功夫，而不是苛求自己的團隊成員或下屬。企業管理也是這樣，遇到問題時如果沒有長遠的思考，不能跳出來看問題，就只會在具體的人、具體的事上去爭對錯。長期主義者會從"勢"的角度考慮問題，從根本上解決問題。

這是兩種完全不同的認知模式。長期主義才會讓你做出基於長期的選擇，這是認知的價值。

第三，從行動上來講，長期主義可以賦予我們眼前的行動以深遠的意義，讓我們的努力具有一致性和連續性。

長期主義並不排斥短期行為，不排斥眼前的選擇。前面講過下棋，棋當然要一步一步地下。但一個棋子如果沒有長遠的考慮就是個廢子，只有用清晰的戰略將棋子聯繫起來，每個棋子的戰略價值和意義才會真正體現出來。

對未來進行長遠思考和規劃，會使我們更多地考慮當前行為對未來產生的影響，從而把長期目標滲透到眼前的決策中，用長期主義來過濾我們的短期行為。

這樣的好處是讓我們懂得每一步在做什麼，懂得每一個具體目標的實現會如何促成總體、長遠目標的達成。這樣我們在梳理、篩選眼前的行動時，就不會受短期誘惑的影響，不會掉入短期主義的陷阱，做到有所為有所不為，防止短期行為傷害長遠的發展。

這樣一來，我們就可以把戰術性的機會發展成為戰略性的勝利，把眼前的機會發展成為長遠的勝利。

第四，從競爭的角度來講，長期主義是跳出"內捲"式競爭的最好選擇。

並不是所有人或組織都會選擇長期主義，這就是為什麼最後勝出的一定會是長期主義者。

亞馬遜的前 CEO 貝索斯講過，做一件事把眼光放到未來三年，和你同台競技的人就很多，但能放到未來七年，和你同台競爭的人就很少了，因為很少有公司願意做那麼長遠的打算。

貝索斯曾問過巴菲特："你的投資理念非常簡單，為什麼大家不會複製你的做法呢？"巴菲特說："因為沒有人願意慢慢地變富。"

長期主義其實是違背人類基於生存的本能的，長期主義並不是所有人都能夠做到，也不是所有人都會選擇的。但是我們知道，少有人走的路才是最好的路。在長期主義的道路上，你不會遇到多少競爭者。所以長期主義才是跳出眼前"內捲"式競爭的最好選擇。

如何成為長期主義者？

首先，長期主義是一種覺醒。

想做到長期主義，必須認識到，我們自身或者我們的組織都有兩套系統在起作用，我們身上都有短期主義的一面。

這是我們首先必須認知和承認的現實。因此我們要隨時警惕短期主義的衝動，要有意識地選擇並不斷強化自己的長期主義特質。

長期主義是需要激活，也是可以激活的；是需要強化，也是可以強化的。長期主義是一種價值觀，也可以變成一種習慣性的思維與行為模式。

換言之，人和組織都是可塑的。短期主義是像地心引力一樣的存在，我們要做的就是始終用長期主義來校正我們的行為，保證我們不會偏離長期主義的主線。古人說"吾日三省吾身"，如果你沒有認識到自身和組織的兩套系統，就很容易滑向短期主義而不自覺。

其次，長期主義是一種信念。

長期主義是關於未來的選擇，而未來是不確定的，並不是現實。所以，一旦失去對未來的信念，人們就會放棄長期主義，追求短期利益。

我和胡大源教授在國發院有一門課，帶著學生去實地體驗"四渡赤水"，告訴大家在不確定的環境中究竟該怎麼做決策、帶團隊。四渡赤水是長征中的一部分，長征很偉大，但是參加長征的每個人都走到了最後嗎？不會的。

有人會離隊，有人會叛變，有人會投降，甚至有些早期很有名的人消失了。這些離開的人有一個共同特點——信念出現了動搖。

悲觀主義者更容易選擇眼前，樂觀主義者更容易相信未來。

人只有對未來有信心才會放下眼前較小的回報，去追求長遠較大的回報。人關於未來的信念越強烈，做選擇時我們就會越傾向於長期主義，就越能忍受寂寞和痛苦。有些人甚至把這種堅持視作一個愉悅的過程，當成一個自我突破和自我實現的過程，從中獲得巨大成就感，因為這樣是超越了其他人。

作為長期主義者，你必須相信自己的信念，才能實實在在地看見未來，未來才會變成現實。長期主義是個人和組織具有持久和持續發展可能性的唯一支撐點。

具體而言，我們需要有以下六點“相信”。

第一，相信長期的力量。要相信你的長期理性。在大和小之間，要選大不選小；在長和短之間，要選長不選短。長期理性可以讓你從更大的框架、更高的視角、更長的時限來思考遇到的問題，這樣就會做出最理性的選擇。

不要因為短期的理性而導致了長期的非理性，要相信你的長期理性一定是對的。克制與耐心是人類理性最高貴的品質。相信長期的力量，你就可以具備這樣的品質。

第二，相信信念的力量。我們前面提到的跨期選擇研究發現，積極的希望情緒可以提高個體在跨期選擇中的自我控制能力。越積極，越相信，選擇過程中的自控性就越強。

所謂信念，就是相信正面的理念一定能夠實現。強烈的信念是人和組織最主要的力量來源。無論是在曾經的戰爭中，還是今天企業的創業，一個弱小的組織最終能取得勝利，核心原因之一就是從一開始就具有強烈的信念，並且相信自己的信念。

“相信信念”這個層面中非常關鍵的一點是一定要形成團隊的氛圍，因為組織內部成員的觀點和行為可以相互影響，信念可以相互激勵。

一個特別有意思的現象是，長期主義的領導會吸引長期主義的追隨者，短期主義的領導必然會吸引那些只追求短期利益的下屬或者團隊成員。從這個角度來講，其實信念、信任、信心、信仰可以良性地互相促進。

團隊內部的相互信任會使得成員都更傾向於相信這個團隊的整體信念，一群人在一起相互吸引，相互激發，釋放出無窮的潛力，最後把信念變成現實。這就是信念的力量。

曾鳴教授講過一句話我非常認可：組織的願景是用來相信的，不是用來挑戰的。如果成員懷疑和質疑組織的願景，事情就根本做不成，必須相信它，它才會變成現實。

第三，相信共生的力量。不管在任何領域裏，競爭和敵對意識會影響你的戰略和思考。你如果陷入跟對手較勁的死結當中不可自拔，那麼即使贏了，也是殘局。

如果從現在看未來，你的眼光一定會局限於資源的爭奪，眼中全是對手；但是如果從未來看現在，從長期主義的角度回頭看現在，你關注的就是如何創造出未來的大局，甚至眼前的競爭者都可以被納入到你共創未來的大局中。

所以，不要只盯著一時的勝負得失，而要著眼於不斷演化的大局。相信共生的力量，你才能超越一時一地的得失。

第四，相信基本面的力量。基本面就是管理中的基本優勢，包括人才、文化、戰略、組織、領導力、執行。無論是在戰爭時期還是在商業化的今天，我們常常發現自己處於浮躁的環境中，人和組織很容易在過程中迷失自己。最終是管理中最基本、最簡單、最普通、最質樸的常識性要素，以及它們之間的動態匹配程度，決定了你和組織到底能走多遠。有了扎實的組織才能更好地打仗，才會取得更大的、持續性的勝利。

我們經常會把眼前的短期業績跟組織的長遠投入對立起來，看重眼前的業績往往就忽略了組織的長遠發展。但是，真正的好組織、真正的長期主義就是通過組織能力的構建、基本面的夯實來給自己創造取得更好更大的業績的機會。更長遠來講，夯實你和組織的基本面才能夯實組織的根基，才可以在動盪的環境中經歷大風大浪而巋然屹立。

第五，相信專注的力量。我們要在一個清晰的方向持續不斷地投入和累積。長期的價值創造一定是個持續的過程。只要大方向沒有錯，只要你願意在這個大方向上持續不斷地投入，最終大贏的可能性反而比四處出擊要高出很多。

第六，相信向善的力量。今天的行業和市場一直在不斷變化，但是我們看到，人類向善利他的大方向從來沒有變過。從進化的角度講，這是人類生存和發展的需要。因為只有有利於社會整體利益的行為才會得到社會長期的獎勵。只有形成合作、利他、向善意識的社會，才能在進化的競爭中生存和發展。

幾乎所有世界性的宗教和世界性的思想體系都是教人向善的。其實企業也是如此，企業的終極意義就是創造社會價值，推動人類進步，只有這樣的企業才能贏得社會的認同和尊重，才能與社會形成良性互動和正向循環。

企業當然要追求利潤，但是缺乏道德感的企業無法走得長遠。長期的成功一定是價值觀的成功，偉大的企業一定是向善的企業。這是讓自己和組織變得強大的精神內核，能夠歷經任何挫折，實現長期生存和不斷發展的根本原則。這就是平庸和卓越的最大區別。

那些為社會創造長遠價值的企業，社會最終一定會給它長遠的獎勵。

長期主義是一場修煉

認識到長期主義很容易，但要做到卻非常難。我們必須認知到這個現實，因為人性是有弱點的，我們永遠要面對大腦中兩套系統的糾結。

知易行難。在長期與短期之間、全局與局部之間、追求使命與追逐眼前利益之間，當這些糾結出現的關鍵時刻，你究竟如何抉擇，最能暴露你深層次的追求究竟是什麼，也最能決定你和組織的最終命運。

在堅持長期主義的過程中，你會動搖，會懷疑，也會猶豫，這反而是你和你的組織成長、成熟的過程。

如何成為長期主義者？很簡單，做難而正確的事情。管理就是要做難而正確的事情，人生也是要做難而正確的事情。

回到我們的主題：浮躁的時代，我們為什麼需要長期主義？因為這是唯一難而正確的事情。

我非常喜歡下面這段話："真正的光明絕不是沒有黑暗的時間，只是永不被黑暗所掩蔽罷了。真正的英雄絕不是永沒有卑下的情操，只是永不被卑下的情操所屈服罷了。"

套用這段話我想說：真正的長期主義者絕不是永沒有短期選擇的衝動，只是永不被短期的衝動所動搖罷了。路就在腳下，人是可以選擇的，選擇什麼樣的道路，你就會有什麼樣的人生。

第七章

中國式現代化與人口趨勢

如何應對即將到來的人口負增長時代？[1]

蔡昉

（中國社會科學院國家高端智庫首席專家）

本文將就“即將到來的人口負增長時代”給大家分享一些最近的觀察和研究。看上去沒有“金融”“財富”這兩個詞，但是投資、從事金融財富管理行業的人對此應該有觀念上的轉變。

首先我們來看一看最新的人口數據，它給我們揭示了一個最新出現的人口轉折點。過去的人口轉折點，呈現這樣一些變化 —— 勞動人口在 2010 年達到峰值，之後會出現勞動力短缺、人力資本積累不足、生產率改善速度放慢以及資本回報率下降，導致經濟潛在增長率和實際增長率相應減慢。這是 2010—2019 年的情況，我們用供給側結構性改革來應對，所以是供給側的衝擊。我們現在看到的新的人口轉折點恐怕會帶來新的衝擊。

最近幾年我們不斷地對新的人口數據感到震驚。第一次是 2020 年第七次人口普查，數據顯示，我國的總和生育率已經低到 1.3，是世界上生育率最低的國家之一，顯著低於高收入國家的平均水平。它的含義是什麼呢？研究人口問題的人對此很清楚，這麼低的生育率不是一天出現的，一定是多年、長期的結果。生育率低於 2.1 這個總體水平，也就意味著積累到一定時間，人口慣性過去以後，

[1] 本文根據作者於 2022 年 7 月 30 日在“2022 青島 · 中國財富論壇”上的演講整理而成。

一定會出現人口的峰值和負增長。2021 年的數據顯示，人口自然增長率已經低到 0.34‰，這在統計意義上已經非常接近於零增長了。當然，通過民政部的數據修正可能已經是零增長。同時 65 歲以上人口佔比超過 14%，它的含義是什麼呢？世界衛生組織有一個定義：老年人口佔總人口的比例超過 7% 就叫作“老齡化社會”；超過 14% 就叫“深度老齡化社會”；超過 21% 就是重度老齡化社會，日本現在就是“重度老齡化社會”，我們大概 10 年以後進入這個時期。

這些結果的出現明顯早於聯合國 2019 年進行的人口預測，實際結果比聯合國 2019 年的預測提前數年。從一些數據中可以看到，我國人口達到峰值，老齡化超過 14% 都將早於預期。聯合國 2022 年做了新的預測，這個新的預測和現在的情況非常相似。

根據新的預測，大概在 2022 年或者 2023 年，中國人口將達到峰值，隨後進入負增長；同時印度的人口將超過中國，而且將來的差距會非常明顯，我們第一次不再有“世界第一人口大國”的頭銜了。這意味著我們正式進入人口負增長時代，這不是週期性的，不是稍縱即逝的，幾乎可以說是永遠的。同時，從 2023—2035 年，勞動人口大概每年以 1.5‰ 的速度快速減少，比原來設想得還要快。設想一下，20—45 歲這一最好就業年齡段的人口每年以四五百萬的規模在絕對意義上減少，同時老齡化加重，這是一個嶄新的情況，我們觀察到的情況都證明了這樣一個趨勢。

前文提到，過去 10 年經歷的人口衝擊是供給側的，導致經濟增長減速下行，我們把它定義為“新常態”。這個新常態是供給側的，可以通過供給側結構性改革推進，當時沒有需求制約的衝擊，但是這一次，需求特別是居民的消費需求，將成為中國經濟的新常態制約。

人口是一個很重要的經濟變量，過去不太被重視，因為大部分人關注的是短期的經濟波動，即週期性。如果從比較長的時間來看，大概在 20 年前日本的一個機構預測，長期經濟增長的唯一變量（等式右邊的變量）就是人口增長速度。日本的經濟增長，除了短期的波動，完全是隨著人口變化發生的。這一事實也證明了上述預測。

中國人口具有的三個效應對消費產生了不利影響。2010 年應對供給側衝擊的時候，我們的需求結構進行了相應的調整，不再過度依賴外需、出口，也不再過度依賴投資，資本形成，逐漸轉向了“三駕馬車”的消費，特別是居民消費成為最主要的拉動力。

過去，我們的人口和經濟增長是減速的，人口總量效應是導致消費低迷的第一個因素，人就是消費者，人口的增長速度慢了或者出現負增長，消費必然會受到影響。第二個是增長效應或者叫收入效應，經濟增長速度放慢了，收入水平的提高速度也一定會放慢，這些都直接影響消費。因此，人口的增長、人均 GDP 的增長和居民消費增長，三者是一致的，都是下行的，未來會出現人口的負增長，GDP 的增長率還會更低。這些在相當大的層面上會抑制居民消費。

第三個是人口年齡結構效應。中國和發達國家在這一點上不太一樣。發達國家很多老年人的工資水平由其工作年限決定，年紀大了收入水平比較高，退休以後保障水平也還可以，甚至還有財富的收入，因此老年人一般比年輕人收入水平高，但是他們也有不願意消費的傾向，所以在學界還有一個“退休消費之謎”的說法。中國沒有這種現象，因為中國老年人的收入水平總體上低於年輕人。同時他們退休以後還會出現一些後顧之憂，為自己的孩子、孫子輩著想，因此更傾向於儲蓄，較少消費，所以消費力和消費傾向都比較低。消費支出水平是隨著年齡下降的，剔除醫藥支出後，老年人是支出水平最低的一個人群。從一個橫截面和個體看，老齡化越來越重，老年人的消費不足，總體會出現消費不足的傾向，這就是人口年齡結構效應。

未來，越來越多國家出現人口負增長，特別是新冠肺炎疫情期間，人們的生育意願不強，短期內不生孩子會成為新常態，因此老齡化 —— 人口負增長或人口停滯 —— 會成為全世界的一個趨勢。對於預測，也有不同的觀點，查爾斯·古德哈特提出，在人口老齡化、勞動力短缺成為新趨勢的情況下，通貨膨脹會回來，我們會告別通貨緊縮時代。這很難說，現在看到的通脹是有原因的，中國沒有出現這種情況，在出現過很高通脹的美國、歐洲及日本也沒有，它的根本原因還是供應鏈的問題，還是由原油價格等問題導致的，因此還有一批學者，比如勞倫斯·薩默斯很重視通脹，對美國的政策會提出批評，還有保羅·克魯格曼，歸根結底，他們還是認為通脹是過渡性的，是短期現象，長期趨勢 —— 老齡化 —— 還是讓世界經濟在較長期處於停滯狀態，長期的低利率、低通脹、低增長可能導致高負債，這是全世界的趨勢。在中國，從未富先老的特徵來看，我們預計消費是未來經濟增長主要的、常態的、持續的制約，這是我們必須轉變的觀念。

相應地，我們可以觀察經濟形勢，也可以觀察比較長期的經濟增長趨勢，從長期與短期、供給與需求兩側、宏觀與微觀三個維度的兩個層面，來看多種組合。實際上，人口衝擊可能是長期的需求側的宏觀衝擊，我們還要應對眼前的短期衝擊，新冠肺炎疫情還在影響經濟增長、復甦，這主要是需求側的。而消費的問題可以從微觀層面來看，因此相應的，我們的政策取向應該是不斷擴大內需特別是消費，這會成為我們保持未來經濟增長合理區間的一個主要矛盾方面。過去 10 年，我們的主要任務是如何提高和穩定我們的潛在增長率，今後 10 年、20 年的最主要任務是如何讓需求側因素來滿足潛在增長率，在實現潛在增長率的同時，應對短期衝擊也非常重要。

當把長期和短期的舉措放在一起觀察時會發現，它實際上和人口負增長時代是一個銜接點。

在人口負增長時代，國家的政策、企業的決策、個人的選擇都會發生一些關注點的轉變。我們都知道，人口在資源的動員、資源的配置中是一個很重要的催化劑，人口的波動最終反映為不同的形態，因此人口負增長也就意味著資源動員的增量減少。經濟發展越來越依賴於資源的重新配置，我們講財富管理、講金融，過去可能是為了做大蛋糕，而未來則是為了更好地分配蛋糕；過去是為了動員，現在是為了配置以及重新配置。經濟增長的常態制約 —— 從供給側到需求側的轉變，也是一個嶄新的挑戰，這個挑戰也讓我們在很多重大決策中做出新的轉變。

為什麼我們也關注短期？因為短期會影響長期，短期不是衝擊性的、一次性的，也不是不留痕跡、不留疤痕的，而是很可能會留下傷痕，進而影響長期的常態。很多人在研究週期問題、危機衝擊問題的時候，發現了一個效應叫作“磁滯效應”，這是從物理學中借鑒來的。該效應是指每一次衝擊都會造成傷痕，這些傷痕使你回不到衝擊之前的常態，從而處於新的軌道上，這個新的軌道通常是一個較低的新常態。很多歷史上的重大轉折、長期趨勢都是這麼變的，一次偶然的衝擊就可能讓變化提前到來，過早進入新常態，讓你沒有時間應對。

當前，新冠肺炎疫情干擾了我們的就業、居民的收入和消費，而這種消費的不足也恰好遇到了消費成為經濟增長新常態制約的關鍵點，兩者一交匯就會留下疤痕，這個疤痕會導致磁滯效應。現在講應對政策、講 33 條，比較多的還是著眼於市場主體。市場主體不僅僅是生產者，還有消費者，還有家庭，後者是決定需求能不能回升、經濟復甦和長期增長可不可以持續的關鍵因素。

同時，為了應對當前的家庭消費不足、收入不足，為了應對長期的需求制約，歸根結底，政府要發揮更大的作用，也要調整政府作用的結構和方向。這些都要求政府有新的、更大規模的支出。

在一段時間內，我比較關注政府是不是應該增大支出佔 GDP 的比重，是不是應該增大社會支出佔總支出的比重。我發現一個規律，從各個國家來看，隨著人均收入水平的提高，政府支出佔 GDP 的比重確實是提高的。早在多年以前，德國經濟學家阿道夫·瓦格納就得出這個結論，即“瓦格納法則”，並將其當作應該遵從的一般規律。根據相關研究得出的結論，政府支出佔比提高最快、達到它應有的水平是人均 GDP 達到 12000—24000 美元。這個區間就是中國從現在到 2035 年的目標，我們 2021 年人均 GDP 超過了 12000 美元。這 13 年的時間，我把它叫作“瓦格納加速期”，在此期間我們應該顯著地提高政府支出佔 GDP 的比重，同時調整政府支出的結構，從直接的經濟活動中減少一些，更多放在社會保障、社會供給、社會福利方面。從一定意義上說這也叫作“福利國家的建設期”，特別是從短期來看，給居民直接發錢、發消費券也是合理舉措，它本來就是政府履行這個時期特定職能的應有之意，也就是說，如果不能夠讓居民消費回歸正常，就難以實現真正的復甦。

那麼，這對於金融發展有什麼含義？我雖然回答不了這個問題，但是通過對前文分析進行歸納可以看出有以下幾個嶄新的變化，這是今後我們的金融發展、發展模式、運行機制、產品的創新等都應該考慮的新因素。

第一，供給側的制約到需求側制約的變化，哪怕設計最簡單的一個產品也都要考慮這一點。我們的金融創新已經達到了極高的水平，2008 年次貸危機之前發生的事告訴我們，正面的、負面的都可以做到。隨着信息技術、數字經濟的發展，我們的能力進一步顯著提高，因此不論發展方向如何，我們都能夠有應對的辦法。但是你判斷方向之後，可能使的勁越大，失誤的可能性越大。

第二，財政的作用相對於貨幣政策在將來會更加重要，財政的支出方向也會發生變化。也就是說，財政的支出更貼近民生，更貼近社會福利。這些也會影響我們的金融和財富管理。

第三，市場主體本位 —— 生產者經營者的生產主體到家庭本位 —— 的變化。家庭是我們人口再生產的基礎單位，是消費的基礎單位，影響需求因素，因此這個變化可能也會對我們有所啟示。

最後一點，依據過去較大的收入差距，很多財富管理者把目光集中在中等收入群體上，但未來的中等收入群體相對中國 14 億人口來說還是較小的群體。如果從更長遠一點的角度看，未來這十幾年時間是我們實現基本現代化的關鍵時期。在這個時期，老年人、剛剛脫貧的農村人口、農民工等特殊群體，都面臨著從低收入群體轉變為中等收入群體的過程。這個轉變的過程也應該成為我們金融和財富管理的對象和盈利來源。

老齡化帶給經濟增長的壓力與動力[1]

趙波

（北京大學國家發展研究院經濟學長聘副教授）

人口老齡化受到經濟增長的影響，可以理解為一種經濟增長的“煩惱”，出現人口老齡化的國家大概率是高收入國家。數據顯示，人均收入越高的國家，其老年人口在總人口中的佔比通常越高，因為這些國家的醫療條件、健康狀況都會得到更好的改善。另外，人均收入越高的國家，總和生育率通常較低，因為生育和養育孩子的機會成本會隨著收入的增長而上升。

人口既會受到經濟的影響，也會反過來作用於經濟發展。本文將從勞動力市場、資本積累、全要素生產率、經濟結構四個方面談一談人口對經濟增長的影響。

勞動力市場

大家的直觀感受是，人口老齡化極大地影響了國家的勞動供給。2020 年第七次全國人口普查顯示，勞動年齡（16—59 歲）人口為 8.8 億，比 2010 年第六次人口普查時減少了 4000 多萬人，佔總人口的比例下降 6.8 個百分點。我國勞

[1] 本文根據作者於 2021 年 5 月 16 日在第 152 期朗潤・格政論壇上的演講整理而成。

動年齡人口呈現先上升一段時間再下降的趨勢，表明拐點已過。

勞動年齡人口不代表實際工作人口，所以就業人數也是需要考察的指標。數據顯示，我國就業人數在 2017 年左右也出現了拐點。

這兩個指標告訴我們相同的信息，即以勞動年齡人口數衡量的人口紅利已經消耗殆盡，這會對我們的生產造成負向影響。

資本積累

影響產出的另一個重要因素是資本積累。一個國家的經濟增長靠高速投資拉動，投資很大程度上來自國內儲蓄。人口結構恰恰會影響儲蓄，因為人退休之後收入減少，但消費沒有立刻減少，伴隨著儲蓄率降低，資本積累放緩。因此，老年人口佔比高的國家，儲蓄率會持續下降。如果想維持高速增長的投資，就需要維持足夠的儲蓄率。

對於我國的挑戰體現為，儲蓄率在 2010—2022 年十年間下降了 5 個百分點，而且人口老齡化將進一步加深，如果儲蓄率不能上升，我們可能需要通過國際收支調整來維持強有力的投資增長。這意味著，過去長期積累的順差可能會慢慢消失，甚至可能出現逆差，需要從國外吸引資本來幫助我們實現國內的高速投資增長。

全要素生產率

全要素生產率度量的是投入勞動、資本、土地等要素的生產效率。能否成功應對人口老齡化帶來的挑戰，取決於能否提高全要素生產率，其中最重要的兩個環節是技術進步和人力資本。

技術進步可以在一定程度上彌補勞動力不足，甚至能夠實現對一些低技術含量勞動力的替代。人力資本積累方面，可以通過提高教育水平推動勞動力素質的提高，使得勞動力創造的價值更高，變“人口紅利”為“人才紅利”。

我們的研究發現，老齡化嚴重的國家，的確有更大的動力去增加技術研發投入並增加人力資本積累。老年人口數量與國家的研發投入佔 GDP 比重以及人力資本指數都有很強的正相關性。人口老齡化程度越高的國家，在研發投入和人力資本積累方面的優勢也更明顯。

我國第七次人口普查結果顯示，16—59 歲勞動年齡人口平均受教育年限從 2010 年的 9.67 年提高至 2020 年的 10.75 年，文盲率從 2010 年的 4.08% 下降到 2.67%，這是非常好的消息。

經濟結構

老齡化帶來的另一個影響通過經濟結構施加。不同年齡段人群的消費結構不同，分析全國居民消費構成可以發現，越是人口老齡化，對於醫療等服務品的消費需求越大。消費結構的變化將進一步影響我國產業結構。

老年人的消費需求以非貿易品為主，包括醫療服務、財富管理、養老等。如果不能通過貿易獲得，就必須增加本國供給。隨著老齡化的發展，對於這類服務品的需求會大量增加，導致相對價格上升，進而吸引生產要素逐漸從第一、二產業轉移到服務業，最終導致服務業增加值佔比和就業人數增長，經濟從工業化主導轉向服務業主導。

雖然發達國家都經歷了這樣的過程，但並不代表這是完美的路徑，在這個過程中要警惕“鮑莫爾病”（Baumol's cost disease）。這是指，在發達國家，技術進步緩慢的部門，如服務業，通常吸引了大量生產要素，產品價格卻居高不下，比如醫療費用不斷攀升。當技術進步較慢，難以規模化複製的服務業部門佔比又很大的時候，會拖累整體經濟增速。

儘管第三產業中也有進步很快的領域，但平均來說，第三產業的技術進步和增長率低於第一、二產業，特別是教育、城市服務、醫療保健等。“鮑莫爾病”會使得一旦經濟過早去工業化，整體技術進步率會被拉低太早。由於長期決定人均收入的是技術進步率，所以經濟總體增長率會隨之下降。我國“十四五”綱要中首次取消了服務業增加值比重的目標，提出要保持製造業比重基本穩定，在我看來這是一個很好的指導方向。

老齡化既是挑戰，同時也是改革的機遇。針對以上四個方面，我們可以：全面放開生育限制來改善勞動力市場；完善金融市場、吸引外資流入以促進資本積累；促進創新、加大研發和教育投入來提高全要素生產率；升級服務業內部同時避免過早去工業化，並始終維持強勁出口優勢，以優化經濟結構。

我國老齡化的突出特徵與人口政策建議[1]

雷曉燕

（北京大學國家發展研究院學術委員會主任，教育部長江學者特聘教授）

第七次全國人口普查結果公佈以來，大家對“老齡化與人口政策”話題已有很多討論，本文將從數據的角度分享一些觀察到的趨勢。

我國人口老齡化現狀

人口總量與結構

我國人口總量與結構，為了讓其相對可比，本文只用五次人口普查（1982年、1990年、2000年、2010年、2020年）的數據，沒有用歷年的千分之一樣本調查數據。觀察圖 7-1 可以有以下幾點發現。

---

[1] 本文整理自作者於 2021 年 5 月 16 日在第 152 期朗潤 · 格政論壇上的演講。

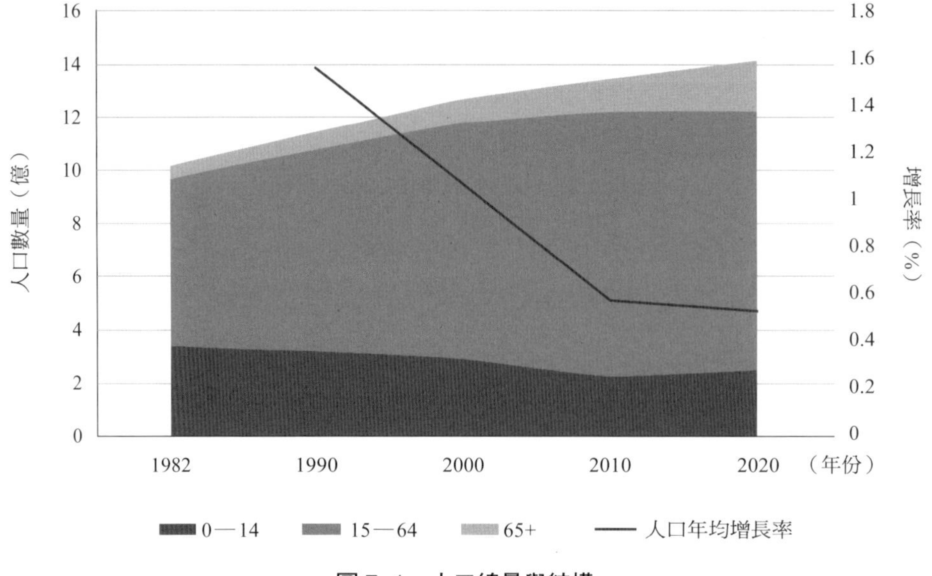

圖 7-1　人口總量與結構

第一，我國人口總量保持一定程度的持續增長，2020 年已經達到 14.1 億。

第二，人口增速在放緩，從 1982—1990 年間的年均增長 1.56% 降低到 2010—2020 年間的 0.53%。

第三，老年（65 歲以上）人口的數量和比例呈持續上升趨勢，2020 年達到 1.91 億，佔全國總人口的 13.5%，已非常接近深度老齡化指標（14%）。

第四，少兒（0—14 歲）人口在近 10 年略有上升，可能得益於生育限制放開的政策。

撫養比

撫養比即非勞動年齡人口佔勞動年齡人口的比例。根據 1982—2020 年五次全國人口普查的數據：作為撫養比分母的勞動年齡人口近 10 年有所下降，2020 年為 9.68 億；總撫養比（老年撫養比和少兒撫養比之和）從 2010 年開始上升，到 2020 年，10 年間從 34.2% 上升到 45.9%；總撫養比上升主要是由於老年撫養比的上升幅度較大，從 2010 年的 11.9% 上升到 2020 年的 19.7%。少兒撫養比上升幅度略小，從 2010 年的 22.3% 上升到 2020 年的 26.2%。

生育狀況

根據官方公佈的數據，我國總和生育率長期低於 1.6，處於低位，並在不斷下降，政策放開後出現短暫回升，後繼續下降到 2020 年的 1.3；育齡婦女（15—49 歲）數量從 2011 年開始持續下降。兩個因素結合，導致我國新增人口數近年出現明顯下降趨勢（如圖 7-2 所示）。

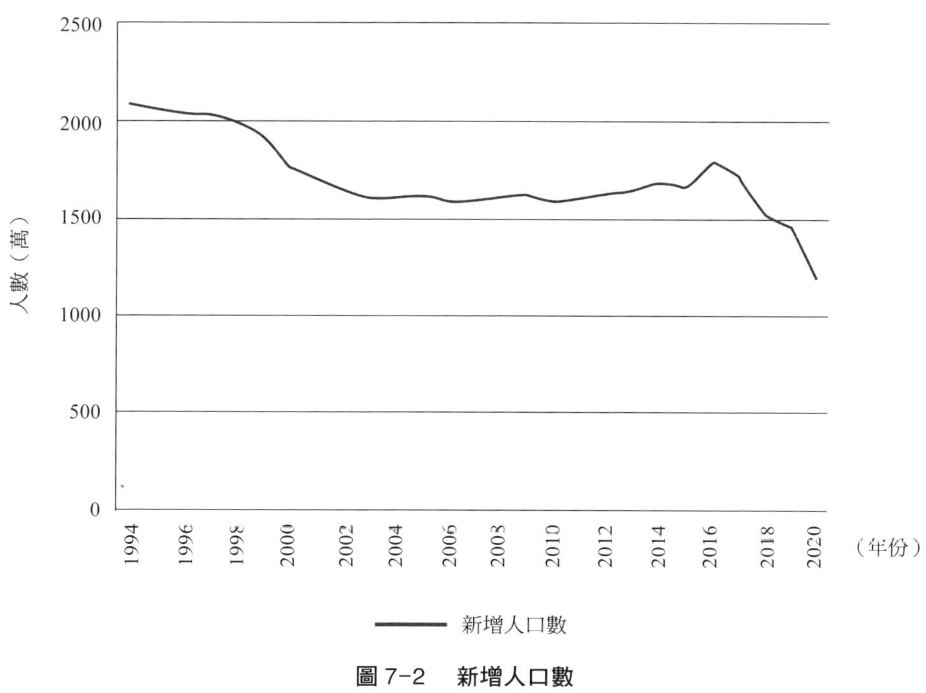

圖 7-2　新增人口數

同時，我國生育率還呈現出明顯的城鄉差異，城市生育率低於鎮生育率，更低於鄉村生育率。全面二孩政策實行之後，城鄉生育率都有所提升，但是隨後又全部出現一定程度的下降，尤其是城市的下降速度更快。

生育率趨勢還呈現明顯的孩次差異。分孩次來看，從 2000 年到 2019 年，一孩生育率一直保持下降趨勢；二孩生育率在生育政策放開之後有過上升，但隨即下降。三孩及以上生育率略有上升，但是這部分的比例非常小。

城鄉生育意願方面，根據中國人民大學中國綜合社會調查（CGSS）的數據，2010—2017 年，育齡婦女（15—49 歲）希望生育的子女數為 1.7—1.9 個。其中城市女性的生育意願很低，長期低於 1.75 個。同時，農村女性的生育意願也只有 1.9 個左右，並且 2021 年有明顯的下降趨勢。

如果分出生組看看 60 後、70 後、80 後、90 後女性的生育意願，會發現越年輕的群體希望生育的子女數量越少。80 後和 90 後的生育意願近年都開始出現下降，90 後的下降幅度尤其突出。

分孩次和分城鄉分析生育意願可以發現，雖然希望生育子女數為 0（不想生孩子）的女性人數比重不大，低於 5%，但近年有上升趨勢，其中城市中不想生孩子的女性比例增長更快。希望生育一個孩子的女性比例以前呈下降趨勢，近年出現上升，城鄉都是如此。雖然仍有超過 2/3 的女性希望生育 2 個或以上子女，但是近年該比重在城市和農村都出現下降。

分孩次和出生組看生育意願的結果非常值得關注：90 後不想生孩子的女性比例遠遠高於 60 後、70 後、80 後群體，而且近年這一比例上升非常快。80 後和 90 後女性中希望生育 1 個孩子的比重在上升，而希望生 2 個及以上孩子的比重都在下降。

最後看生育意願與實際生育的差異。分析實際生育，就不能直接看 15—49 歲的育齡婦女，因為年輕群體還沒有生孩子，所以我們把人群限制在 35—49 歲。CGSS 在 2017 年調查了同時有生育意願和實際生育子女數的信息，我們可以用來做比較。總的來看，生育意願跟實際生育之間存在很大差異，實際生育子女數比希望生育子女數平均要少 0.42 個，這反映的就是心裏想生但實際並沒有生的平均子女個數。這個差值的城鄉差異也很明顯，農村女性的差值是 0.33 個，而城市女性的差值高達 0.62 個。

綜合上述數據，我國人口現狀可以簡單概括為以下幾個特點：人口快速老化，撫養比上升，勞動年齡人口減少；生育率下降、新增人口減少；生育率和生育意願都呈現明顯城鄉差異，城市最低；越是年輕的群體，生育意願越低且有降低趨勢；實際生育數遠低於生育意願，而且在城市中差距最大。

政策建議

2020 年《政府工作報告》中對生育方面提出了“優化生育政策，推動實現適度生育水平，發展普惠託育和基本養老服務體系”[1]的要求。關於生育政策的調整，大家也有很多討論。針對上述數據呈現的我國人口現狀，我提幾點政策建議。

第一，生育政策應適時調整。建議全面放開生育，不用擔心放開會生很多孩子，因為並沒有那麼多人想要生 3 個及以上的子女。

第二，降低生育成本。為什麼生育意願這麼低？為什麼很多人雖然有生育意願，但實際上沒有生育？成本是很大的原因。成本包括生育成本、養育成本、教育成本等。生育成本目前主要由女性承擔，所以，要降低生育成本就需要調整女性和男性對於生育成本的承擔，比如，除了給女性產假，也應該給男性陪產假，並且要加大力度深化落實。生育津貼方面，我國現在有生育保險提供，但力度遠遠不夠。

第三，降低養育成本。建議加大 0—3 歲託幼服務，這是非常高的成本。同時，可以考慮將學前教育納入義務教育，這也是女性擔心的一個大問題。

第四，增加教育投入。目前我們在子女教育方面非常“內捲”。解決辦法中最重要的是從國家層面增加教育資源的投入，並且分配更加均衡。如果各個層面的學校質量差異不是那麼大，大家就不需要那麼激烈的競爭。

---

[1] 《政府工作報告 —— 2021 年 3 月 5 日在第十三屆全國人民代表大會第四次會議上》，參見：http://www.gov.cn/gongbao/content/2021/content_5593438.htm。——編者注

個人養老金制度的意義和挑戰[1]

趙耀輝

（北京大學博雅特聘教授、國家發展研究院經濟學教授）

2022 年 4 月 21 日，國務院辦公廳印發《關於推動個人養老金發展的意見》（以下簡稱《意見》），主要有三大原則：一是政府政策支持，二是個人自願參加，三是市場化運營。《意見》非常清楚地定性了個人養老金私有財產的屬性，我認為這是最大的亮點。

私有財產屬性主要體現在四方面。

一是佔有權，主要體現在“個人養老金實行個人賬戶制度，繳費由參加者個人承擔，實行完全積累”。在這段表述中，“個人賬戶”是關鍵。

二是收益權，主要體現在這個賬戶封閉運行，權益歸參加者所有，除另有規定外不得提前支取。此外，參加者可以用賬戶裏的錢買銀行理財、儲蓄，也可以買基金和投資金融產品，自己承擔風險。

三是處分權，主要體現在個人養老金賬戶內的資金可轉移、可更換投資機構，也可以轉移到別的賬戶。這是一個突破，類似的操作在以前是不允許的。

四是使用權，達到領取年齡，參加人個人養老金賬戶裏積累的錢只供自己使用。

---

[1] 本文整理自作者於 2022 年 4 月 24 日舉辦的第 156 期朗潤 · 格政論壇上的演講。

在我看來，雖然個人養老金不是百分之百的私有財產，但已經非常接近。除了“另有規定外不得提前支取”這一條，其他部分已經相當於私有財產。

《意見》中也明確了對個人養老金制度的定位，與基本養老保險、企業（職業）年金相銜接，實現養老保險補充功能。我們的養老保險體系已有兩大支柱，第一支柱是基本養老保險，包括城鎮職工養老保險和城鄉居民養老保險；第二支柱是企業補充養老保險，這在一些效益好的大機構才會有，覆蓋面不大。

在我看來，個人養老金制度的意義絕不僅限於是對第一、第二養老保險支柱的補充。

我國養老金制度面臨的問題

習近平總書記在 2022 年 4 月 16 日出版的第 8 期《求是》雜誌上發表《促進我國社會保障事業高質量發展、可持續發展》一文，高度關注我國養老金制度和社會保障制度面臨的問題，其中就包括養老金制度。

隨著我國社會的主要矛盾發生變化以及城鎮化、人口老齡化、就業方式多樣化加快發展，我國社會保障體系仍存在不足。這些不足大致有以下幾類。

第一，社會保障的統籌層次有待提高，制度整合沒有完全到位，制度之間的轉移銜接不夠順暢。

第二，平衡地區收支矛盾壓力比較大，有些地方社保基金存在“穿底”風險。

第三，部分農民工、靈活就業人員、新業態就業人員等人群沒有被納入社會保障，存在“漏保”“脫保”“斷保”情況。

第四，城鄉、區域、群體之間的待遇差異不盡合理。

以上可以看作為個人養老金制度出台做的鋪墊。因為存在這些問題，所以我們出台了個人養老金賬戶制度。

接下來，我就目前我國養老金制度存在的問題展開論述。

各自為政帶來的轉移銜接問題

目前，我國職工養老保險制度和居民養老保險制度相互分割。不僅如此，每種制度在不同地區間執行的是屬地化管理，不同地區之間沒有打通。多年來，我們一直希望能提高以上兩種養老保險的統籌層次。目前，職工養老保險的省級統籌已經基本實現，正向著全國統籌的方向推進。居民養老保險則正朝著市級統籌的方向努力，因為居民養老保險是從縣級單位開始的。

我國有 334 個地級行政單位，簡單計算下來，至少有 33 個職工養老保險資金池和 300 多個居民養老保險資金池，大家各自為政。人口流動和勞動力流動已經成為社會的大趨勢，因此一個人可能從居民養老保險進入職工養老保險，也可能反向流動、跨地區流動。在職工養老保險的範疇內，流動轉移已經比較方便，然而居民養老保險的異地轉移，以及職工和居民養老保險之間的轉移流動都尚未實現。以前曾有過一些解決方案，但對參與者來說都不是最划算的方案。

不同地區的養老金壓力差異巨大

關於養老金，有個專業術語叫“養老保險的撫養比”，意思是退休後領取養老金的人數與正在繳費的企業職工人數之比。在廣東省，這一比例為 9:1，意思是 9 個在職的企業職工負擔 1 個退休職工的養老。但在吉林省和黑龍江省，只有約 1.2 個人負擔 1 個退休職工，養老壓力非常大。

毫無疑問，這反映了勞動力流動的結果。通過 2020 年的人口普查結果，我們不難看出勞動力的流向，比如廣東等發達省份基本是人口淨流入。我認為養老金壓力的地區差異不是生育率差別導致的，而是經濟發展不平衡導致人們離開收入低的地方，前往收入高的地方。其後果是人口大量流出的省份面臨社保基金赤字“穿底”的風險。

因此，《意見》中提到的解決方案非常合理。在我看來，這樣的赤字風險不該由各省各自為政來解決，而應該全國統籌。比如說黑龍江省出現赤字，不應該由黑龍江省完全負擔，因為這裏的年輕人很多都跑到了廣東省。

統籌解決的想法在 20 世紀 90 年代末就已經提出，如今 30 多年過去了，我們仍在為實現全國統籌的最後一步而努力，可見這件事的難度有多大。

全國統籌的困難主要包括以下兩點。

一是地方利益構成巨大阻力。一旦統籌政策落地，黑龍江省這樣的人口流出地可能會非常願意，但廣東、浙江、上海、北京這些人口流入地可能不願意。

二是道德風險。一旦政策落地，那些已經出現赤字的省份肯定希望短期內可以有錢入賬，彌補赤字。很多地方之前出台過一項“允許補繳社保”的政策，即只要補交幾萬元的社保費用，就能在退休後繼續領幾十年退休金。因涉及道德風險，這項政策已經被制止。

漏保、脫保、斷保等問題層出不窮

新的經濟業態在發展，靈活就業越來越多。目前我國靈活就業人員已達 2 億，佔全國就業人口的 1/4 還多。與我們生活息息相關的外賣騎手這類靈活就業者就有 8400 萬之多，佔全國勞動力的 1/10，這一數字還在不斷增加。

通過平台靈活就業的這部分人群，絕大部分沒有參加職工養老保險，這在網絡上也是一個熱點話題。前幾年，我國曾推行社保不再由社保部門收繳，而是由稅務部門收繳，相當於給許多企業施加了壓力，讓它們為職工投保。在新的形勢下，過去常用的強制推行保險的做法不再有效，即使稅務部門施壓，也無法保障平台靈活就業者參加職工養老保險。大量的人員因此被排除在社會養老保險之外。這樣產生的後果是民眾沒有養老保障，特別是現在的年輕人老了以後沒有養老保障。

在我看來，出台個人養老金制度的初衷是幫助這部分缺乏保障的人，不讓他們漏保，而不是為了保障那些高收入人群。

待遇差異很大

如圖 7-3、圖 7-4 所示，橫軸代表不同的社保類型，縱軸代表保險覆蓋率，不同顏色的柱形代表了從 2011 年到 2018 年發佈的數據。從圖中不難看出：城鎮和農村戶口社保覆蓋率已經接近 100%；但城鎮戶口的居民主要參與的是職工保險，覆蓋率約為 66.8%；農村戶口的居民主要參與的是新農保，也就是農村居民的保險。

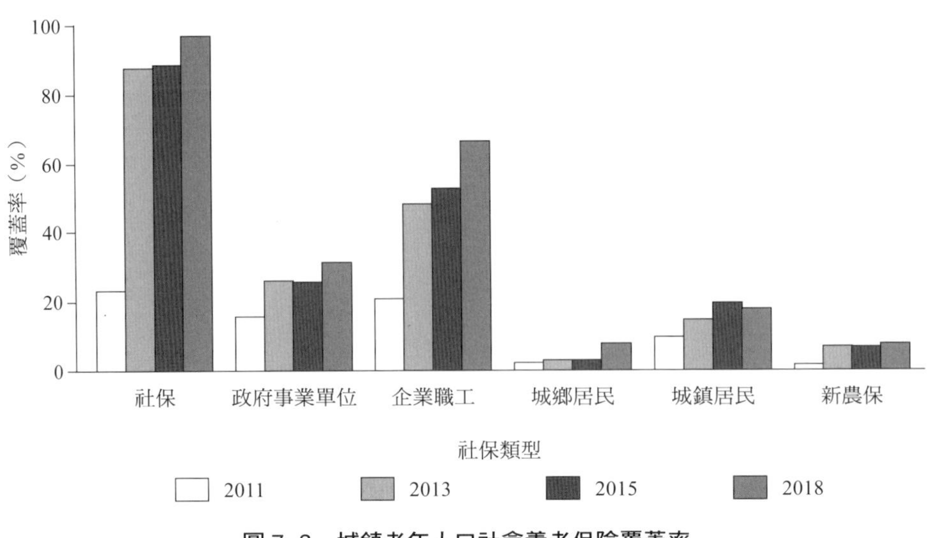

圖 7-3　城鎮老年人口社會養老保險覆蓋率

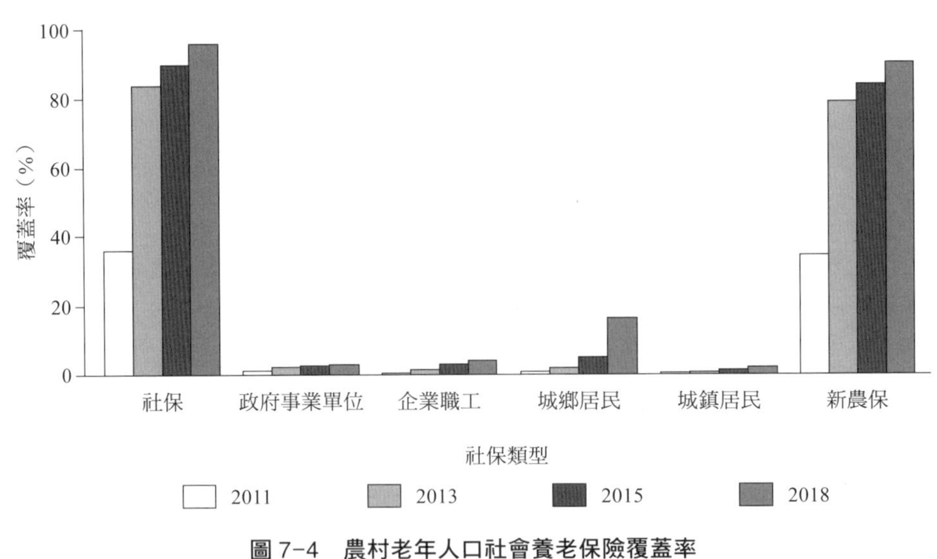

圖 7-4　農村老年人口社會養老保險覆蓋率

居民保險能夠提供的資金非常少，因此，幾種主要養老保險的年養老金額度差異非常大。

如圖 7-5 所示，灰色的柱形代表職工養老保險養老金額度的中位數，2018

年約 32000 元。深灰色柱形代表的是農村居民養老保險養老金額度的中位數，一年大約 1000 元，兩者差異非常大。如此大的差異，主要由保險類型不同所導致。

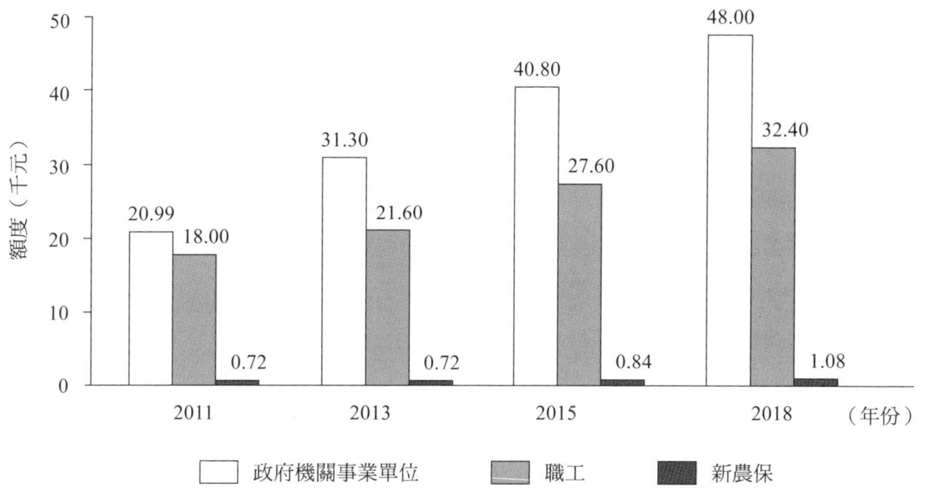

圖 7-5　主要養老保險年老金額度（中位數）

這樣的養老金水平是否足夠養老？表 7-1 是 2015 年時我們做的簡單計算。我們選取的樣本是尚未退休的、年齡為 50—60 歲的一部分人。

表 7-1　即將退休人群退休後的貧困情況

	農業戶口	城鎮戶口	女性	男性	總體
社保財富	88.8	36.5	75.8	72.9	74.4
社保財富 + 耐用消費品 + 生產性固定資產 + 流動資金	73.8	29.2	65.3	57.6	61.5
+ 土地變現	63.2	28.1	57.6	49.2	53.5
+ 住房變現	46.4	17.7	42.8	33.9	38.5
+ 土地和住房都變現	38.1	17.0	36.8	27.5	32.3
注：50—60 歲，假設了折現率和增長率，加權數字（比例：%）					
實現以房養老將對降低老年貧困起到重要作用 家庭仍將是重要的經濟來源；在政府發揮更大作用的同時，要重視保護家庭在養老中的作用					

首先看他們當下有多少財富，再把預期的社保養老金折現到當下，以貧困線為標準，測算這部分人退休之後不再工作，養老金能否保障其生活水平高於貧困線。測算之後發現，如果只靠社保，農業戶口居民中約有 88% 的人，退休後將生活在貧困中。加入其他財富後，這一比例會降低。即使這樣，也有約 38% 的農村戶口居民退休後將生活在貧困中。這意味著現在即將步入老年時代的這部分人口只靠養老金是不夠用的。這是一個很大的問題。如果現在的年輕人退休時仍沒能攢夠社保，也會面臨同樣的問題。養老金不夠用，老年人會迫於生計不停地奔波掙錢。

養老保險制度建立歷程

城鎮職工養老保險始於 20 世紀 50 年代，在 20 世紀 80 年代迎來一場改革 —— 企業和機關事業單位的養老保險制度分開。2015 年，機關事業單位的養老保險併入城鎮職工保險。

居民養老保險始於 2009 年。從 2009 年開始，新型農村養老保險覆蓋農村居民。2012 年，城鎮居民養老保險隨之展開，很快覆蓋了城鎮無保障和無業人員。2014 年，城鄉居民保險開始合併，2020 年完成。此後，凡是中華人民共和國的居民，只要願意加入，都可以擁有一種基本養老保險。

職工養老保險制度設計

然而，職工養老保險制度的設計存在很大問題。在 20 世紀 60 年代到 1986 年這段時期內，按照這項制度是單位負責養老，隨著國有和集體企業出現破產，需要轉向社會養老。

從 1986 年開始，國有企業開始實施養老統籌，包括行業統籌和地域統籌。從 1991 年開始，實施個人繳費。

1997 年，《國務院關於建立統一的企業職工基本養老保險制度的決定》出台，確立了養老金採取統賬結合的共識和繳費領取公式。“統”的部分由單位繳費，最高比例為 20%，現在逐漸降低到 16%；有的地方則是單位繳費比例為 14%，個人繳費 8%。

統賬結合制度設計的初衷

所謂“統賬結合”，即一部分是統，一部分是賬。其設計的初衷是通過個人賬戶賦予大家繳費的積極性。但是個人賬戶並非個人財產，資金沒有積累，空賬運行，個人也沒有收益權，資金不可轉移。此外，按照這套制度的設計，養老金中 20% 都進入統籌，與個人利益脫節，我認為這是導致居民參保積極性低下的關鍵原因。

參與的積極性對於養老保險十分關鍵，對此我們早有研究。我和徐建國教授早在 1999 年就曾發表兩篇論文，指出“當前的轉軌模式迴避了繳費動機問題，導致了大量的拒繳和偷逃行為”，並建議要走市場化的路。具體措施包括：界定養老金的隱性債務，以賬戶方式分配到個人；養老基金賬戶要轉為實賬，要移交市場管理；等等。這實際上就是個人賬戶新制度所做的。

2001 年，我們又發文仔細分析了激勵機制的問題。經過仔細計算，我們得出結論，“激勵機制設計的關鍵是減少‘大鍋飯’成分，把企業和職工對養老金的貢獻都存入個人賬戶，交由職業投資機構管理，以獲得既安全又不低於個人投資收益的合理回報”。“在合理的假設下，用 1% 的 GDP 就可以在 50 年內清償現在的養老金債務，這相當於 5.6% 的工資稅。而向個人賬戶貢獻總共為 10.2% 的工資就可以實現個人賬戶的全額積累，並且提供替代率為 60% 的養老金收入。這兩項加起來一共才佔工資的 15.8%。”由此可見，積極性有多重要。

與職工養老保險不同，居民養老保險從一開始就是完全基金積累的個人賬戶制。所有的錢，包括自己的繳費以及政府為吸引繳費而給的補貼，都進入個人賬戶。然而這跟我們今天講的個人賬戶還是有本質差別的。居民自己不能控制賬戶，這主要體現為不能自主選擇投資管理機構、利率由政府決定、不能攜帶等問題。所以居民養老保險雖然是個人賬戶、基金積累，還可以查餘額，但仍不能提高居民參保的積極性。我認為，積極性不足的主要原因是沒有給予個人對自己賬戶充分的控制權和安全保障，導致人們對居民養老保險信任度不足。

新形勢下，繳費積極性愈發重要

在今天新經濟蓬勃發展的形勢下，提高養老保險繳費積極性愈發重要。靈活就業、平台就業比例增大，年輕人大量地脫離職工社保體系，而我們的職工社保體系裏面已經有大量的退休人員，需要不斷有年輕人來承擔老年人的養老金。

目前我國約有 8400 萬平台靈活就業者，佔勞動力的 10%。如果大量年輕人轉向靈活就業，大量人員離開社保體系，誰來養目前的這些老年人？到時候社保基金的赤字一定越來越大，整個系統的撫養壓力也會越來越大。

同時，對年輕人來說，在掙錢最多的時期沒有為自己攢下養老錢，退休後如果社保缺失，會非常沒有安全感。

此外，社保壓力過大也會加速就業非正規化。政策繳費包含養老、醫療、失業和生育，加起來佔比約為 36.8%，公積金最低佔比 10%，最高佔比 24%。上述項目加在一起，總佔比約為 46.8%。如果企業認真繳費，用工成本非常大。這意味著，企業每發 1000 元的工資，就要附加約 400 元的社保。

這樣的情況正在加速就業的非正規化。平台就業本來可以正規化，但因為繳費壓力過大，不得不變成非正規的就業。因此，企業實際繳費率遠遠低於政策繳費率，通過壓低工人數量、壓低工人的工資額等方式降低繳費水平。這種行為無疑是劣幣驅逐良幣，懲罰了遵紀守法的企業和員工。針對這種情況，增加監管和稽查等手段都不太奏效，必須考慮提高參與者的積極性。人是理性的、自利的，要讓參與者覺得划算，從而有積極性，這是經濟學界的第一大法寶。

養老保險的制度選擇

養老保險有兩大類型，一個是確定收益型（defined benefit, DB），另一個確定繳費型（defined contribution, DC）。前者是指在繳費前就知道參保人退休後每個月拿多少錢。後者指參保人知道自己要合計投入多少錢，至於退休後能拿到多少錢，取決於回報。DC 基本上屬於個人賬戶制度。

DB 和 DC 制度又可以分別細分為“有基金積累”和“無基金積累”兩類。比如無基金積累的 DB 類似現收現付制度，簡單說就是不積累，在職工退休時，如果需要錢再從現在的職工手裏收，這叫現收現付。

個人賬戶制度，又分名義賬戶和實際賬戶。名義賬戶就是現在的職工往賬戶裏存了 100 元，然後這 100 元馬上用來給現在的退休職工發錢，資金並沒有真正在賬戶裏留存，但仍然能看到賬戶裏有多少錢。實際賬戶制度，意思是賬戶裏的錢是看得見、摸得著的。

制度選擇需要考慮的問題

我國選擇何種養老保險制度需要考慮以下幾方面。

一是考慮是否有利於應對人口老齡化。大量的轉軌需求源自人口老齡化，這裏面暗藏著年齡結構變化的風險，是否鼓勵延遲退休也是要考慮的。

二是要考慮是否能提高參與積極性。很多制度沒有考慮積極性問題，無論是現收現付制還是基金積累制，大部分國家都強制要求參與。為什麼會強制要求？主要是預防短視。有些人只顧現在不管將來，這會令其在老年陷入貧困，終究還是社會為他買單。正因為最終社會都會買單，有些人會利用社會的同情心，故意不存錢，把錢花光。因為他們知道，老了以後即便是陷入貧窮，國家和社會都會管他們。但是，強制參與在很多國家難以實行。

三是要考慮是否有利於共同富裕，不能造成過大的貧富差距。

哪種制度更能抵禦老齡化？

先來看現收現付制度。在這種制度下，老年人的退休金完全靠年輕人繳費，當撫養比情況變差時，年輕人的負擔就會加重。圖 7-6 是我們國家人口撫養比變化圖，主要看 60 歲以上人口每人需要幾個 20—59 歲年齡段的人來繳費。不難看出，近些年撫養比惡化得非常快。2000 年時這一數字為 5.5∶1；2020 年時下降為 3∶1；2050 年，大概會下降到 1.2∶1。

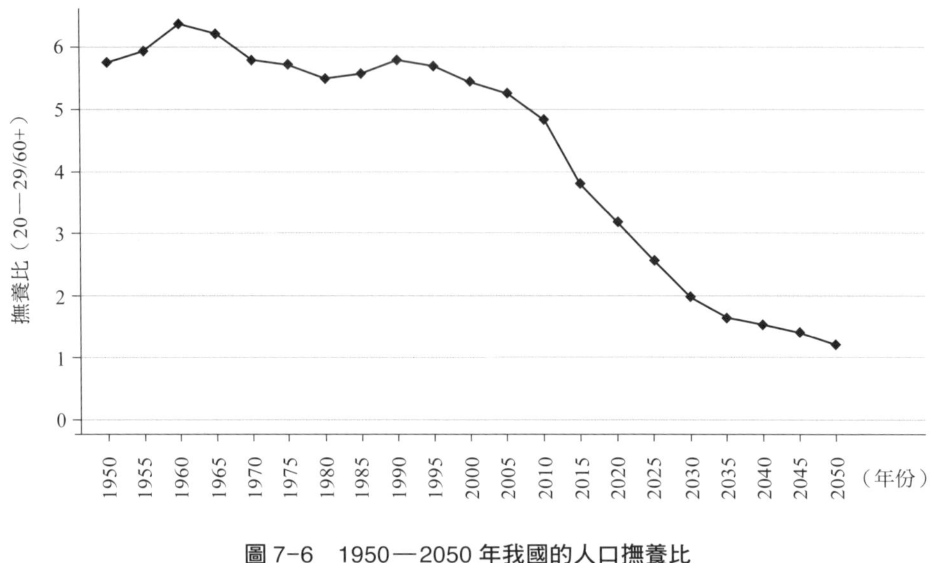

圖 7-6　1950—2050 年我國的人口撫養比

因此，如果採用現收現付制度，並預設大家在 60 歲退休，意味著當時繳費的人需要拿出一半的錢給已經退休的人養老，這非常不可持續，不利於鼓勵大家工作的積極性。

再來看個人賬戶制。如果採用名義賬戶制，意味著錢無法積累，基本等同於現收現付制。如果採用基金積累制，老年人靠自己的儲蓄生活，不靠年輕人，那就不會有這方面的顧慮。因此，基金積累制更優，更有利於老齡化。在我看來，這也是很多地方都在推行基金積累制的主要原因。

哪種制度鼓勵延長就業？

當人口的預期壽命得到很大提升時，國家必須考慮延遲退休。否則一直按照 60 歲的標準來退休，撫養比會很快達到 1∶1，這肯定不可持續。假設人口預期壽命達到 90 歲，將退休年齡延到 70 歲，撫養比馬上就會得到改善，這也是絕大部分國家應對人口老齡化最主要的法寶。

在現收現付制度下，參保者會認為養老金是自己的“應得權利”。如果國家中途改變相關規定，參保者會認為國家不守信用，因此可能抗拒延遲退休。如果採用個人賬戶制度，情況就會不一樣。個人賬戶是個人財產，選擇提前退休就意味著用有限的這些錢支撐更長時間的老年生活，平均每一年拿到的錢會變少。如果延遲退休，就意味著退休時能夠有更高的年收入。因此，如果人口預期壽命延長，人們可能會更願意延遲退休。從這個角度看，個人賬戶制更優。

發達國家通常採用現收現付制度。許多發達國家正面臨人口老齡化的衝擊，財政上出現很大赤字。這些國家在設計養老金制度時，還沒有出現人口老齡化現象，沒想到今天有如此多的問題。如今這些國家在延遲退休年齡的問題上舉步維艱，各種政治勢力在選舉拉票時都打著“不能讓大家延遲退休”的旗號，承諾一定保證退休者的福利等。因此，發達國家採用現收現付制，已經吃足教訓。

目前，美國通過發展補充保險，已經大大降低了社保作為第一支柱的重要性，即企業養老金成為越來越強的第二支柱，已經超過第一支柱。美國也很想改革，共和黨和民主黨為此爭鬥多年，希望能夠實現私有化的社會保障。雖然目前這一目標尚未實現，但美國已經通過擴大第三支柱的方式，實現了養老金制度的較大轉變。

哪種制度鼓勵繳費？

在現收現付制度之下，繳費是為了獲得領取的權利。多繳不會多得，所以只要繳費年限達到一定標準，參保者就能拿到養老金。這種制度容易鼓勵最低標準的繳費行為，以此來“佔便宜”。只達到最低繳費標準，整個分配制度對低繳費人群有利，高繳費人群的錢會被拿來補貼低繳費人群。這樣的制度雖然能鼓勵大家都參與，但是不會鼓勵大家多繳費。

而在個人賬戶制度下，賬戶是個人財產，多繳多得，可以讓參與者的積極性最大化。所以這種制度不僅鼓勵繳費，而且鼓勵多繳費。

哪種制度有利於共同富裕？

乍看，可能大家認為是現收現付制。現收現付制度有再分配的功能，可以補償低收入參與者。個人賬戶制度則沒有再分配功能。表面上看現收現付制度有利於共同富裕，但由於很多人不參與，或者是以最低水平參與，使得其實際積累的養老金權益可能更低。參保者只得到最低層次的養老金，或者乾脆就不參與，沒有養老金。因此，在現收現付制度下，反而會造就更多低收入者。

個人賬戶制雖不完美，但可以輔以配套措施。

第一，要搭配最大化參與的激勵措施，預防老年貧困。鼓勵所有人去參與繳費，即使參保人收入不高，依然可以繳費。這樣的措施可以幫助每個參保人預防老年貧困。

第二，要對終生低收入者有扶貧措施。

這兩項功能不可混在一起，即扶貧不要扭曲養老保險對參與者的激勵。

個人賬戶養老金的吸引力

如果個人賬戶做得好，實際上可能減輕貧困。這一論斷的基礎就是"人有天然的儲蓄動機"。人老之後，掙錢能力下降，消費需求上升。終有一日，個人收入將沒有辦法支持消費，因此必須有儲蓄的安排。

或許大家會問，我自己的錢可以放在自己的儲蓄賬戶，為什麼要存在政府的賬戶裏？這主要是因為個人儲蓄的收益有限，散戶很容易被"割韭菜"。而投資機構是專業的，知道如何獲得最大的投資回報，但這樣的機構一般都設有最低投資額要求，低收入者很難達到這一標準。因此，一般情況下老百姓理財只能靠銀行。但在個人賬戶養老金制度下，會有來自很多人的小筆資金匯集到一起，交給機構投資者理財，收益自然也更高。對老百姓而言，這是個人賬戶養老金吸引人的地方。

為什麼會有老年貧困？

老年貧困可能是導致個人賬戶養老金制度失敗的主要原因之一。一生都屬於低收入群體的人，其老年陷入貧困的概率也比較大，即使按時繳費也無法滿足其老年生活需求。在這種情況下，我認為這部分人的養老需求應該由政府救濟來承擔，而不是靠養老保險來負擔。新加坡有個 Workfare 項目，該項目在補貼低收入群體的同時也鼓勵就業。那些積極就業的人能拿到更多補貼，這些補貼中有相當大一部分直接進入個人賬戶，幫助這些低收入者未來養老。

我認為這是非常好的一種安排。那些一生都不繳費的人，一般也是被社會保障制度"遺漏"的人，他們多數是自我僱用的靈活就業者。一般的強制性保險不會覆蓋到他們，因為很難確定他們的收入是多少，徵繳也非常困難。相比之下，發達國家的自僱比例小，較容易實現強制性社會保險。然而中低收入國家普遍存在大量的自僱人群，這其中也包括農民。如何吸引自僱者參保？這非常重要。智利和新加坡分別採取了兩種不同的方案，結局也大不相同。

智利養老保險

智利在 1981 年就設立了完全積累的個人賬戶制度，這是對之前現收現付制度的革命性改革。之前的現收現付制度早已面臨危機。1971 年，智利養老金支出的 GDP 佔比高達 17%，當時有 100 多種資金池子，錯綜複雜的利益使改革無法推行。因此，智利政府提高了儲蓄率，推動了金融市場發展，促進了經濟的發展。

圖 7-7 中實線代表智利人均 GDP，虛線代表南美人均 GDP。不難看出，自 20 世紀 80 年代的改革後，智利出現經濟的奇跡，實現經濟騰飛，與拉美國家拉開很大距離。智利也因此成為世界銀行推崇的典範。

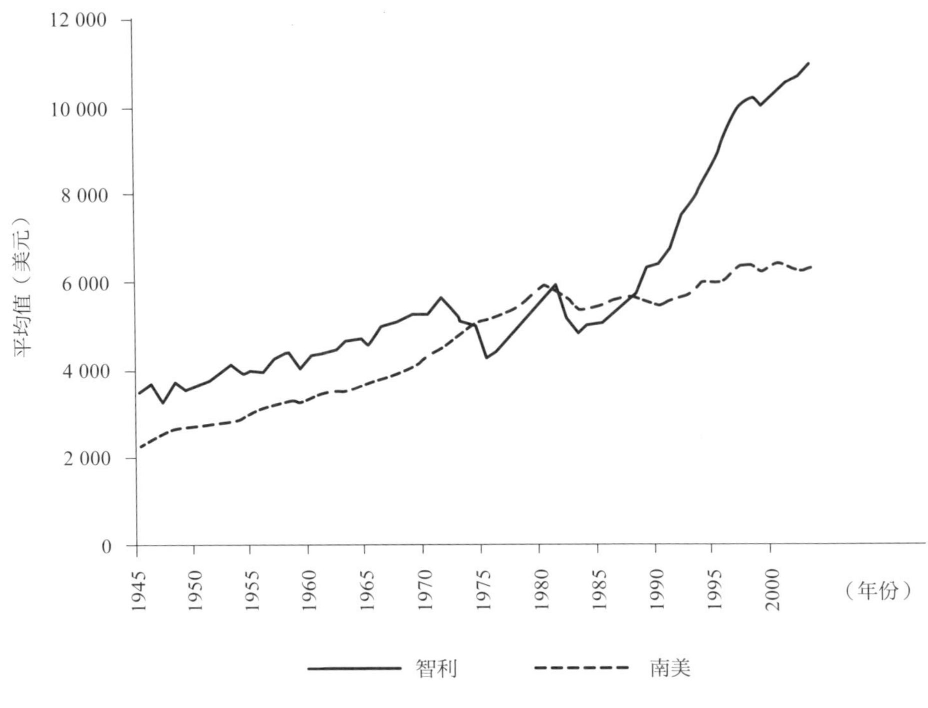

圖 7–7　人均 GDP 的平均值（1945—2003）

在 20 世紀 90 年代，包括阿根廷、秘魯、哥倫比亞、烏拉圭、墨西哥、波蘭、俄羅斯和印度在內的很多國家，紛紛推行與智利相同的養老金模式。不可否認，智利的制度在當時的確是成功的，成為全世界仿效的對象。

然而現在看來，智利的制度有兩大設計缺陷。一是參保率低。南美國家有大量自僱人群，幾乎 1/3 以上的人都是靈活就業者。這些人不進入正規社保體系，不進入強制繳費的範疇。20 多年後，智利政府發現幾乎一半的人口都沒有參保，即便參保的人，也有一半是低水平參保，根本沒有持續繳費。許多智利人發現，他們退休後能拿到的養老金非常少。

智利在 2008 年設立“互濟養老金”（solidarity-based pension），向未參保和保障水平低者提供最低養老金。然而這一養老金覆蓋了近 60% 的人口，這不是救困，而是拿參保者的錢去普遍地發福利。2015 年，智利再次大幅提升保障水平，遠超貧困線。這樣的舉措大大挫傷了參保者的積極性，越來越多的人不願參保，因為參保反而可能導致拿不到錢。

在新冠肺炎疫情期間，智利大量參保人要求政府歸還先前繳納的養老保險費用。智利政府也曾多次允許參保者取現。毫無疑問，這些錢一旦出去就不會再回來。

因此，智利的個人賬戶養老金制度目前面臨解體，很多拉美國家也是如此。多數拉美國家順勢解散了個人賬戶制度，重新回到現收現付制度。

新加坡養老金制度

1955 年，新加坡建立了自己的養老制度 —— 中央公積金制度。從時間上看，這一制度建立於其受英國統治期間。英國不想承擔殖民地老百姓的養老問題，就把這件事情交給殖民地老百姓自己負擔。

就目前情況來看，新加坡採取的這種制度非常具有生命力，受人口老齡化的影響小，運行非常好。

這一制度的關鍵是受僱者強制性繳費，是完全基金積累制的個人賬戶。參保人可以自主決定投資機構，也可以自主選擇由政府擔保的無風險投資。在 20 世紀 50 年代，新加坡也有大量自僱人群。新加坡政府對於低收入或者自僱者沒有強制，而是通過利息補貼來吸引這部分人參保。根據筆者最近查到的數據，新加坡人的個人養老金賬戶只要有 6 萬新幣，國家就會補貼 1 個點利息。與此同時，政府通過免稅的方式，鼓勵子女為低收入的父母繳費。

此外，新加坡政府只會出面救助那些無贍養人並且一生收入都很低的老年人。對於有贍養人的低收入老年人，新加坡政府主張強化子女贍養責任。救助方式並不是簡單發錢，有時候是以提供醫療、子女免費上學等實際的方式來進行。在我看來，新加坡政府的成功之處在於強調個人和家庭的責任，通過一種非常聰明的設計，讓政府僅僅起到了兜底作用。

個人賬戶制度還有哪些優勢？

綜合來看，提高社會保障統籌層次、制度之間轉移銜接、解決地區壓力不平衡以及待遇差異，這些問題和目標都可以在個人賬戶的框架下得到解決。

比如提高統籌層次這個問題，如果把個人歷史上積累的養老金權益落實到個人賬戶，然後把賬戶轉移到中央社保機構統一管理，參保人的養老賬戶控制權就不再受制於地方政府。同時，居民養老保險的餘額也可以直接併入個人養老金，因為這個餘額定義得非常清楚，如果能夠直接併入個人養老金賬戶，參保人的這一財產也不再受地方政府支配。

前兩項解決以後，轉移也不再是問題。至於待遇差異問題，主要由繳費差異導致，需要個人為自己負責。

綜上，個人賬戶制度不是簡單的第三支柱，而是具有潛在革命性意義的一種制度。

養老金個人賬戶制度通過強化個人責任並提高積極性，有利於防範人口老齡化風險，提高養老金保障水平。如果開始這幾年運行順利，可以為下一步做實基本養老保險個人賬戶打下基礎，實現全國統一。

推出個人養老金制度後，居民養老保險最適合盡快地併入。如果能夠把職工養老保險也逐步併入，則可以一次性解決轉移接續、統籌層次、參保積極性等長期困擾社保的問題。

需要強調的一個原則是，個人賬戶制度需要老年人最低生活保障制度來兜底。當然這裏面還有隱性債務的問題，這是另外一個棘手的、需要我們高度重視的問題。

此外，我認為應該有一些額外的激勵措施。個人養老金賬戶制度主要是為未參保或者參保層次低的這些靈活就業人員設計，然而這部分人由於個人投資選項少，本身就沒有太多的錢可以存入賬戶。目前居民養老保險是有繳費補貼的，有些地方存 1500 元，最高可得到 100 元補貼以及利息補貼。這些收益加在一起，已經遠遠高於實際的三年期定期存款利息。

我認為這些補貼可以轉為針對個人養老金賬戶的利息補貼，而不是現金補貼。我們可以參照新加坡的做法，補貼前面一定的量。比如說這個賬戶裏 10 萬元是參保人的投資額，政府可以針對這一部分給予補貼。這樣的話，至少每個人在退休前，可以有固定的 10 萬—15 萬元的賬戶餘額來保障其退休之後的基本生活。此外，針對高收入人群，可以允許參保人為其他低收入家庭成員繳費，比如可以為家中不工作的配偶和低收入父母繳費，以此獲得稅收優惠等。

最後，鼓勵參與也有其他一些必要條件，最主要的是信息要透明。人力資源和社會保障部可以建一個平台，提供各個可選基金管理機構的歷史投資成績單，讓投資者了解不同類型風險—收益組合，做出自己的選擇。針對個人賬戶，參保人要隨時可以查詢餘額、查詢投資回報，最好在手機端就可以操作。

目前，針對資金管理的細節還需要敲定，比如如何降低管理費，如何規定賬戶移動頻率、有效控制基金管理公司風險以及為風險耐受力低的人提供購買國債的優先權等等，這些都是可以考慮的問題。

我們也要開展全民投資知識普及。個人養老金賬戶好比是突然出現的一個投資選項，如何用好這一選項、管理好風險，相信大家都需要一定的啟蒙教育。

第八章

中國式現代化與城鄉發展

城市化 2.0 與鄉村振興的內在邏輯[1]

姚洋

（北京大學國家發展研究院院長、BiMBA 商學院院長、南南合作與發展學院執行院長）

本文和大家分享“十四五”期間一個很大的主題——新型城市化，也稱為“城市化 2.0”，以及鄉村振興。

首先看看城市化對於中國經濟的貢獻。

城市化意味著中國的結構轉型，從勞動生產率低的部門向勞動生產率高的部門轉移，城市還有集聚和創新的效應，這樣的轉型能自動帶來經濟增長。根據我個人計算，過去三四十年裏，我國城市化對經濟增長的貢獻是 10% 左右。

城市化對消費的貢獻也很大，因為城市居民的人均消費是農村居民的 2.3 倍以上。到 2035 年，城市化率達到 75%，由此帶來的消費增加足以彌補老齡化帶來的消費下降。

2020 年十九屆五中全會上，習近平主席在關於“十四五”規劃的報告中把“城市化”和“城鎮化”兩個詞並用，這在我的印象中是第一次。這是一個非常重要的信號，代表了一個新的方向。以前的官方文件中一般只提“城鎮化”，不說“城市化”。因為我們一直擔心大城市擴張太快，人口過於集中，會產生所謂的“大城市病”等問題。

---

[1] 本文根據作者於 2021 年 3 月 18 日在“中國經濟觀察”第 56 期報告會及 20 日在“新形勢、新戰略、新硬仗：2021 企業戰略落地論壇”的演講綜合整理而成。

習近平主席在《國家中長期經濟社會發展戰略若干重大問題》中提出，我國未來的城市化有兩個趨勢：一個是東部沿海地區人口向中心城市區域再集中；另一個是我國現有 1881 個縣市，農民到縣城買房子、向縣城集聚的現象很普遍。[1] 關於第二點，我認為未來可能會實現縣城和村莊的融合。

趨勢一：人口再集中

第一個趨勢"人口再集中"，指的是人口從三、四線城市向一、二線城市集中，然後到了城市化區域裏又進行分散。這個趨勢在世界很多國家都發生過，我把它稱為人口的"大集中、小分散"。

比如，美國的地理面積跟中國差不多，人口 3 億多，但是攤開美國的地圖，會發現美國人口集中在少數幾個地方，包括東海岸、西海岸、五大湖地區，以及佛羅里達州，其他地方人口較少，中西部經常開車一個小時見不到一戶人家。此外，哪怕是國土面積很小的日本，人口集中也非常顯著，東京—名古屋—大阪這個高鐵旅程不到兩個小時的狹窄區域裏，集中了日本 60%—70% 的人口。

我國未來也會形成一些城市化區域。國家已經宣佈了九個中心城市名單，包括北京、天津、上海、廣州、重慶、成都、武漢、鄭州、西安。圍繞這九個城市將形成七個大的城市化區域，包括珠三角、長三角、長江中游地區、四川盆地、西安咸陽、鄭州開封、京津冀地區。可以預見，到 2035 年，我國城市化率將達到 75% 以上，全國 60% 以上的人口將集中在這七個城市化區域裏。

這種發展趨勢對中國經濟的意義是非凡的。

第一，進一步集聚會帶來更大的效益。粵港澳大灣區將成為中國乃至世界的一個新的增長極，深圳極有可能成為與硅谷並肩的高科技創新中心。

第二，經濟地理會發生大調整。城市化區域的經濟比重會增加，非城市化區域的經濟比重會下降。

---

[1] 習近平：國家中長期經濟社會發展戰略若干重大問題，參見：http://politics.people.com.cn/n1/2020/1031/c1024-31913885.html。——編者注

第三，對房地產業產生影響。雖然預計我國總人口將在 2025—2028 年開始下降，我國總體房價不會有大的增長，但是新的城市化道路給城市化區域帶來人口的持續增加，可能導致這些中心城市的房價得以維持，甚至有所上漲，而非城市化區域的房價要維持住就很難，特別是那些人口流出城市。

由此，我們需要一些配套措施，比如戶籍制度改革、公共服務均等化、高考改革等。戶籍制度改革已經討論了很多年，從 2012 年春天就開始提出，到 2013 年十八屆三中全會重申，但都沒有成功執行。沒有執行的重要原因之一是戶籍制度改革方案太激進，比如讓縣級及以下城市全面開放，只要有穩定的工作、穩定的居所就可以申請戶口。這在全世界都沒有先例，連美國都有戶籍制度。所以我們可以採用的方式是用居住證代替戶口登記，弱化戶口所附帶的公共服務屬性。在這個過程中，要把公共服務拉平，公共服務的均等化也是“十四五”期間一個非常重要的方向。高考是戶口最大的福利，我們主張把地方高考和全國統考結合起來，全國統考面向那些戶籍和學籍分離的學生，這將有利於大城市地區開放戶籍的執行。

趨勢二：縣域經濟的發展

城市化 2.0 的另一個趨勢是農村居民向縣城集聚，這一現象越來越普遍，因此縣域經濟變得越來越重要。如圖 8-1 所示，自 2014 年以來，勞動力流動趨於平穩，跨省流動人數基本停止增加，開始了返鄉創業的潮流。我們從這一現象中也要看到鄉村隱性失業在增加，因為我國統計失業只統計城鎮，不統計鄉村。

2020 年我國脫貧攻堅取得了決定性勝利，下一步就是不能讓這些脫貧的人再返貧。因此，我們今後的目標要從脫貧攻堅轉到全面鄉村振興，使農村繼續發展。到 2035 年，我國仍將有 1/4 的人居住在農村，這在中國是一個巨大的數字 —— 三四億人。我國城市化即使最終完成了，我估計全國還有 1/5 的人口生活在農村地區。所以，中央提出鄉村振興戰略，在我看來是一個非常正確的決策，我相信歷史也將證明這一點。

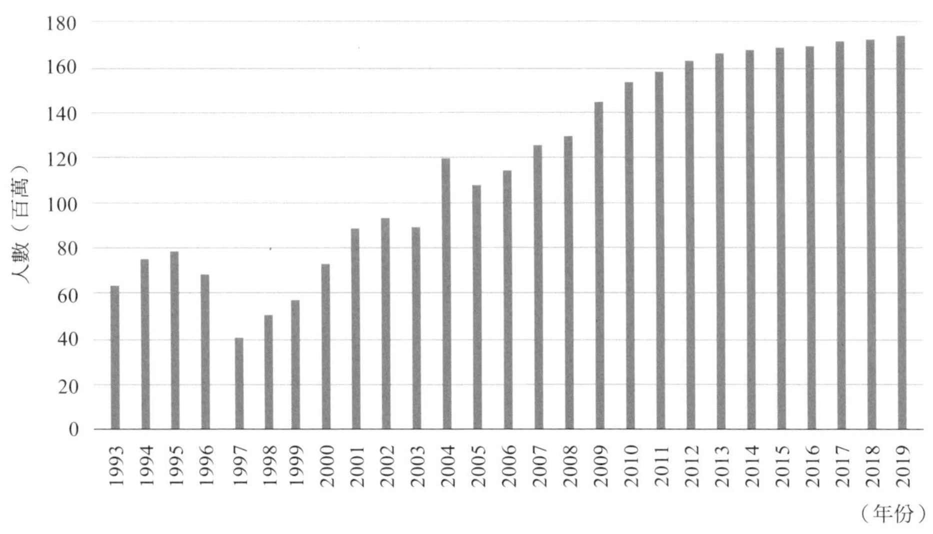

圖 8-1　我國進城務工人員數量

資料來源：《中國統計年鑒》

鄉村振興的核心在哪裏？不是發展農業，因為農業只佔我國 GDP 的 8%，15 年前我國農民的主要收入已經來自非農業。未來要想全面實現鄉村振興，核心必須是為農村居民提供較高質量的非農就業機會。

在中西部地區，主要應該實施人口就地城市化，勞動密集型產業仍然應是主力。舉個例子，我的老家江西省新干縣在過去十年實現了飛速發展，近十年，江西省在全國 GDP 的排位上升得非常快，從墊底省份基本上到了中游，這與它加入"長三角一體化"以及大批人口返鄉創業有關係。

我的老家新干縣現在有 35 萬人，支柱產業是箱包和燈具，都屬於中低端產業，其中箱包產業佔到全國中低檔箱包的 80%。箱包的利潤很低，一個箱包只賺 5 元左右，但對當地老百姓來說是個福音，因為到工廠裏去幹活，基本上四五千元的月收入有保障，勤快一點收入上萬元也有可能。這些年我們村裏老百姓的生活水平大幅度提高，很多人家開始買小轎車。農村居民買小轎車是富裕的標誌之一，因為小轎車不能跑運輸，完全是消費品。

類似這樣發展水平中等偏下的縣，通過產業轉移可以實現快速發展，勞動密集型產業在這些地方仍然應該是主力。所以，有了產業我們的扶貧成績才能有保證，鄉村振興才有基礎，我們才能實現"城鄉一體化"。

最終，鄉村將成為中國很多人未來的宜居之所，進縣城買房與留在村莊居住將形成平衡。收入水平提高之後，交通也將更加便利。農村地區單體房屋的衛生條件也可以實現自來水、下水系統、抽水馬桶等基礎設施的普及。如果能把農村變成宜居之所，我們的鄉村振興戰略也就實現了。

鄉村振興的政策抓手[1]

蔡昉

（中國社會科學院國家高端智庫首席專家）

我們在成功打贏"脫貧攻堅戰"之後，馬上轉入了鄉村振興戰略，但是，也有些地方不知道該怎麼抓鄉村振興，特別是一些基層的領導幹部習慣於貫徹直接帶著"硬抓手"的政策，所以要真正看到抓手才知道怎麼推進工作。

鄉村振興包含非常廣泛的內容，他們會覺得使不上勁兒，有時也會導致一些做法表面化，比如把重點僅僅放在改變鄉村的物理面貌上。這些領域工作都是對的，都是鄉村振興的內容，但是僅僅抓一個或者兩個方面過於狹窄。因此，本文將重點探討鄉村振興應該把握住哪些政策抓手。

推進鄉村振興需把握的幾個要點

在我看來，下面幾個要點，有助於我們把握鄉村振興的方位或時點。

第一，鄉村振興是一個長期的過程，我們已經講了多年，而其最新起點就是在實現脫貧攻堅與鞏固脫貧攻堅成果的銜接處。也就是說，既要鞏固住既有成果，又要更上一層樓。

---

[1] 本文由財新網根據作者在"2022 年財新夏季峰會"上的演講整理而成。

第二，鄉村振興的最終目標就是實現農業農村現代化。中國到 2035 年要基本實現社會主義現代化，相應地，鄉村振興也對應著基本實現農業農村現代化的目標。

第三，鄉村振興的顯示性特徵是農業強、農村美、農民富。也就是說，鄉村振興最終要用這幾點來判別：農業強，這是產業興旺的一個要求；農村美，包括基本公共服務供給，也包括村莊面貌建設；農民富，這是共同富裕的根本要求。

第四，鄉村振興的基本路徑是消除城鄉二元經濟和社會結構。鄉村振興有很多路徑，我認為比較高度概括的基本路徑，應該是消除城鄉二元經濟結構和二元社會結構。二元結構是困擾我們多年的問題。改革開放以來，這種極大的結構反差大大減輕了，但還沒有根本消除。今後十幾年是消除城鄉二元結構的一個窗口期。

按我的分析，比照中國 2025 年和 2035 年預期達到的人均 GDP 目標，處於人均 GDP 12000—24000 美元區間的國家，在一些發展指標上，可以作為我國縮小與基本現代化目標之間差距的參照系。

我們確立的 2025 年目標是進入高收入國家行列，2035 年目標是成為中等發達國家。它們對應的數量要求分別為，2025 年人均 GDP 超過 12000 美元，2035 年人均 GDP 達到 24000 美元。按照世界銀行的標準，人均 GDP 達到 12600 美元是目前進入高收入國家的門檻。這一目標我們已經基本達到。隨著進入高收入國家行列，中國 2035 年目標對應的中等發達國家，就是在把高收入國家分成三等份情況下的中間那個收入組。這個收入組的門檻值是人均 GDP 達到 23000—24000 美元。因此，今後這十幾年，中國的發展正是處在人均 GDP 從 12000 到 24000 美元的區間。相應地，位於這個階段上國家的平均水平或一般水平（並不是某一單個國家），便可以作為參照系，就是我們要直接趕超的目標。

同時，我在研究中也發現，人均 GDP 在 12000—24000 美元這個發展區間，還有一個突出的特徵，就是它同時也是政府推進現代化力度最大、公共支出及佔比增長最快的發展階段，可以稱為"瓦格納加速期"（見圖 8-2）。

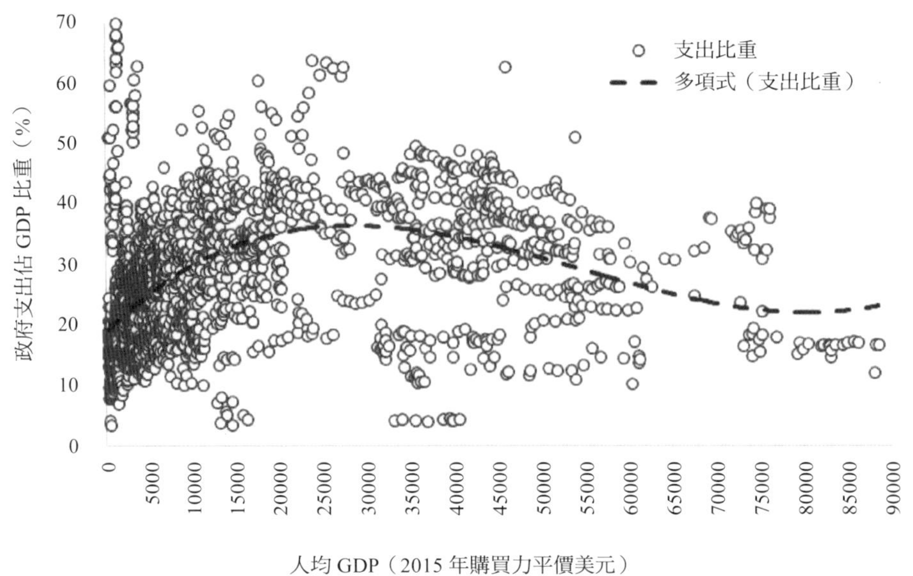

圖 8-2　瓦格納加速期

瓦格納定律和瓦格納加速期

瓦格納定律指隨著人均收入水平的提高，政府支出，特別是政府的社會性支出，即用在社會保護、社會共濟、社會福利上的支出，佔 GDP 的比重是逐漸提高的；同時，它在不同階段的提高速度不盡相同。

正是在人均 GDP 從 12000 美元提高到 24000 美元的區間，政府支出比重的提高速度最快，也達到了社會福利支出的基本要求。也就是說，實現了這個區間要求的增長速度，達到了這個階段的基準比重，總體上就建成了福利國家，所以這個區間叫作“瓦格納加速期”。中國從現在到 2035 年的發展，正處於瓦格納加速期。因此，這個區間是我們的一個重要路標，整個國家基本實現社會主義現代化要以此作為參照，鄉村振興也應該以此為參照。

借鑒國際標準，持續幫扶低收入群體

打贏了脫貧攻堅戰之後，我們接下來要做的最重要的事情，就是不能有規模性的返貧。那麼，現在應該做的就是：借鑒一些國際標準，扶持幫扶低收入群體。要鞏固脫貧攻堅成果，我的主張是用積極的策略。積極策略的含義是什麼呢？就是“取乎其上，得乎其中”。也就是說，不僅要保證不發生規模性返貧，而且要著眼於這部分低收入人群，比如說國家統計局農村居民收入分組中收入最低的這 20% 的人，把針對性的政策舉措集中瞄準他們，促使他們的收入持續增長。在把防止返貧作為最低標準和底線的基礎上，更積極地擴大中等收入群體，才能達到儘可能高的目標。

農村居民可支配收入五等分組的平均增長率，從高到低的各個農村收入組，前四組 2021 年的增長速度分別為 11.8%、10.9%、12.5%、11.5%，均達到了兩位數的增長。但是，最低收入群體的收入增長是 3.7%。也就是說，這個組實現正增長，對於確保不發生規模性返貧是重要的。但是，我們想要的結果是“取乎其上”。也就是說，要把這部分低收入群體（至少其中很大一部分）盡快提升為中等收入群體，至少需要使他們的收入增長速度不低於其他收入組，甚至應該更高，各組之間的收入差距才會縮小。目前，由於新冠肺炎疫情的衝擊，很多農村勞動力不能外出打工，低收入組的收入增長更易於受到衝擊，這個群體仍然是一個相對脆弱的群體。因此，我們應該用更加積極的措施推動他們的收入增長，這樣才能達到預期的目標。

鞏固脫貧攻堅成果，國際上也有一些標準可以供我們借鑒。

第一，我們脫貧攻堅採用的貧困標準，是高於世界銀行原定的每人每天 1.9 購買力平價美元（國際貧困線）的，這保證了我國的脫貧成就是有足夠成色的。不過，世界銀行於 2022 年已經把貧困標準提高了，預計 11 月就會採用新的標準，即對於低收入國家，國際貧困線從每人每天 1.9 美元提到 2.15 美元；對於中等偏下收入國家，從原來每人每天 3.2 美元提到 3.65 美元；對於中等偏上收入國家，從過去每人每天 5.5 美元提到 6.85 美元。這種調整是根據新的條件變化來的，我們在實現脫貧攻堅後同樣面對的是新條件，所以新標準對我們也具有參考價值。

除此之外，OECD 國家普遍採用相對貧困標準，即把居民中位收入的 50% 作為相對貧困線。如果借鑒這個標準，農村居民的相對貧困標準，即農村居民中位收入的一半，大約為 8451 元。最低收入組整體上處於這個水平之下，也就是說，我們還有相當大規模的低收入群體。值得注意的是，OECD 相對貧困標準是以中位收入作為參照的，著眼於解決相對貧困問題，與我們意欲擴大中等收入群體的目標是一致的。也就是說，按此標準扶助低收入群體，可以產生擴大中等收入群體的效果。

推動新型城鎮化，促進農業勞動力轉移

鄉村振興的一個重要抓手應該是推動新型城鎮化和促進農業勞動力轉移。這裏應該強調的是，推動鄉村振興，一方面固然涉及每一個參與者，即每個農民、每個打工者、每個基層幹部的努力，另一方面還需要制定相應的公共政策，而公共政策是一種公共品。因此，下面我著眼於相對宏觀的層面進行討論。

我們有一句話，是說要讓農業成為有奔頭的產業，讓農民成為有吸引力的職業。要做到這兩個“讓”，就必須達到第三個“讓”，也就是讓農業有合理的比較收益，成為自立的產業。從目前來看，還很難說農業能夠獲得合理的比較收益。我們需要看看，為什麼農業的相對收益始終那麼低？

有一個描述性統計指標，叫作相對國民收入，也可以叫作比較勞動生產率，也就是三個產業中每一個產業的增加值佔比與勞動力佔比的比率。改革開放以來，我國農業勞動生產率大幅度提高，勞動力也得到大規模轉移，但是，農業的相對國民收入始終處於低位，歸根結底是由於太多的勞動力只生產了較小份額的產業增加值，這就注定了農業很難得到堪與其他產業匹敵的收入。很顯然，既然是過高的勞動力比重造成了農業比較收益的持續低下，根本出路自然還是要繼續推動農業勞動力的轉移。

轉移農業勞動力，就是要推進以人為核心的新型城鎮化，包括讓農業剩餘勞動力以農民工的身份繼續外出和進城，以及讓進城農民工盡快成為市民。

下面，我們藉助前述參照系，觀察一下推進城鎮化和促進勞動力轉移的緊迫性。如果畫一個圖，橫坐標中國家和地區的排列從中國開始，所有人均 GDP 高於中國的國家都排在坐標的右邊，從中可見我國的農業就業比重在這組國家中處於最高的水平，同時我國的城鎮化率也顯著低於其他國家的平均水平。即使不與更高收入的國家比較，而是僅與人均 GDP 在 12000—24000 美元之間的國家進行比較，平均來說，中國與其在城鎮化率上也有 5.5 個百分點的差距，但在農業就業比重上，中國比這些國家的平均水平高出 18.2 個百分點。此外，我們還有一個跟自身比較需要縮小的差距，就是在戶籍人口城鎮化率和常住人口城鎮化率之間 18 個百分點的差距。這都說明，通過進行戶籍制度改革從而推進城鎮化以及加快勞動力轉移，既可以顯著增加勞動力供給，繼續獲得資源重新配置效率進而支撐生產率的提高，同時也有利於農民工工資的提高和農戶收入的增長，大大有助於增加他們的消費。

OECD 專門研究中國經濟的團隊做了一項研究，表明農村勞動力轉移出來並進城務工後，即使其他條件不變，他們的消費也可以提高 30%；再進一步，他們進城以後如果再得到城市的戶口，解除了消費的後顧之憂，消費可以再提高 30%。可見，供給側和需求側都有足夠大的改革紅利，表明縮小城鎮化和勞動力結構方面的差距有多重要。

擴大土地經營規模和提高勞動生產率

制約農業比較收益提高的因素還有一個，就是土地規模過小。勞動力沒有充分轉移出去，耕地的流轉性也不夠強，因此現行的土地經營規模偏小，勞動生產率也就比較低。

根據世界銀行提供的數據，我們的農業勞動生產率，也就是每個勞動者創造的農業增加值，是高於世界平均水平的，也高於低收入國家的平均水平，高於中等偏下國家的平均水平，但是，仍然顯著地低於中等偏上收入國家的水平，更不用說與高收入國家的平均水平相比，僅相當於中等偏上收入國家平均水平的 77% 和高收入國家平均水平的 12%。中國已經基本邁入了高收入國家的行列，因此，至少要顯著縮小與這兩個組別在農業勞動生產率方面的差距。總的來說，中國的農業科技和裝備水平並不低。也可以看到，特別是在平原地區，雖然農戶規模還比較小，但基本是以租賃和僱用的方式實現了機械作業。可見，農業勞動生產率低的原因歸根結底還是農業就業比重太高、經營規模太小。

我國農業中戶均土地規模應該說是世界上最小的之一，而且 40 多年來變化不是非常顯著，保持在大約 0.67 公頃的水平。每戶土地還分散在若干位置，分散為五六塊甚至更多，耕種地塊的經營規模更小。世界銀行曾經把土地規模不到 2 公頃的農戶定義為小土地所有者，而我們實際的水平只相當於小土地所有者的 1/3。根據最近一次農業普查的數據，大約 80% 的農業勞動力的耕種規模在 0.67 公頃以下。這種狹小的土地規模制約了勞動生產率的提高，使得我們不能獲得規模經濟。

縮小城鄉間收入和基本公共服務差距

目前來看，我們的城鄉收入差距仍然存在，幅度也偏大。過去十餘年間，全國的基尼係數是下降的，城鄉收入差距也有所下降，但是按合理的標準來比較，兩者都還偏高，特別是基尼係數始終高於參照組中各國的水平，而且城鄉收入差距對整體的收入差距做出接近一半的貢獻。這就意味著，推進共同富裕，把基尼係數實質性縮小，就必須藉助再分配手段，同時也要靠城鄉收入差距的縮小。未來加強再分配力度，需要遵循瓦格納定律或者瓦格納加速期的一般規律。

同時，二元經濟結構既是一種體制安排，也是這種體制運行的結果。長期的二元經濟結構最後就從體制機制上固化為二元社會結構。仍然存在的戶籍制度，從統計意義上造成常住人口城鎮化率和戶籍人口城鎮化率之間的巨大差別，其現實表現是在諸多基本公共服務的供給上，城鄉之間存在差別，在進城農民工與城市戶籍居民之間也有差別。即便與城市中未就業或者非正規就業群體相比，農民工享受的基本公共服務也較少。

城鄉之間以及城鎮內部的二元結構，特別是不同人群尚未享受到均等的基本公共服務，可從許多事例中清晰地看到。目前，由於社會養老保險不同項目之間的保障水平差異，佔全部 56.6% 的社會基本養老保險領取者所領取的養老金總額只佔全部的 5.9%。此外，尚未在城鎮落戶的農民工群體，在子女教育、社保、低保等基本公共服務方面均有不充分的情況。也就是說，雖然我們的基本公共服務覆蓋率明顯擴大，保障水平也有所提高，但與均等化要求的差距仍然很大。因此，破除二元經濟結構迫在眉睫，我們要抓住未來十幾年這個機會窗口。

以公共品供給的方式實施鄉村振興

既然城鄉二元結構是一個舊體制的遺產，改革越來越是一個有賴於頂層設計的公共政策調整過程，因此，我們應該注重以公共品供給的方式消除城鄉二元結構。相應地，實施鄉村振興不能僅僅指望參與者各顯神通就能奏效，這也不是一個可以完全通過市場機制調節的過程。我們既要讓市場機制在資源配置中發揮決定性的作用，也要最大限度地調動每個參與方的積極性，但是，作為更好發揮政府作用的重要方面，公共政策決策至關重要，並且能夠給我們提供必需的抓手。

第一，產業振興的根本制約不是資源不足，也不是因為農業是一個天生弱質的產業，而是由於市場回報不夠高，導致激勵不足。農業市場回報低的根本原因是農業勞動生產率低，導致相對收益低。這就要求政府進行頂層設計並且承擔必要的支出責任，通過戶籍制度改革加快農業勞動力轉移和土地流轉，擴大農業經營規模。對這一點我們應該有清醒的認識，既不能把農業置於不能在市場競爭中自生的產業地位，也不能使政府公共品供給職能缺位。

第二，公共品供給的相關領域改革和政策調整並不是零和博弈，而是能帶來實實在在、報酬遞增的改革紅利，即從供給側提高中國經濟潛在增長率，從需求側提高支撐經濟增長的保障能力。這種改革紅利應該成為持續推動改革的動力，因此我們要抓住機會，在那些改革紅利最多、最明顯的領域加快改革速度，加大改革力度。

第三，消除城鄉二元結構的核心是實現基本公共服務均等化。要想做到這一點，一方面，政府要主動消除一系列不均等公共服務供給的體制基礎；另一方面，顯著提高政府在社會保護、社會共濟和社會福利上的支出。作為一種必要的公共品供給原則，城鄉之間基本公共服務均等化並不與市場機制相衝突。

第四，農業勞動生產率不僅是農業農村現代化的必然要求，也是整個經濟的必要基礎。當年我們學習馬克思政治經濟學的時候，熟記了農業勞動生產率是國民經濟的基礎這個論斷。如今這個論斷並沒有過時，而且農業在整體經濟中的比重越小，農業勞動生產率的基礎性作用就越強。因此，沒有農業生產率的提高就沒有農業農村的現代化，不僅使中國的現代化不完整，而且削弱了整個經濟的韌性。

全面落實鄉村振興戰略，需扎實穩妥推進鄉村建設[1]

黃季焜

（北京大學新農村發展研究院院長，中國農業政策研究中心名譽主任，發展中國家科學院院士）

鄉村建設事關農民切身利益、農業現代化和農村長遠發展，全面落實鄉村振興戰略需扎實推進鄉村建設。2022 年中央一號文件[2]更加強調鄉村建設要扎實推進，對鄉村建設實施機制、農村人居環境整治提升、重點領域基礎設施建設、數字鄉村建設、基本公共服務縣域統籌等做出具體部署。

健全鄉村建設實施機制

扎實穩妥推進鄉村建設必須有健全的實施機制。只有實施更加適合本地實際需求的鄉村建設項目，並充分發揮農民和村莊在鄉村建設中的積極性和能動性，鄉村建設才能事半功倍。因此，健全的實施機制是有效推進農村人居環境整治、農村基礎設施建設、數字鄉村建設和基本公共服務供給的重要保障，只有建立健全鄉村建設實施機制，才能落實鄉村建設為農民而建的要求，確保鄉村建設的建

---

[1] 本文首發於《農村工作通訊》2022 年第 5 期。

[2] 即《中共中央　國務院關於做好 2022 年全面推進鄉村振興重點工作的意見》。——編者注

設成效和有序推進。

為扎實穩妥推進鄉村建設，2022 年中央一號文件特別強調鄉村建設的實施機制。與往年的中央一號文件相比，2022 年更加關注農民需求，特別強調“鄉村振興為農民而興、鄉村建設為農民而建的要求”，明確提出“自下而上、村民自治、農民參與”的實施機制。在實施上，特別指出要“加快推進有條件有需求的村莊編制村莊規劃”，並明確提出“啟動鄉村建設行動實施方案”“防範村級債務風險”“推進村莊小型建設項目建議審批”“明晰鄉村建設項目產權，以縣域為單位組織編制村莊公共基礎設施管護責任清單”等具體措施。在保護傳統村落方面，提出 2022 年的重點工作是實施“拯救老屋行動”。

雖然近年來各地鄉村建設都取得了顯著進展，但我們也發現不少建設項目與農民的迫切需求還存在較大的差異。根據北京大學中國農業政策研究中心於 2022 年 1 月在 5 省 169 個行政村對 1768 戶農戶的調查（簡稱北大調研），農民認為本村最迫切需要建設的前 5 個項目依次為道路交通、養老、醫療衛生、教育和飲用水，但 2019—2021 年實際實施的項目除道路交通外（佔鄉村建設總經費的 46%），其他項目同農民需求相差甚遠。即使道路交通建設項目總體上與農民需求意願排序一致，但農民最希望的前 3 項建設項目（依次為通村公路、通村公交站點和組內道路）與實際的建設項目也存在較大差異。當然，不同地區的農民需求也存在很大差異。

為落實“鄉村振興為農民而興、鄉村建設為農民而建”的總體要求，鄉村建設項目需因地制宜，要與當地農民的迫切需求有機結合起來。因此，充分考慮農民實際需求，充分發揮農民積極性，秉承“自下而上、村民自治、農民參與”的原則，科學規劃短期和中長期適合各村莊的鄉村建設進展極其重要。這要求各地政府在鄉村建設項目規劃和實施上，改變以往“從上到下”的運行機制，總結推廣農民群眾參與鄉村建設項目的有效做法。

接續實施農村人居環境整治提升五年行動

建設美麗宜居鄉村是全面推進鄉村振興的重要任務之一，事關廣大農民的根本福祉，是縮小城鄉差距、實現城鄉融合的重要舉措。但由於農村基本公共服務供給有限，優先用於與生產生活密切相關的基礎設施建設，導致長期以來人居環境基礎設施供給不足。雖然近年來加大了投入力度，農村人居環境也在不斷改善，但整體上仍處於較低水平。

加強農村人居環境整治是近幾年中央政策的著力方向之一。繼 2018 年《農村人居環境整治三年行動方案》之後，2021 年的中央一號文件提出"實施農村人居環境整治提升五年行動"，繼續關注農村廁所、污水、黑臭水體、生活垃圾、村莊清潔和綠色行動幾方面。在此基礎上，2022 年中央一號文件明確指出"接續實施農村人居環境整治提升五年行動"，明確了 2022 年的工作重點：在改廁方面，重點強調"從農民實際需求出發"；在污水處理方面，"優先治理人口集中村莊"；在生活垃圾方面，強調"生活垃圾源頭分類減量，推進就地利用處理"；在村莊清潔美化方面，"深入實施村莊清潔行動和綠化美化行動"。

從北大調研看，雖然近年來農村人居環境整治提升行動效果顯著，人居環境整體上得到明顯改觀，但仍存在部分整治不充分、區域差異大等現實問題。至 2021 年底，有 90% 的農戶使用了衛生廁所，95% 的農戶集中處理了生活垃圾，基本形成"村收集—鄉鎮轉運—縣處理"的模式，村容村貌有明顯改善。但區域差異較大，有些地區農村廁所不符合農民需求，糞污資源化利用程度低，村容村貌治理過程中仍存在"重面子、輕裏子"的情況。大多數地區仍存在尚未建立生活垃圾源頭分類、生活污水治理進行緩慢、黑臭水體治理難度大等問題。

為接續落實農村人居環境整治提升五年行動，需要因地制宜推廣滿足當地自然條件和農民需求的人居環境設施。在廁所方面，要根據實際情況"宜水則水、宜旱則旱"，整改現存問題；在污水方面，有條件有需求的地區要納入城市污水管網或自建污水管網設施，不適宜集中處理的推行小型化生態化治理方案；在垃圾方面，推進生活垃圾源頭分類減量；在黑臭水體治理方面，要明確治理目標；

在村莊清潔綠化方面，要真正從農民需求出發，發揮村民自治能力，將清潔綠化美化落到實處。

扎實開展重點領域農村基礎設施建設

完善的農村基礎設施是促進鄉村振興和農業農村現代化的必要條件。加強農村基礎設施建設是農業農村發展的有力支撐，是縮小城鄉差距實現共同富裕的重要舉措。習近平總書記特別強調，“要把公共基礎設施建設的重點放在農村，推進城鄉基礎設施共建共享、互聯互通，推動農村基礎設施建設提擋升級”[1]。2021 年中央一號文件已明確將農村道路暢通工程、農村供水保障工程、鄉村清潔能源建設工程、數字鄉村建設發展工程和村級綜合服務設施提升工程作為“十四五”時期補齊農村基礎設施短板的突破口。

2022 年中央一號文件特別強調要“扎實開展重點領域農村基礎設施建設”，提出的重點領域、要求和措施更加具體。例如，除繼續強調較大人口規模自然村（組）通硬化路以外，還明確提出“有序推進鄉鎮通三級及以上等級公路”建設，“實施農村公路安全生命防護工程和危橋改造”，以及“扎實開展農村公路管理養護體制改革試點，穩步推進農村公路路況自動化檢測”。同時，特別提出要“配套完善淨化消毒設施設備”，繼續強調“深入實施農村電網鞏固提升工程”並新增“推進農村光伏”建設；提出“實施農房質量安全提升工程”並“加強對用作經營的農村自建房安全隱患整治”。

雖然近年來我國農村基礎設施建設得到快速發展，但還有不少需要補短板的重點領域，地區間差異也很大。北大調研顯示，到 2022 年 1 月，到鄉級公路距離在 1 公里以內的村佔比已達 80%，農戶自來水普及率近 70%，農戶對生活用水水質的滿意度達 87%。但部分西部村莊和山區村莊的發展水平較低，還存在很

[1] 《譜寫農業農村改革發展新的華彩樂章 —— 習近平總書記關於“三農”工作重要論述綜述》，參見：http://www.xinhuanet.com/mrdx/2021-09/23/c_1310204090.htm。—— 編者注

大的短板。在生活能源方面，僅有 25% 的農戶將電力作為最主要的炊事能源。此外，46% 的農戶住房建於 2000 年以前，部分省份超過 60%，因此提升農房質量安全是當務之急。

扎實推進農村基礎設施建設需要因地制宜、突出重點。要立足各地的現有基礎，尊重農民意願，確定適合各地的農村基礎設施建設的重點領域和優先順序，尤其在道路、供水、能源和農房等方面，要將好事辦實、將實事辦好。與此同時，在建設和維護上要有創新思路，建立健全農村基礎設施建設和管護的體制機制保障。

大力推進數字鄉村建設

以數字技術驅動鄉村生產方式、生活方式和治理方式變革，對提升農業農村生產力、優化城鄉與區域要素流動和配置、推動農業高質高效發展、促進鄉村治理能力和治理體系現代化均具有重要意義。鄉村的數字基礎設施、經濟數字化、治理數字化和生活數字化是當前數字鄉村建設的重要內容。要充分發揮數字技術促進農業農村現代化的作用，必須以市場需求為導向，補足鄉村經濟數字化發展短板，提高農民數字素養與技能，加快鄉村治理與公共服務數字化轉型。

為此，2022 年中央一號文件專門以整段篇幅提出“大力推進數字鄉村建設”。文件強調“著眼解決實際問題，拓展農業農村大數據應用場景”，確立了以市場需求為導向的建設方向。繼續強調“推進智慧農業發展，促進信息技術與農機農藝融合應用”以彌補經濟數字化發展的短板。首次提出“實施‘數商興農’工程，促進農副產品直播帶貨規範健康發展”，並強調“加快實施‘快遞進村’工程”和“推動互聯網 + 政務服務”向鄉村延伸覆蓋。與此同時，文件還特別指出“加強農民數字素養與技能培訓”。為探索數字鄉村建設的規範標準及評估體系，文件首次提出“加快推動數字鄉村標準化建設，研究制定發展評價指標體系，持續開展數字鄉村試點”。

推進數字鄉村建設要關注發展鴻溝和如何使農民成為受益主體。北京大學新農村發展研究院聯合阿里研究院編制的《縣域數字鄉村指數（2020）》研究報告顯示，我國縣域數字鄉村已有較好發展基礎，儘管受到疫情衝擊，2020 年繼續保持了 6% 的穩步增長。但研究也指出，要高度重視區域差異和發展鴻溝問題，特別是鄉村經濟數字化區域平衡發展問題。北大調研也證實，鄉村數字基礎設施得以不斷完善，99.9% 的受訪村莊實現了 4G 網絡全覆蓋，23% 建有電商服務站，35% 實現快遞進村，37% 建有一站式服務平台且提供線上服務。但在農民層面，數字技術惠民程度還有待提高，到 2021 年底只有不到 1% 的農民在網上銷售農產品。《數字農業農村發展規劃（2019—2025 年）》提出，農產品網絡零售額在農產品總交易額中的佔比要從 2018 年的 9.8% 提高到 2025 年的 15%。

為此，在大力推進數字鄉村建設上，需要堅持突出重點和補足短板並重，需要特別關注農民從數字鄉村建設上獲益。數字鄉村建設要分階段地有序推進，要採取更具包容性和公平性的區域發展策略，要充分發揮政府公共職能與市場配置資源作用。要把農民作為數字鄉村建設的重要主體，讓更多的農民特別是低收入農民參與“數商興農”工程，通過培訓等措施，提高他們在“電商大餅”中的佔比。在農產品流通新業態發展過程中，要有創新的體制機制，讓廣大農民從農產品供應鏈中上游增值中獲得更多利益。

加強基本公共服務縣域統籌

加強基本公共服務是政府的重要職能，是保障全體公民生存和發展的基本需要，同時基本公共服務提高與經濟社會發展水平緊密相關。在目前我國城鄉基本公共服務差距較大的情況下，加強農村基本公共服務建設極其重要。但基本公共服務發展需要一定的過程，現階段強調縣域內統籌是非常務實可行的。

2021 年中央一號文件分別部署了“提升農村基本公共服務水平”和“加快縣域城鄉融合發展”這兩大任務，2022 年中央一號文件將其整合提升為“加強基本公共服務縣域統籌”，充分考慮了阻礙我國城鄉融合的雙重戶籍約束和財政分權體制掣肘的現實問題。文件繼續強調醫療衛生領域的補短板問題，更加關注“一老一少”領域的公共服務問題，特別強調“實施新一輪學前教育行動計劃”和敬老院等公共服務供給。與此同時，首次提出“推動基本公共服務供給由注重機構行政區域覆蓋向注重常住人口服務覆蓋轉變”，凸顯了“十四五”期間由“空間城鎮化”向“人的城鎮化”轉變的趨勢；繼續強調“扎實推進城鄉學校共同體建設”，並提出“實施村級綜合服務設施提升工程”。

雖然近年來農村基本公共服務投入逐年持續增長，在基礎教育、醫療衛生、綜合服務等方面要實現城鄉均等化還任重道遠。例如，北大調研顯示，有小學和幼兒園的樣本村分別只佔 54% 和 43%，而有公立幼兒園的樣本村僅佔 28%；雖然醫療衛生基礎設施得到很大發展，村診所覆蓋面已達到 96%，但也有 16% 的樣本村沒有標準化集體診所；老年活動中心等養老設施缺乏，僅 20% 的樣本村有養老院。

為解決農村基本公共服務供給不充分和不平衡問題，在現階段從縣域層面統籌發展極其重要。要構建從覆蓋“行政區域”轉變為覆蓋“常住人口”的公共服務均等化體系，進一步合理規劃，瞄準農民需求加強基本公共服務均等化進展。在目前我國城鄉基本公共服務差距過大的情況下，加強農村基本公共服務建設極其重要。在加強基本公共服務縣域統籌背景下，中央、省（市）和地區政府要特別關注和加大對欠發達縣的基本公共服務建設投入的支持力度。

第九章

中國式現代化與生態文明

理解"碳達峰、碳中和"目標的三個維度[1]

徐晉濤

（北京大學國家發展研究院副院長、環境與能源經濟研究中心主任）

2015年，巴黎締約方大會產生了較有約束力的全球協議《巴黎協定》。我認為該協議有兩個關鍵成果。

第一，參加大會的所有國家都接受，到21世紀末，將全球表面升溫控制在2℃甚至1.5℃的水平。這意味著關於氣候變化的科學爭論以及政治爭論告一段落。

第二，主要碳排放大國都提出自主減排承諾。這非常不簡單，因為此前，或說2009年哥本哈根大會之前，發展中國家和發達國家的立場非常不同。有了自主減排承諾，意味著中國、印度等國的立場有完全的轉變，全球氣候協作才成為可能。

不過，這兩個成果也有遺憾之處，即排放大國自主減排承諾加在一起產生的結果，與1.5—2℃目標相比還有非常大的鴻溝。如果僅滿足自主減排承諾，21世紀末地球表面升溫不可能是1.5—2℃，而可能是3—6℃。所以大會提出，2020年主要排放國要重新盤點自主承諾，加起來能與1.5℃目標接軌。

中國2020年在自主減排承諾方面有巨大改進，國家主席習近平在聯合國大

[1] 本文根據作者於2021年4月17日在"邁向碳中和新時代：產業變革與資本機遇"北京大學國家發展研究院長三角論壇上的演講整理而成。

會一般性辯論上向全世界鄭重宣佈——中國“二氧化碳排放力爭於 2030 年前達到峰值，努力爭取 2060 年前實現碳中和”[1]。這與此前的承諾相比，文字差別不是特別大，但實質內容差異非常大。

對於碳中和，這是第一次明確提出終點條件。我們研究資源經濟學、動態規劃，都知道終點條件的變化影響整個規劃期內各階段的行為。確定碳中和的終點目標，排放軌跡就要發生很大變化。如果僅有 2030 年碳達峰這一目標，企業會想：2030 年之前是不是還是高碳行業的增長窗口期？

而設定碳中和目標後，則意味著利用 2030 年之前的窗口期進一步發展高碳行業的可能性會小很多。投資界、企業界會注意到，要到 21 世紀中葉實現碳中和、近零排放，2030 年之前一定會更加強調低碳工業、可再生能源和非化石能源。

關於“碳達峰、碳中和”目標，如下三個維度都值得關注。

第一，能源結構必將深刻調整。

過去，能源部門對能源結構調整已經有一些佈局，著重發展了一些可再生能源，但由於可再生能源發電不穩定、空間分佈也不均勻，所以又發展了火電廠為可再生能源調峰。當然，也有一些地方一直依靠傳統動能發展經濟，如今提出“雙碳”目標，對於化石能源的發展就需要進行比較深刻的再思考。

從國家戰略角度看，可再生能源發展應該會迎來非常大的發展機遇。習近平主席在參加中央財經委員會會議時專門提出“十四五”期間要致力於構建以可再生能源為主的能源體系。

五六年前，我在參加一次能源會議時請教過相關專家：2050 年非化石能源能否在能源消耗中佔據絕大多數？專家認為可能性不大。但現在確立了這樣的目標，必將對此後的行動、規劃產生深遠影響。

雖然只過了五六年，但站在今天的時點上看，中國已經越來越具備這方面的

---

[1] 《習近平在第七十五屆聯合國大會一般性辯論上的講話》，參見：https://www.ccps.gov.cn/xxsxk/zyls/202009/t20200922_143558.shtml。——編者注

條件，技術和成本上都已經取得巨大進步。2012 年，我在世界銀行一次會上聽到德國綠黨首席經濟學家講德國能源前景 —— 2050 年基本實現以可再生能源支撐經濟發展，基本退出化石能源，完全退出核能發展。當時這是非常令人震撼的能源發展目標。他講完後，世界銀行歐洲部首席經濟學家補充說道，德國目標雄心勃勃，但不要忘了，要實現此目標，背後的基礎是中國技術，因為德國可再生能源如光伏、風能設備皆來自中國。

國發院校友所在的企業金風科技 —— 全球第三大風機生產廠，其銷售覆蓋全球 30 多個國家和地區。可見我們自己的技術、設備已經在支撐多國綠色低碳發展，沒有理由不成為中國綠色低碳發展的主力軍。我們目前的技術條件，加上企業的努力，成本已經在不斷下降，而且已經足以佔據競爭優勢。2021 年以來，可再生能源補貼退坡，說明其已經具備市場競爭力，經濟上也更加可行。

但不可否認，可再生能源發展還面臨多重阻力。要想使可再生能源快速成為中國能源體系的主要能源，體制上還需有幾個突破。

一是建設全國統一的市場。過去學習能源體制改革，專家一般認為中國能源體制的問題是國家電網一家壟斷，需將其分成幾個小電網。今天看起來又不同了。我們的調查發現，可再生能源發展的真正阻力恰恰是地方封鎖。因為中國的可再生能源分佈不均，尤其是經濟欠發達地區的可再生能源反而豐富，發了電卻接不到足夠的遠程訂單，需要克服地區封鎖問題。國家發改委前幾年也針對此問題出台了政策。

二是要建立分佈式能源。對於華北地區能源改革，國家支持力度應大一些，屋頂光伏發展更快一些。農村家戶都有屋頂產權，推進光伏發電沒有產權障礙。如果國家支持力度大些，可彌補煤改氣、改電工作中遇到的不足，也許對中國能源結構改革助益良多。在能源結構改革方面，技術、成本已經不是主要問題，下一步要重點克服體制問題。

第二，碳減排要與自然碳匯方案並舉。

世界上有些發展中國家，像巴西承諾 30%、40% 二氧化碳減排是從減少毀林和森林退化實現的，因為森林退化會排放二氧化碳，而不是吸碳。這方面我國做得最好。2019 年中國在全球綠化發展中貢獻最大，佔世界的 70%—80%。

中國人工種植林發展很快，每年新增的碳匯為國家減碳排放強度貢獻 5%—10% 極有可能。碳中和就把基於自然的解決方案提上議事日程，森林碳匯有可能變成特別主流的二氧化碳減排工具。這對中國來說是比較重要的事情，對中國鄉村振興、區域經濟發展的影響也特別大。

過去，我們不重視生態系統貢獻，好多政策看似環保，但拖了氣候行動的後腿。比如，東北在計劃經濟時期大量砍樹，20 世紀 80 年代出現“兩危”問題（資源危機和經濟危困）。此後國家不斷出台政策，2016 年實行了天然林全面禁伐。環保人士都很高興，認為我們在保護生態環境、防治水土流失方面又進了一大步。

從碳匯角度看，不是少砍樹就好。健康的森林生態系統才可能是碳匯，不健康的森林可能變成碳源。我國很多天然林都是退化的森林，很可能已經變成碳源，需要積極地人工干預，提升森林生產力，這樣才會對國家碳中和目標做出貢獻。

比如中國的東北地區，需要重新考慮開放天然林經營，但前提是要積極實施體制改革，因為它是傳統國有林區，類似東北老工業區，積澱了很多制度問題。實際上，地方在過去二三十年積累了很多改革創新經驗，所以我認為應盡快解除全面禁伐，重新啟動東北國有林或全國國有林體制改革，引入市場機制，按“雙碳”目標積極經營國有森林，這對國家氣候行動會有特別大的幫助。

此外，在積極經營森林過程中，不斷給國家生產綠色材料，可以助力其他領域的替代。森林裏有大量能源，潛力非常大。如果天然林保護政策能放鬆，有一定扶持，來自森林的生物質能源應該有很大的發展潛能。東北自然條件和北歐、加拿大很像，沒有理由比那些國家做得更差。瑞典 30% 的一次能源來自森林，我們應積極學習。

國家每年在化石能源、鋼筋水泥行業還有很多補貼，這些應盡快去掉，用來扶持可再生能源和資源。所以中國要追求碳中和，一是把生態系統的貢獻提升上來，二是為國家實現低碳綠色發展找到低成本藍圖。如果不利用生態系統功能，完全依賴化石能源減排，成本必然較高。

第三，政策影響難免全球聯動。

中國搞環保、能源結構改革，習慣於依賴行政及中央政府資源，對市場機制、經濟政策利用得不夠充分。

現在這些條件一個個具備了。比如 2018 年環境稅率還是定得太低，不足以改變企業、地方政府的行為。要想實現節能減排目標，環境稅率可以定得更高一些。2020 年開始，我國宣佈推出全國性碳市場，主要涉及電力行業。碳市場會出現碳價，使二氧化碳減排有了機會成本的概念。

現在有幾個因素對碳價格、投資、產業結構有很大影響。

近期歐盟出台邊境調整政策，加速氣候行動，碳價格肯定會上升。若碳價格上升非常快，歐盟的企業就會要求對進口產品按歐盟市場碳價徵收碳關稅，如從中國進口風機、光伏，就要根據二氧化碳排放情況徵稅。這就倒逼中國提升國內的碳價格，直接的方案就是中國也收碳稅。

碳交易也是產生碳價的機制，但目前還是在電力行業。電力本身不出口，出口產品怎麼出現碳價格？國家級碳市場就要快速地從電力部門擴展到所有行業，但究竟能不能跟上歐盟、美國邊境調整政策出台的步伐？我認為壓力還是挺大的。

最簡捷的方法是，中國在出口產品上實施碳稅。以前碳交易試點最高也就 70 元人民幣，即 10 美元左右。假定未來執行 20 美元的碳稅，碳成本會上升很多，對傳統行業影響較大，當然也利於新興產業。全球最大貿易國是美國，美國會不會調整邊境政策？這個可能性在增強。

拜登競選綱領裏特別重要的內容之一是要搞氣候政策，拜登政府下一步會不會把 2009 年的能源法案撿起來？他在美國國內最大的阻力是國際貿易中的不平等競爭。美國如果有了碳價格，自然也會實施邊境調整措施，對進口品徵收碳關稅，逼迫出口國在國內徵收碳稅。

在中國，我認為政府已經在著力逐漸鋪開碳交易機制。因為歐盟、美國一旦實行邊境調整政策，對中國出口導向的產業影響會非常大。2021 年，我國的

GDP 增長主要靠出口帶動。如果將來歐盟、美國都要開始徵收碳關稅，對中國氣候政策就會形成倒逼。在我看來，碳稅是相對容易實現的機制，在中國有可能重新提上日程，變成決策者考慮的工具，對未來經濟、投資、產業結構都將產生極大影響。

碳中和與轉型金融[1]

馬駿

（北京大學國家發展研究院宏觀與綠色金融實驗室聯席主任，
北京綠色金融與可持續發展研究院院長）

大家過去聽到較多的是“綠色金融”，如今“轉型金融”亦成為熱門話題。本文將從以下三個部分進行分析：

一是轉型金融的背景和市場實踐；二是 G20 層面所討論的轉型金融框架的五大基本要素；三是目前國內轉型金融的進展以及下一步目標。

轉型金融的背景

北京綠色金融與可持續發展研究院能源氣候中心對“碳中和”行業的各項政策做了研究綜述，其中涉及能源、交通、建築、工業等領域的現有政策以及碳中和情景下應當推出的政策，這些政策將有助於我國在 2060 年之前實現碳中和目標。該研究還梳理了實現碳中和的技術措施，包括有關部委印發的文件內容以及業界專家、機構和行業協會提出的建議。

從政策角度來講，有兩類非常重要：一類是經濟政策，另一類是非經濟政策（以行政干預類為主）。

---

[1] 本文整理自作者於 2022 年 7 月 10 日在北京大學國家發展研究院舉辦的承澤論壇第 3 期上的演講。

按經濟學家的說法，經濟政策主要是通過市場化機制配置資源，從而推動"雙碳"目標實現的相關政策，包括財政、稅收、碳市場和金融政策等。其中財政支出政策是指通過綠色補貼、綠色擔保、綠色採購、政府產業基金等措施支持行業向綠色低碳轉型。碳稅政策，現已覆蓋一些大排放企業，很多中小企業是不是也應該被覆蓋，目前還在討論之中。碳市場政策，除了位於上海的碳排放權交易市場，我國還有 7 個地區性市場與即將重啟的國家核證自願減排量（CCER）自願碳市場。建立這些重要的市場化機制是為了鼓勵、激勵低碳企業，同時對那些減排不努力的企業施壓。金融政策，主要指我國在過去七八年裏建立起來的綠色金融體系中的內容，包括綠色與轉型金融標準、披露要求，還包括央行支持碳減排的貨幣政策工具，即央行拿出低成本的資金支持綠色低碳項目，並要求大銀行對高碳產業做風險分析與管理，同時推動綠色金融產品創新。

經濟政策之外，另一類是行政手段。通過行政手段，將全國碳排放總量目標一層一層往地方分解。

經濟政策和行政手段之間需要建立起協調機制，二者也還在磨合當中。

綠色低碳投資需求

在前述背景下，從金融角度來看，我國到底存在多大的綠色低碳投資需求呢？

2021 年 12 月，中國金融學會綠色金融專業委員會（以下簡稱"綠金委"）課題組發佈《碳中和願景下的綠色金融路線圖研究》。該報告的結論是，在碳中和背景下，我國未來 30 年的綠色低碳投資累計需求將達到 487 萬億元人民幣（按 2018 年不變價計）。這一結論比其他機構的預測結果大很多，主要區別是統計口徑不同，綠金委主要基於金融口徑，其他機構主要是低碳能源口徑。

這麼多錢到底要投向何處？主要是能源、交通、建築和工業領域。

以能源領域為例，依據清華能源研究所張希良教授的研究結果，2045 年我國電力行業使用的能源中有 95% 為可再生能源，還有一小部分為煤電 CCS，這表明我國未來 20 多年裏對新能源的投資會非常大。

在交通領域中，新能源汽車肯定是投資亮點，也是實現低碳和零碳的主要技術路徑。據北京綠金院綠色科技中心預測，我國在 2030 年前新能源汽車銷量還會大幅上升。

綠色建築也是重點。建築物的能耗和碳排放佔全球總量的 40%。國務院已經提出，未來 10 年絕大多數新建築都必須是高標準節能節水的綠色建築。當然，建築物的綠色標準並不意味著建築物減排會有很大幅度提升，因為很多達到星級標準的綠色建築的減排提升幅度仍有限。未來，會有更多符合近零排放要求的建築。從行業可持續性角度來講，零碳建築在大城市具備經濟性。

綠色低碳投資在工業、負排放、材料、數字化等領域亦有巨大機遇，只是這方面的技術還不夠成熟，需要很多能夠容忍風險的投資機構參與，比如 PE 或 VC。北京綠金院與高瓴研究院聯合發佈的《邁向"碳中和 2060"：迎接低碳發展新機遇》報告對各領域的投資機遇做了較詳細分析，其中提到工業領域中的工業電氣化、廢鐵利用、電弧爐利用、水泥石灰石替代等技術都需要投資。

轉型金融的意義

經過大概 7 年的發展，我國的綠色金融體系已經非常龐大，中國已是全球最大的綠色金融市場。截至 2022 年 3 月底，我國的綠色信貸餘額已經達 18 萬億元；綠色債券在過去 6 年累計發行大約 2 萬億元，目前我國已擁有全球第二大綠債市場；據不完全統計，我國已有 700 多隻綠色基金以及很多創新的綠色金融產品，如 ABS、ETF、綠色保險、碳金融等。

總之，我國的綠色金融成長很快，尤其是在 2021 年，綠色信貸增長 33%，綠色債券發行量增長 170%。

為什麼還要發展轉型金融？理由是，在傳統的綠色金融框架下，轉型活動沒有得到充分支持。

首先，傳統的綠色金融注重支持"純綠"或"接近純綠"的項目。以氣候變化領域為例，綠色金融支持的一些典型項目為清潔能源、電動車，以及這些產業核心項目的投入品，比如電池等。

其次，在現有體系下，高碳行業向低碳轉型的經濟活動得不到充分的金融支持，因為綠色金融目錄中並沒有完全容納轉型類經濟活動。調研發現，屬於“兩高一剩”行業的許多企業，不管能否轉型，其授信都被壓降，哪怕這些企業有轉型意願以及很好的技術路徑來實現轉型。目前，已經被納入或將要被納入碳交易市場的八大高碳行業為發電、石化、化工、建材、鋼鐵、有色、造紙、航空。此外還有很多行業也有較高的碳排放，如老舊建築、公路交通等。所有這些行業都需要在“雙碳”目標背景下逐步減碳。

高碳行業向低碳轉型如果得不到金融支持，會產生幾個不良後果。

第一，轉型失敗或延遲。高碳行業減碳需要資金，否則就有可能轉型失敗或者轉型進程被延遲，最終影響“3060 雙碳目標”的實現。

第二，企業破產倒閉導致金融風險。高碳行業企業因為得不到資金支持而破產倒閉，對銀行而言意味著壞賬，對股權投資者而言將是投資資產的估值大幅下降。

第三，企業倒閉裁員影響社會穩定。如果這些高碳行業由於得不到金融支持而出現倒閉、裁員，將成為社會不穩定因素。

實際上，轉型活動比純綠活動的規模要大得多，因此也需要更多的金融支持。目前，我國全部信貸活動中大約有 10% 被貼標為“綠色信貸”，而銀行體系又是為整個經濟提供融資的主體，因此綠色經濟活動佔到全部經濟活動的 10% 左右，其他經濟活動都可以被稱為“非綠活動”。

非綠活動又可分為可轉型的非綠活動和不可轉型的非綠活動。可轉型的非綠活動是指活動主體有轉型意願、能力和技術路徑，得到金融和政策支持就有可能轉型成功。不可轉型的非綠活動也很多，活動主體沒有轉型意願和能力，若干年後會退出市場。對那些可轉型的非綠活動，應該通過建立轉型金融框架，尤其是通過明確界定標準、披露要求和提供政策激勵等措施，引導更多的社會資金支持其向低碳與零碳目標轉型。

轉型金融的市場實踐

最近幾年，國際市場上比較典型的轉型金融產品叫作“可持續發展掛鉤貸款”（sustainability-linked loans，SLL）。SLL 的主要特徵為 : 借款方承諾努力實現可持續目標（減碳目標），目標實現情況與融資成本掛鉤；不對募集的資金做具體的用途規定；對借款方有嚴格的披露要求，主要依靠貸後評估披露，讓金融機構與市場了解借款方是否具有實現承諾目標的能力，以確保產品的透明度。

另一個典型的轉型金融產品叫作“可持續發展掛鉤債券”（sustainability-linked bond，SLB）。SLB 的主要特徵與 SSL 類似，包括借款方承諾實現可持續目標，融資成本掛鉤績效實現情況；對募集到的資金不規定具體用途；要求每年對關鍵績效指標（KPI）進行第三方認證。但 SLB 比 SLL 的影響力更大。截至 2021 年，全球 SLB 累計發行規模達到 1350 億美元，佔所有可持續債券市場的 4.8%，參與的主體包括非金融企業、金融機構和政府支持主體等。

除 SLL 和 SLB 之外，國際市場上的轉型金融產品還包括氣候轉型基金，目前數量還不多，通過股權投資的方式來支持轉型活動。

自 2021 年起，轉型金融產品在國內興起，包括可持續發展掛鉤貸款、可持續發展掛鉤債券、轉型債券以及低碳轉型（掛鉤）債券。最新的案例包括中國建設銀行發放的 SLL 支持綠色建築項目、中國郵政儲蓄銀行發放的 SLL 支持電力企業減碳項目、國電電力發行的 SLB 支持風電裝機容量擴充項目等。中國銀行和建設銀行已發佈轉型債券框架——《中國銀行轉型債券管理聲明》（2021 年 1 月）和《中國建設銀行轉型債券管理聲明》（2021 年 4 月），明確界定了可支持的領域和轉型活動。此外，中國銀行間市場交易商協會 2022 年 6 月也發佈了《關於開展轉型債券相關創新試點的通知》（中市協發〔2022〕93 號）。而轉型債券與可持續發展掛鉤債券的不同之處在於，轉型債券對募集資金的具體用途做出了要求。

轉型金融雖然在國內外市場發展很快，各方參與的積極性很高，但也面臨著幾方面問題。

第一，從全球範圍來看，缺乏權威的對轉型活動的界定標準（方法），容易導致"洗綠"（假轉型），或者金融機構由於擔心"洗綠"而不願參與。

第二，缺乏對轉型活動披露的明確要求，或者提出信息披露框架的各主體要求各異。

第三，現有的轉型金融工具比較單一，主要還是債權類工具，股權、保險類工具較少。

第四，政策激勵機制缺位。

第五，"公正"轉型的理念沒有得到市場實踐的足夠重視。

轉型金融框架前瞻

目前，G20 可持續金融工作組正在起草 G20 轉型金融框架，這一框架包括轉型金融的五大核心要素：界定標準、信息披露、政策激勵、融資工具和公正轉型。

要素一：界定標準

界定標準是確定轉型活動邊界的方法，包括原則法和目錄法兩大類。

原則法對轉型活動只進行原則性表述，要求這些轉型活動主體用科學的方法確定符合《巴黎協定》要求的轉型計劃，並且獲得第三方的認證。原則法現在被國際資本市場協會（ICMA）、日本金融廳和馬來西亞央行使用。換句話說，原則法並不告訴你哪些活動屬於受認可的轉型活動，需要主體花費較高費用請第三方專業機構給予認證。

目錄法是以目錄（清單）方式列明符合條件的轉型活動（包括技術路徑和對轉型效果的要求），類似中國的綠色金融目錄。目錄法已被歐盟使用，歐盟可持續金融目錄中明確包括了"轉型活動"，如果把這些活動單獨列出來就可成為"轉型目錄"。目前，五六個國家的金融監管部門正在編制轉型目錄。中國銀行、中國建設銀行和星展銀行（DBS）[1] 等國內外金融機構已經編制轉型目錄，明確幾個主要高碳行業中的一批轉型活動，然後為它們融資。轉型目錄一般以清單形式列明符合條件的轉型活動，其中包括對技術路徑和轉型效果的要求。

轉型活動的界定標準主要應該達到以下幾個目標：一是降低對轉型活動的識別成本和"假轉型"風險；二是至少覆蓋企業和項目兩個層面的轉型活動；三是根據技術、政策變化進行動態調整；四是要求轉型主體（企業）有明確的轉型方案，包括短期與長期實現淨零目標的行動計劃；五是轉型目標必須基於科學方法編制，並與《巴黎協定》目標相一致；六是轉型活動遵循"無重大損害"（DNSH）原則，如不能增加環境污染或破壞生物多樣性等；七是明確在哪些條件下應該獲得第三方認證。

要素二：信息披露

對轉型活動的信息披露要求包括，轉型主體（企業）的轉型目標、計劃和時間表；以科學為依據的中長期轉型路徑；企業的範圍一、範圍二溫室氣體排放數據，以及與轉型活動相關的範圍三排放數據；企業落實轉型計劃的治理模式和具體措施，如碳排放監測、報告體系和內部激勵機制；轉型活動的進展情況和減排效果；轉型資金的使用情況；各種保障措施，如 DNSH 的落實情況。

要素三：政策激勵

政策激勵包括：財政手段、碳交易機制、政府參與出資的轉型基金、金融政策激勵和行業政策槓桿。具體而言，金融政策激勵包括貨幣政策工具、貼息和金融機構考核評價；行業政策槓桿包括為新能源項目提供土地等；財政手段包括補貼、稅收優惠、政府採購等措施。

我們為支持綠色金融發展已經實施了很多金融政策激勵措施，像央行有支持碳減排的政策工具，地方政府為綠色貸款提供擔保、貼息，中央和地方層面的政

[1] 原名為新加坡發展銀行，是新加坡最大的商業銀行。——編者注

府背景的基金等。未來，這些工具中的大部分都要用到支持轉型金融上。

此外，還有行業政策槓桿激勵機制，比如，很多企業要用綠電才能夠減碳，政府就要給它們提供新能源的指標；如果它們要自建新能源設施，還要給它們提供土地。這些激勵機制構成了整個政策激勵框架。

要素四：融資工具

目前已經有很多債務型融資工具，以後還要大力推動股權類融資工具，包括轉型基金、PE/VC 基金、併購基金等，以及保險和其他風險緩釋工具、證券化等。對各類轉型融資工具的使用，都應該要求融資企業明確轉型的短期、中期、長期轉型目標與計劃，披露轉型活動的內容與效果，並設置與轉型效果相關的 KPI 作為激勵。

要素五：公正轉型

備受關注的問題是，某些轉型活動可能會導致失業、能源短缺和通脹等對經濟社會的負面影響。要緩解轉型活動產生過多的負面影響，就應當做一些配套安排。具體包括，要求企業在進行規劃轉型活動時評估對就業產生的影響；如果轉型活動可能導致嚴重失業且社保體系無法提供充分保障，應要求轉型企業制定應對措施（包括再就業、再培訓計劃），幫助失業員工找到新的工作；披露轉型對就業的影響和應對措施；考慮金融融資條款掛鉤的 KPI。

國內轉型金融的進展

國內在構建轉型金融框架方面主要有以下進展。

第一，人民銀行正在研究轉型金融的界定標準和相關政策。

第二，發改委等多部委已出台一系列與轉型路徑相關的指導性文件，可作為轉型金融目錄的編制依據。

第三，綠金委設立了“轉型金融工作組”，組織業界力量開展轉型金融標準、披露和產品方面的研究，以支持監管部門的工作。

第四，一些金融機構包括主要的銀行，正在開展轉型金融體系建設，爭取對高碳行業的企業做到“有保有壓”，在風險可控前提下，精準支持轉型活動，而不是像過去那樣用“一刀切”來壓降對“兩高一剩”行業的貸款。

第五，在地方層面，浙江省湖州市已經出台我國第一份地方版的轉型金融目錄，啟動第一批轉型項目，對轉型項目提供了激勵政策；其他一些地區也在編制轉型金融目錄，推進示範項目。

以下是轉型金融的典型案例，包括轉型主體的轉型路徑和預期效果。

案例一，某市石化行業減排。通過能效提升，能源結構調整，外國能源低碳化、碳捕獲、利用與封存（CCUS）等技術路徑，該市石化行業碳排放情景的預測結果為，成品油 2025 年達峰，氫氣替代、乙烯等基礎化石原料需求在 2035—2040 年之間達峰，該市石化產業 2060 年前實現碳中和。

案例二，某煤電轉型企業融資。目前，這家企業煤電大概佔 90%，計劃到 2050 年可再生能源與安裝 CCUS 的煤電發電佔比達 99%，在 2055 年前實現碳中和。該企業的轉型技術路徑包括現有煤電設施的改造、CCUS 技術的使用、擴大光伏和風力發電、發展儲能等。該企業的融資方案列出了 2022—2030 年的累計融資需求，其中涉及 40% 的股權融資、20% 的商業銀行轉型貸款等。

案例二，寶武鋼鐵公司轉型。通過一系列技術路徑，寶武力爭在 2050 年實現碳中和，同時已經發起設立寶武綠色碳基金，其中相當部分的資金是投資到寶武產業鏈上的減碳活動。

對地方政府的建議

作為地方政府，如何推動轉型金融？我認為至少有以下幾個方面內容。

第一，選取重點行業建立地方轉型金融項目標準（目錄）。在國家層面的轉型金融目錄出來之前，如果地方政府想要提早將轉型落地，可以先建立自己的轉型金融目錄。

第二，將轉型項目納入綠色項目庫與金融對接平台。完善綠色項目庫管理制度，將轉型項目納入綠色項目庫，支持轉型企業對接金融資源。通過綠金平台，對接銀行、保險、基金等機構的融資服務以及政府激勵措施。

第三，啟動轉型示範項目，建立轉型基金。在重點高碳行業選擇一批轉型示範項目，以展示在本行業如何實現更加有效的低成本轉型。建立低碳轉型引導基金，為部分轉型企業補充資本金。

第四，為轉型項目提供激勵機制。運用綠色金融現有的激勵機制構建重點支持轉型項目的創新型激勵機制，包括擔保、貼息、新能源指標、土地使用甚至實行差異化電價等措施。

我國雙碳目標的背景、產業邏輯與政策原則[1]

王敏

（北京大學國家發展研究院經濟學長聘副教授、環境與能源經濟研究中心副主任）

雙碳目標的時代背景

全球氣候變化的基本事實

2021 年，聯合國政府間氣候變化專門委員會（IPCC）發佈第六次報告，公佈了以下幾個基本數據：自工業革命以來，全球氣溫上升了 1.1℃；全球二氧化碳排放從 1850 年的 2.08 億噸增長到 2019 年的 362 億噸。這意味著目前全球大氣二氧化碳濃度和地表溫度分別為 200 萬年內和 12 萬年內最高。根據過去兩千年全球平均氣溫趨勢圖，工業革命之後全球氣溫急劇上升。根據 IPCC 的報告，如果 2050 年全球實現碳達峰，21 世紀末全球氣溫將上升 2.1—3.5℃，這是一個非常高的水平，將帶來以下兩方面的影響。

一是極端氣溫、極端氣象情況增加。近年來全球極端氣象愈發頻繁，比如 2021 年 7 月，我國河南省鄭州市連遭暴雨襲擊；差不多在同一時段，整個歐洲西部也遭遇了有歷史記錄以來最嚴重的一次洪水；北美洲西部也在 2021 年遭遇歷史最高氣溫。此外，據印度氣象局表示，在 2022 年 4 月，印度西北部和中部遭遇了 122 年來同期最熱天氣，新德里有兩個地區的氣溫分別達到 49.1℃和

---

[1] 本文根據作者於 2022 年 5 月 28 日在北京大學國家發展研究院 MBA 講壇第 46 期上的演講整理而成。

49.2℃，氣溫最低的地區也達到了 45.5℃。印度氣溫高，濕度也高，可能給社會帶來更大影響。

二是自然生態和人類經濟活動會受到巨大影響。過去 70 年，全球的冰山下降了約 33 米。氣候變化對人類社會經濟的影響是方方面面的，不但給農業生產帶來負面影響，而且提高死亡率，降低勞動生產率和企業投資，降低經濟增長速度，特別是會影響一些貧困國家的經濟增長。比爾·蓋茨曾提過，氣候變化的影響可能比疫情的影響大得多。全球氣候變化的主要原因是 1850 年工業革命以後全球碳排放形成的"溫室效應"。圖 9-1 展示了自 1850 年以來全球的碳排放數據。從 1850 年到 2019 年，全球二氧化碳排放量已從 2.08 億噸增長到 362 億噸。過去 150 年全球平均氣溫上升 1.1℃，主要源於碳排放的增加。

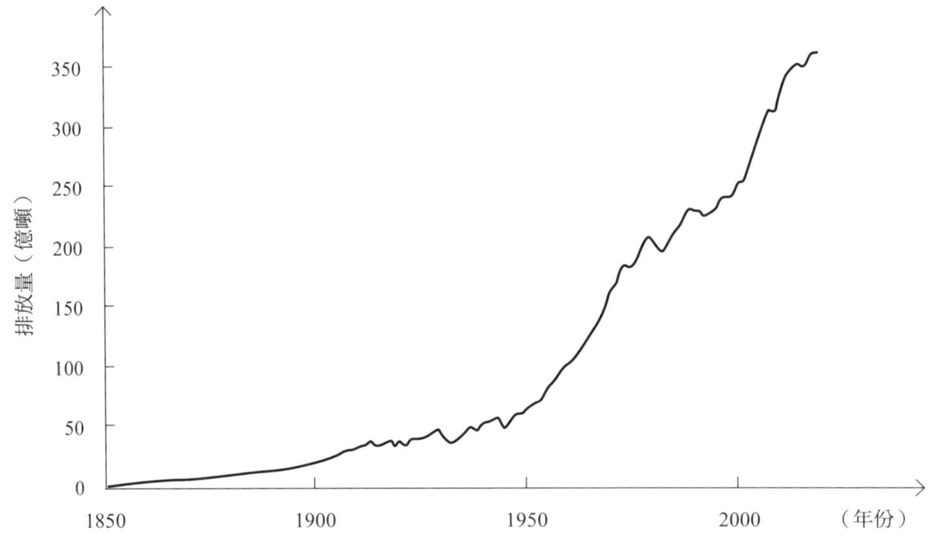

圖 9-1　1850—2019 年全球二氧化碳排放總量

數據來源：世界資源研究所（World Resource Institute, WRI），碳排放數據包含農業生產、森林砍伐等非化石能源的碳排放

目前，中國是全球最大的二氧化碳排放國。從圖 9-2 可以看出，2019 年中國的二氧化碳排放量約為 110 億噸，美國約為 53 億噸，歐盟約為 29 億噸，印度約為 25 億噸。我國的二氧化碳排放量相當於後面幾大經濟體二氧化碳排放量的

加總，在國際上也因此承受了較大政治壓力。也有觀點認為，中國是後發國家，工業革命之後的二氧化碳主要由發達國家排放貢獻。從 1850 年到 2019 年，美國、歐盟和中國分別累計排放二氧化碳 4332 億噸、3012 億噸和 2028 億噸，佔同期全球累計總排放量的 26%、18% 和 14%。因此，從歷史累計排放量看，中國也是第三大排放經濟體，面臨的壓力也不小。很明顯，中國 2002 年入世後二氧化碳排放量急劇上升，在 2007 年超過美國，成為全球最大碳排放國。也正是從那時開始，中國在氣候變化問題上開始面臨較大國際壓力。

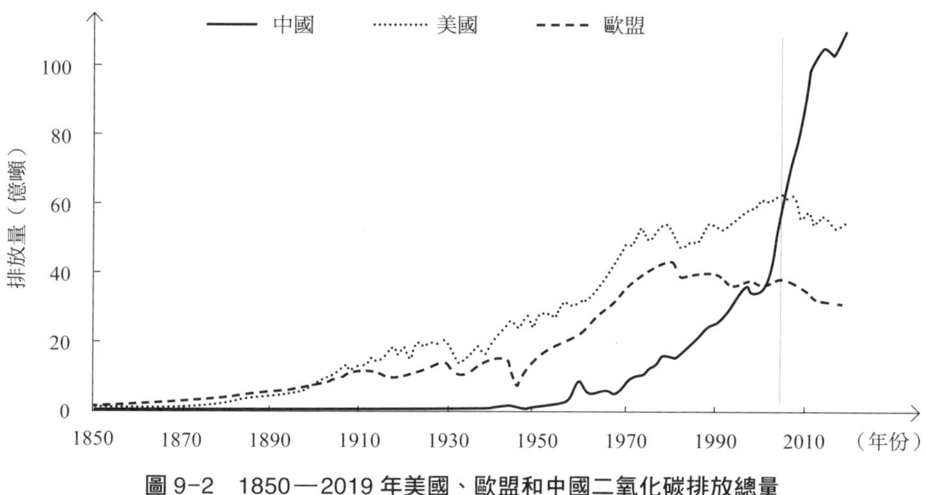

圖 9-2　1850—2019 年美國、歐盟和中國二氧化碳排放總量

2009 年哥本哈根氣候會議

在 2009 年哥本哈根氣候變化會議上，我國首次在國際上做出承諾：在 2020 年實現非化石能源佔比 15%，“到 2020 年單位國內生產總值二氧化碳排放比 2005 年下降 40% 至 45%”❶。為了完成這一目標，我國做出了很多努力。根據我們的研究測算，我國在風電、光伏這類新能源行業投入的總補貼金額超過兩萬億元。這是一個非常可觀的數目。

---

❶ 《溫家寶在氣候變化會議領導人會議上的講話》，參見：http://www.gov.cn/ldhd/2009-12/19/content_1491149.htm。——編者注

2020 年聯合國大會

2020 年目標完成了，但氣候變化和二氧化碳排放量過大問題仍然存在。下一階段怎麼辦？這也是習近平主席在 2020 年 9 月第七十五屆聯合國大會一般性辯論上提出“雙碳目標”的一個重要背景。因為碳排放量還在增長，習近平主席提出：“中國將提高國家自主貢獻力度，採取更加有力的政策和措施，二氧化碳排放力爭於 2030 年前達到峰值，努力爭取 2060 年前實現碳中和。”[❶] 這一目標非常緊迫，壓力很大。按 2010 年美元計價，美國、日本和歐盟這三大主要發達經濟體，分別在人均 GDP 達到 5 萬美元（2007 年）、4.6 萬美元（2007 年）和 1.97 萬美元（1979 年）時實現碳達峰。根據我們的增長模型預測，同樣按 2010 年美元計價，中國的人均 GDP 到 2030 年預計為 1.4 萬美元左右。這意味著中國要在一個相對較低的人均收入水平實現碳達峰，壓力顯然非常大。更大的挑戰來自我國體量龐大的碳排放總量和全球氣候變化形勢的愈發嚴峻。在上述大背景下，我國不得不設立一個比較積極的政策目標。

我國應對“雙碳”目標的現狀

2020 年後，“雙碳”目標在具體操作層面大致落地了兩類政策。一是行政命令政策。2021 年出現的“拉閘限電”是這類政策的典型代表。在我們的集中體制下，行政命令政策往往是依賴中央定目標、各級地方政府逐層分解並採用一票否決制的辦法去實施執行。2021 年不少省份正是因為難以完成能耗目標，不得已才拉閘限電，這是原因之一，另一層原因則是電價機制問題。二是市場化的價格政策。比如我國在 2021 年啟動全國碳排放權交易市場，主要是通過碳排放權交易形成碳價，並通過碳價引導企業節能減排。這是一個全國性的市場，第一批就將全國近 2400 家火電企業納入，而我國火電企業的碳排放量在總碳排放量中的佔比約為 40%。

---

❶ 《習近平在第七十五屆聯合國大會一般性辯論上的講話》，參見：https://www.ccps.gov.cn/xxsxk/zyls/202009/t20200922_143558.shtml。——編者注

經濟發展規律和碳排放的關係

2019 年，在我國大約 110 億噸二氧化碳排放總量中，化石能源的二氧化碳排放約有 99 億噸。從經濟學基本原理來看，化石能源二氧化碳排放總量主要由四個因素決定：經濟總量、產業結構、技術水平和能源結構。到 2030 年這四個變量將發展到何種水平？從這一點切入，我們可以大致估算 2030 年時化石能源二氧化碳的排放總量。

經濟總量

經濟總量是影響碳排放的最重要因素。北大國發院“中國 2049”課題組曾對此做預測研究，在 2021—2030 年間，我國潛在實際 GDP 年均增長率在 5% 左右。這意味著到 2030 年，中國 GDP 總量約為 170 萬億元，是 2020 年 GDP 總量的 1.67 倍；到 2060 年，中國 GDP 總量約為 420 萬億元，是 2020 年 GDP 總量的 4.12 倍。在上述假設下，給定其他三個因素不變，化石能源二氧化碳排放總量將從 2020 年的約 99 億噸增長至 2030 年的 152 億噸，約增加 53 億噸。

產業結構

產業結構也是影響化石能源碳排放量非常重要的因素之一。工業部門是化石能源“大戶”，這意味著在 GDP 總量相同的情況下，工業部門佔比越高，碳排放量越多。

第一，產業結構變遷規律。產業結構有其自身發展變化規律。無論從歷史看，還是從經濟發展理論看，隨著經濟持續發展，工業 GDP 佔比繼續升高，當人均 GDP 達到 1.5 萬—2 萬 2017 年國際購買力平價（PPP）美元時，工業 GDP 佔比會達到 40% 的最高峰，然後開始下降。上述工業 GDP 佔比最高的發展階段，美國約在 20 世紀 50 年代完成，歐洲約在 20 世紀 60 年代完成。目前大部分發達國家經濟體的工業 GDP 佔比為 15%—20%。德國、日本和韓國這類工業製造力較強的國家，其工業 GDP 佔比為 25%—33%。產業結構變化的背後有兩大驅動因素：一是需求結構變化。收入比較低時，人們的需求主要以食品為主；隨著收入增長，車子、房子等工業消費品開始進入人們的消費；當收入實現進一步增長，人們的需求將聚焦在好的教育、好的醫療服務、旅遊休閒等服務性商品上。因此隨著收入增長，國民經濟需求結構會發生變化，導致產業結構隨之發生變化。二是生產成本發生變化。人均收入比較低時，勞動力成本也比較低，這時一國的優勢往往集中在勞動密集型製造業。隨著經濟增長，人均收入上升，勞動力成本也會不斷上升。此時，工業部門的生產會通過增加使用資本或機器人來實現對勞動力要素的替代。因此工業部門的生產不但有規模經濟特性，而且技術水平進步率較快，這就導致隨著經濟增長，工業產品價格不斷下跌。比如今天的筆記本電腦跟幾十年前的筆記本電腦相比，價格大幅下降，但質量不斷提高。相比之下，服務性商品的主要投入要素就是勞動力，其成本會隨著經濟增長和勞動力成本的上升一直上升。行業 GDP 佔比是以價值進行核算的，所以即便服務品和工業品產量不變，上述價格變化會導致隨著經濟增長，服務業 GDP 佔比上升，工業 GDP 佔比下降。此外，生產成本變化也會導致經濟體在全球貿易中的生產比較優勢發生變化，從而影響產業結構。

第二，過去 10 年我國產業結構調整。過去 10 年，我國產業結構發生了巨大調整。2011 年我國人均 GDP 約為 1 萬 2017 年購買力平價美元，工業 GDP 佔比約為 46.5%；2020 年我國人均 GDP 約為 1.6 萬 2017 年購買力平價美元，工業 GDP 佔比約為 37.8%。不難看出，10 年間我國工業 GDP 佔比下降了近 9 個百分點，速度非常快。工業 GDP 佔比從最高點下降同等幅度，發達國家經濟體基本上用了 30 年時間，而中國僅用 10 年就完成，這在一定程度上引發中國過早去工業化的討論。

這種現象背後有很多原因。一是勞動力要素變化。我國的勞動人口數量在 2013 年到 2014 年間達到頂峰，此後一路下降。在 2014—2020 年這段時間內，我國勞動力人口減少了約 4000 萬。過去這些年，經常有機器人代替工人、農民工工資上漲這類新聞見諸報端，說到底這也是勞動力人口減少帶來的結果。勞動力人口數量減少導致勞動力價格上升，服務業價格隨之上升，產業結構也隨之發生變化。二是近年來我國採取了諸如“去產能”、環境治理等強行政干預政策，這對工業增長形成一定制約，進而影響產業結構變化。

第三，不同行業的碳排放。目前我國碳排放量最大的是火電、鋼鐵、水泥和交通四個行業，其碳排放量佔比分別為 44%、18%、14% 和 10%。火電為整個國民經濟服務；我國鋼鐵和水泥的產量約佔全球產量的 57%，雖然產量非常大，但出口量很少，主要是滿足國內需求。其中 65% 的鋼鐵產量用於建築業，水泥則幾乎全部用於建築業。由此不難看出，中國鋼鐵業和水泥業產量如此高、碳排放量如此高，主要是由建築業的強大需求驅使。

第四，超高速城市化下的建築需求和交通運輸需求。為何建築業的需求如此高？我們需要參考另一個數據 —— 城市化率。1990 年我國的城市化率約為 26.8%，2020 年這一比率上漲到 63.80%。這意味著 30 年時間內，我國城市化率增長近 40 個百分點。自 2000 年以來，我國的城市化率幾乎是以每 10 年增長 13.6 個百分點的速度迅猛推進。這意味著，在我國 14 億人口中，每 10 年就有兩億多人進城。毫無疑問，這必定會帶來強勁的建築需求和交通運輸需求。2000 年，我國房屋施工面積約為 6.6 億平方米，這一數字在 2020 年已增長到約 93 億平方米，增長了超過 13 倍。汽車保有量也是如此，2000 年約為 0.22 億輛，到 2020 年已增長到 3.5 億輛。房屋施工面積和汽車保有量的高速增長，說明我國已經進入高速城市化的發展階段。每個發達經濟體都會經歷快速城市化的發展階段，但一旦城市化率進入 70%—75% 這個區間，增速就會慢下來，建築業的需求也會大幅下降。目前，我國的城市化率已達 64%。按照上述發展規律，在 10 年的時間內，我國將步入城市化增速回落的發展階段，城市化進程也會隨之慢下來。

在我看來，我國目前的城市化發展軌跡與韓國比較接近。韓國同樣是後發達國家，城市化的速度非常快，甚至要快過以前所有的發達國家。圖 9-3 中的數據比較直觀地反映了韓國的城市化發展軌跡。1960—1992 年，韓國城市化以每年平均新增 1.5 個百分點的速度，連續 30 年一路高歌猛進。1991—1992 年，韓國城市化率達到 75% 後，增速開始回落。此後 7 年內，韓國城市化增速從每年新增 1.5% 下降至 0.2% 左右。韓國走過的城市化進程再次印證了城市化的基本規律，對我國也是一個非常重要的啟示。在我看來，我國的城市化拐點可能來得更早。圖 9-4 是 1991 年到 2021 年間，中國的城市化率增速情況。從 1996 年到 2016 年，我國城市化率每年新增約 1.5 個百分點，連續 20 年都在高速增長。這樣的情況與韓國非常相似。然而從 2016 年、2017 年開始，我國城市化率增速開始回落，2021 年城市化率只增長了 0.8 個百分點。

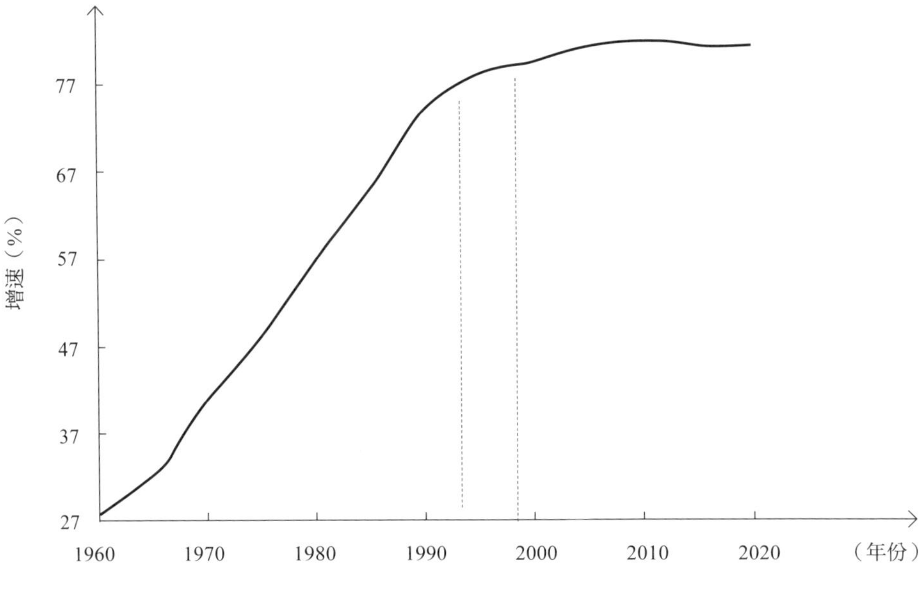

圖 9-3　1960—2020 年韓國城市化率

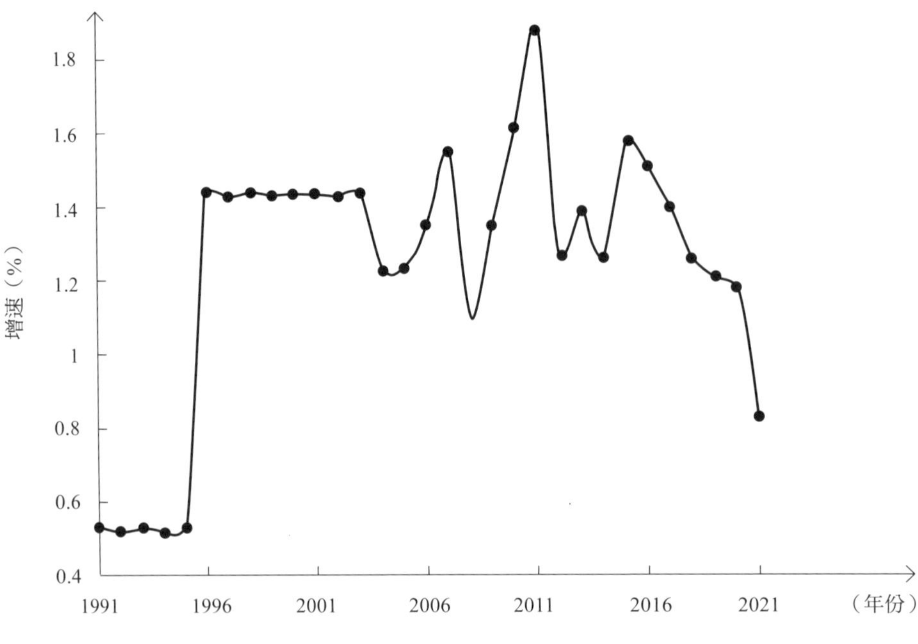

圖 9-4　1991—2021 年中國城市化率增速

這背後的原因很多，需要長期觀察。在我看來，主要與疫情管控有關。但與此同時，城市化增速下降也可能反映了整個人口結構或人口總量的巨大變化。圖 9-5 是 1991—2021 年間，中國新生人口變化情況。得益於二孩政策放開，2017 年的新生人口數量在連續多年下降後再次上漲。然而在這次上漲後，斷崖式下降接踵而至。2021 年的新增人口僅有 1000 多萬。

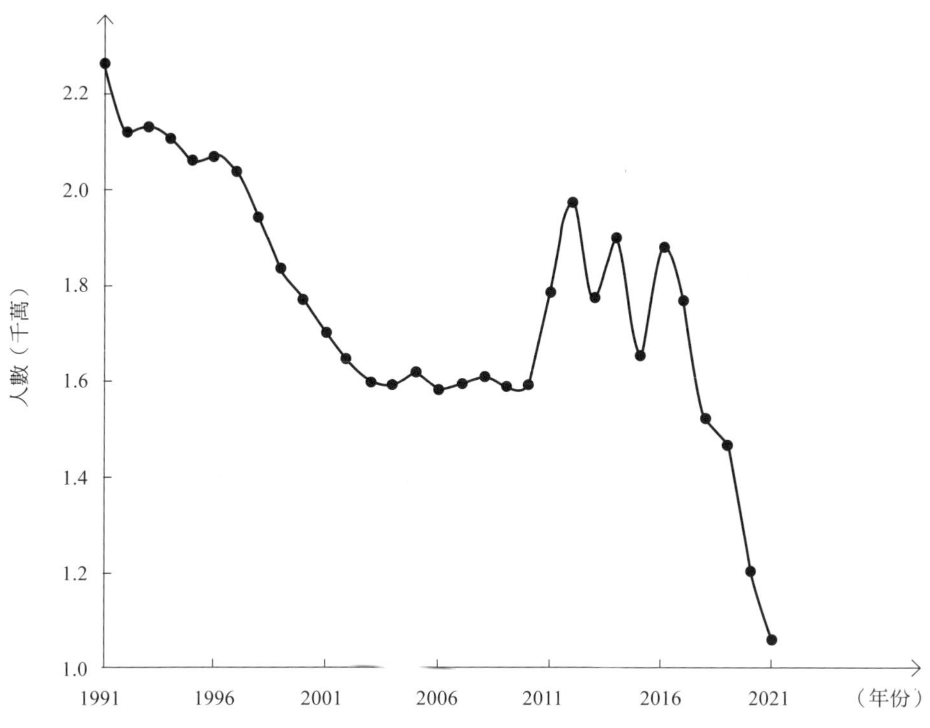

圖 9-5　1991—2021 年中國新生人口變化

此外，我國的人口總量也出現一些結構性變化。2022 年我國人口增長大概率為負，這可能是過去四五十年來我國人口增長首次為負。這一情況對我們理解未來經濟發展至關重要。在人口總量和城市化率增速雙雙下降的背景下，建築與交通的需求隨之回落。未來 5—10 年，鋼鐵、水泥行業的需求或將發生巨大變化。2022 年房地產銷售不景氣，這固然與宏觀經濟“去槓桿”有關，也可能與城市化增速大幅回落有關。雖然在一些核心地區和黃金地段，房價依然堅挺，但從全國平均水平看，特別是在城市化率和人口總量變化的大背景下，房地產市場或將再也無法回到過去那種高速增長的時代。基於以上原因，我認為到 2030 年，工業 GDP 佔比仍會下降，保守估計是從 38% 下降到 32% 左右。僅產業結構變化這一項，可能帶動化石能源的碳排放量下降 18 億噸。

技術水平

我國許多高碳排放行業的技術水平，其實已經位居世界前列。比如水泥行業基本採用新型乾法生產技術。2020 年年底，全國實現超低排放的燃煤機組達到 9.5 億千瓦，佔煤電總裝機容量的 88%。重點統計鋼鐵企業噸鋼綜合能耗從 2006 年的 640 千克標煤下降到 2020 年的 545 千克標煤。這樣的能耗水平與日本差不多。放眼未來，我國還有一定的潛在技術進步空間。這些高碳排放行業都有潛在技術可替代。比如煤電的技術替代有天然氣、核電、水電、風電和光伏等；鋼鐵業有電爐煉鋼、氫能煉鋼；水泥則有工業垃圾、生物燃料和電力來替代。交通運輸方面，新能源汽車的發展超過想象。2022 年新能源汽車的銷售量可能佔汽車總銷售量的 20% 左右。以前有許多預測認為到 2025 年才能達到這一水平，目前看 2022 年就能實現這一目標。GDP 單位能耗由經濟產業結構與技術共同決定。假定 2030 年單位 GDP 能耗相比 2020 年下降 24% 以及未來 10 年 GDP 增速每年約為 5%，一次能源的總消費增量將維持在平均每年增長 2.2% 左右的水平。在上述基礎上，工業技術進步帶來的化石能源二氧化碳排放或將下降約 12 億噸。

能源結構

碳排放主要來自化石能源，因此在整個能源結構中，清潔能源或非化石能源佔比就額外重要。2020 年，煤炭、石油、天然氣、核電、水電、風電和光伏在我國一次能源總消費量中的佔比分別為 56.6%、19.6%、8.2%、2.2%、8.1%、2.8% 和 1.6%。在這些能源中，非化石能源佔比為 15.7%。2020 年，全球、美國和歐盟的核電佔一次能源總消費的比重分別為 4.4%、8% 和 11%；天然氣佔比分別是 25%、34% 和 24.5%。相對全球水平，我國煤炭佔比過高，天然氣和核電的佔比過低。能源結構轉型主要是從化石能源轉向清潔能源。目前，我國可再生能源主要面臨發電不穩定的巨大挑戰。一旦遭遇乾旱和惡劣天氣，水電、風電、光伏都可能斷供，短期很難支撐整個電力體系。因此想要替代化石能源，短期還得靠核電和天然氣。核電方面我國具備一些優勢。天然氣方面，我國沒有足夠的資源儲備，主要依賴進口。目前我國的核電技術，包括第三代核電技術，在全球位居前列。核電面臨的最大挑戰來自政策領域。出於對核泄漏的擔心，我國幾個核電站都建在沿海地區，比如秦山核電站、大亞灣核電站。相比之下，法國的核電站基本建在內陸，美國的核電站也是如此。實際上，我國的核電技術安全係數較高，我認為至少可以先從項目論證層面，考慮在內地部署一些核電站。

由於不同能源之間都存在一定替代性，決定能源結構的主要因素是能源的相對價格。這意味著哪種能源價格低，其佔比就高。我國的資源稟賦是煤多、油和氣相對不足，因此煤價相對便宜，其在整個能源結構中的佔比也相對較高。傳統化石能源的優點是供給穩定，缺點是污染排放和碳排放太高。核電的優點也是供給穩定，缺點是民眾對核安全有恐懼心理以及發電成本也比較高。放眼未來，新能源生產具有規模經濟優勢。2010 年到 2020 年，全球光伏電站、陸上風電、海上風電、光熱發電和電動車電池成本分別下降 85%、56%、48%、68% 和 89%。隨著技術的不斷進步，成本還將進一步下降。很多研究報告已將新能源列為實現碳中和的主要能源品種之一，這也從一個側面反映出新能源的光明前景。目前，性能不穩定是新能源面臨的主要挑戰之一，這一問題最終還是要依靠技術解決。2010—2020 年，我國非化石能源佔比上升約 7 個百分點。其中核電、水電和風光電分別貢獻 1.56%、1.67% 和 4%。在過去 10 年，我國清潔能源發展主要以風電和光伏為主。未來 10 年隨著風電、光伏的技術進步和成本進一步下降，2030 年我國非化石能源的佔比或將從 2020 年的 15.4% 增長至 25%，減少化石能源二氧化碳排放約 13 億噸。

2030 年碳排放展望

基於以上所有測算，到 2030 年，我國經濟總量可能增加約 53 億噸的二氧化碳排放；產業結構調整可能減少 18 億噸二氧化碳排放；工業部門的技術進步可能減少 12 億噸二氧化碳排放；能源結構調整可能減少 13 億噸二氧化碳排放。到 2030 年，化石能源二氧化碳排放量約為 109 億噸。考慮到人口和產業結構的趨勢性變化，2030 年我國減排的宏觀環境相對寬鬆。在此我想特別強調一點，實現"雙碳"目標是一項長期性任務，在落實相關政策時，我們需要尊重經濟發展規律，採取適宜的減排政策，盡量減少對經濟的影響，努力實現經濟發展與低碳生活的有機結合，不宜急於求成。

2060 年碳中和展望

在我看來有幾大趨勢非常重要。第一，2030 年以後，隨著城市化增速逐步放緩，能源消費增長也會隨之大幅度下降。1961—1979 年間，城市化增速快速攀升，歐盟國家的能源消費年平均增長是 4.14%，美國為 2.94%，在之後的 40 年裏，這兩個數字分別降至 0.58% 和 0.83%。從 2001 年到 2011 年，中國能源消費年均增長 9.4%，這一數據在 2012—2020 年間已下降至 2.9%。考慮城市化增速與人口總量下降的大背景，在 2030 年後中國能源消費年均增速不會高於 1%。第二，在能源總需求下降的背景下，進一步依靠三方面的低碳技術：清潔能源替代、碳捕捉技術和農林碳匯。若能做到"三管齊下"，我認為我國具備在 2060 年實現碳中和的潛力。之所以要在 2060 年實現碳中和，這其中也有戰略層面的考量。所有的發達經濟體，比如美國和歐洲，全部提出要在 2050 年實現碳中和。實現碳中和主要靠技術。如果發達經濟體能如期實現目標，就意味著屆時諸如儲能、氫能、新能源汽車、碳捕捉等技術已經相對成熟。基於我國強大的工業製造能力，在 10 年時間內，針對這些成熟技術進行規模化生產，以此實現碳中和是完全有可能的。倘若發達經濟體無法如期實現碳中和目標，那它們也不能要求中國在 2060 年實現碳中和。因此，無論從哪個方面考慮，實現"雙碳"目標都沒必要在短期內急於求成，更不需要把控制能源需求作為實現"雙碳"目標的達成手段。

可供選擇的政策思路

從經濟學的角度看，碳排放本身就是一個外部性問題和市場失靈問題。所謂“外部性問題”，指的是碳排放引發氣候變化，對整個人類的生態、健康和經濟增長帶來損害和成本，但排碳的生產部門或個人卻沒有因此支付任何成本。所謂“市場失靈問題”，指的是如果碳排放本身沒有價格，就會引發市場失靈，因為市場配置資源主要靠價格機制。因此，想要解決碳排放問題必須有政府的參與或干預。從理論上來講，在全社會範圍內進行碳減排的最優策略就是堅持邊際減排成本原則。具體來說，哪個經濟主體或哪家企業的邊際減排成本低就該多減排，邊際減排成本高的就少減排，直到所有企業的邊際減排成本相等。這樣一來，邊際減排成本相等的資源配置狀態就能在整個社會範圍內實現成本最小化的減排安排。實現上述原則主要靠兩大類政策，一是行政命令，二是市場化價格政策。實現雙碳目標也是如此。

行政命令政策

我國行政命令主要是依賴中央設定政策目標、地方層層分解落實。比如停止審批或直接關停高能耗、高污染企業，設置強制性減排目標，強制安裝減排設備，設置排放標準等。行政命令政策的優點是責任清楚、見效快，缺點是無法解決信息問題。前文我們提到“最優減排基於邊際減排成本原則”，由於企業的信息分佈非常分散，政府很難全盤掌握。倘若將目標層層分解，分解到地方政府這一層時，很難按照“成本低的多減排，成本高的少減排”這一原則開展工作。無奈之下，地方政府只能以一些看得見、摸得著的具體指標為落腳點，進行強制減排。裝機容量、鋼爐的容量、企業規模大小等指標都可能成為地方政府執行行政命令政策的落腳點。這就很容易導致“一刀切”，簡單粗暴且社會綜合成本過高。通過研究我們發現，政府的環保政策通常讓民營小企業“最受傷”。國民經濟是個有機的系統，之所以會取得如此大的成就，靠的是市場分工，而分工背後則是系統的協同。某些“一刀切”的行政命令可能會破壞系統的協同，而且治標不治本。

行政命令控制主要有三大類做法。一是通過控制產出實現減排，比如去產能、拉閘限電、停止“兩高”項目審批等。二是通過控制能源使用量來進行碳減排，比如能耗“雙控”。三是直接控制碳排放的量，比如設立排放標準和強制性的減排目標。環境經濟學的研究發現，上述三大類行政命令措施，實施效果最差的就是控制產出，控制能源使用量次之，效果最好的是直接控制碳排放量的政策。道理很簡單，同為行政命令，這三種政策給予企業的減排選擇空間是依次增大的，從而使對企業生產經營的負面影響也依次遞減。倘若我們要採用行政命令政策，最優選擇還是直接對碳排放進行控制。2021 年 12 月舉行的中央經濟工作會議也強調，創造條件盡早實現能耗“雙控”向碳排放總量和強度“雙控”轉變，加快形成減污降碳的激勵約束機制。

市場化價格政策

市場化價格政策的本質就是給碳排放定價，從免費排放轉為有價排放。有了價格，企業就可以根據碳價自行決定如何投資減排設備、如何降低生產能耗、如何縮減產能以及是否應該關停、退出市場。這樣做的好處是，單個企業最優減排的策略是邊際減排成本等於碳價；當所有企業面臨同一個碳價實施減排活動，就能在理論上實現所有企業邊際減排成本相等，從而最小化全社會碳減排成本。這就有助於形成碳減排的長效機制。此外，碳價政策也可以為清潔能源替代和低碳技術研發創新提供市場激勵。給碳排放定價主要有碳稅和碳排放權交易兩種方式。從理論實踐看，歐盟主要採用碳排放權交易，搭配一定比例的碳稅。碳稅具體標準由各個國家自己制定，歐盟層面沒有碳稅。美國則是部分州建立了碳排放權交易市場。碳稅和碳排放權交易各有優劣勢。碳稅是先由政府定碳價，再由市場決定最終碳排放量。碳排放權交易則是先由政府定碳排放總量，再由市場決定碳價。綜合來看，“雙碳”目標旨在控制總量，跟碳排放權交易更為契合，但碳排放權交易也容易引發數據造假、交易成本高、市場壟斷、地方政府缺乏激勵等問題。

政策思路小結

給定前面的分析，包括 2030 年前後我國經濟發展的背景，總體上看，我國實現碳達峰的宏觀環境比較寬鬆。但與美國等發達國家相比，目前我國人均 GDP 水平較低，在經濟低水平時就進行高水平的減排，壓力其實很大，因此也絕不能掉以輕心。在我看來，我國不應採取不計成本、“一刀切”的泛行政化方式進行運動式減排。在充分尊重經濟發展和碳排放發展規律的前提下，我國應首選利用市場和碳價政策來解決能耗和二氧化碳排放過快增長的問題。如果退而求其次，一定要選擇行政命令政策，我認為應首選碳排放控制政策，不需要也不應該考慮利用產出控制政策和能源使用控制政策進行碳減排。

第一，統一共識，確立以碳排放權交易和碳價機制為主導的政策思路，建立部門間“雙碳”政策的協調機制。目前我國的“雙碳”政策缺乏部門間協調機制。各個部門各種“雙碳”政策“疊加”也導致企業政策性負擔過重。要解決碳排放問題還是要依靠市場和碳價機制。如果能在中央層面對此形成共識，就可以考慮取消“兩高”項目審批、能耗雙控等效率過低且易破壞市場經濟運行的強行政命令政策，把實現“雙碳”目標的政策重心放在碳排放權市場交易和碳稅這樣的碳價機制上面。

第二，逐步擴大全國碳排放權交易市場範圍，適時實施碳排放權總量控制。在 2025 年前，將鋼鐵、水泥、石化等“兩高”生產性行業納入碳排放權交易市場。在“十五五”期間，適時將交通運輸、建築用暖等直接涉及民生的碳排放行業納入碳排放權交易市場。與此同時，我們應盡早將碳匯納入全國碳排放權交易市場。到 2028 年左右，對全國碳排放權交易市場實施配額總量控制。

第三，對於未納入碳排放權交易市場的非點源碳排放，可考慮碳適應的碳稅政策。

第四，深化電力市場改革，釋放可再生能源發電的市場競爭優勢。大比例提高可再生能源佔比是實現“雙碳”目標的重要舉措。但如何解決可再生能源供給不穩定的問題？目前主要依靠電網調度和儲能問題來解決。建議引入電力間歇不穩定性的市場化定價機制，設立儲能定價和調峰輔助服務定價機制。與此同時，建立跨省區的區域電力交易市場，在更大電網範圍內，促進可再生能源電力的調度和消納。

第五，盡快推動電力價格市場化改革，逐步取消電力價格管制和交叉價格補貼。很長一段時間以來，我們已經習慣關係民生的商品價格定價不能太高，這導致我國居民電價在過去一直實行交叉補貼，價格水平低於電力供應成本。然而，碳價機制全面發揮作用需要有效價格傳導機制。我們不僅要給碳排放定價，還要讓這種價格傳導到火電企業、發電企業以及每一個用電的企業和個人。只有這樣，才能在全社會的範圍內真正實現一個節約用電、減少碳排放的機制。不理順價格機制，碳稅交易市場的效果也會打折扣。